从西天到中土 ⊙ 印度当代新思潮读本

West Heavens：Readers of Current Indian Thought

从西天到中土 ⊙ 印度当代新思潮读本

West Heavens：Readers of Current Indian Thought

丛书主编 ⊙ 张颂仁 陈光兴 高士明

Series initiated by: Chang Tsong-Zung, Kuan-Hsing Chen, Gao Shiming

西天中土

WEST HEAVENS

Geeta Kapur

When Was Modernism in Indian Art?

[印] 吉塔 · 卡普尔 著

印度艺术的现代主义时刻

吉塔 · 卡普尔读本

上海社会科学院出版社

SHANGHAI ACADEMY OF SOCIAL SCIENCES PRESS

缘起

“从西天到中土”是一个综合的文化交流方案，由中国美术学院展示文化研究中心和汉雅轩发起，梦周文教基金会资助研究，从学术思想和当代艺术两个角度去亲近印度，进行视觉文化和亚洲现代性的文化比较。读本中的学者于 2010 年秋的上海双年展期间陆续来华演讲；为了让听众进一步了解他们的思想，每位学者为我们精挑了这个选集，以中英双语出版。

当今的印度离我们既近且远，除了被西方传媒渲染的新兴经济的龙象之争和模糊偏见之外，印度不在一般国人的视野之内。印度咸称古国，但作为当代文明，一个甚至在现代西方思潮中举足轻重的印度学界，并不在普遍意识之中。作为人口的大国和现代国家，印度的经济、文化、科技皆有不可估量的前景；作为中国近邻与久远的故交，印度早就应该被中国关注。但与印度交流的当务之急不在于此；中国须要深切思考印度、亲近印度是为了自明。

中国走上现代化的道路已逾一世纪，从革命到冷战到自由资本全球化，我们的道路一直摆脱不了欧美的世界想象，话语也固定在“东西”和“中西”之说法。无怪中国百年来的各种自强运动的结果，都脱不了西方制度的模式。作为典范的欧美，中国钦羡为“先进文化”——于今天的国情已不适宜无条件借鉴。但面对中国的历史资源时，我们又往往囿于欧美范式而无法善用。如何在冷战的两种西方历史计划以外找到中国的位置，如何发掘被欧美视野冷落的历史资源，就必须放眼其他的发展经验。如果要寻找在亚洲现代化道路上与中国采取截然另途，但依我们的“富强”尺度又是成就可观的例案，我们则无法不审视印度。

中国引以自豪的现代之路是民族革命，彻底推翻过去，重新再造大一统，但结果我们离自己的历史文化越来越远。印度的道路则是摆脱殖民帝国，但在民族独立后依然承继了殖民时代机制。然而，当中国的“后革命”经验与印度的“后殖民”相遇时，我们又不能不讶于左翼革命在印度至今不衰的事实。目前各种倾向的共产党在印度尚有四十多个组织，革命经验不可谓不丰富；可是印度又是世上最大的民主国家。这让我们无法不想：中国的革命是否也与印度的殖民经验相通？而印度的“后殖民”是否为革命的另一种方式？印度现代化的历程之多样与丰富，中国无法相比；同时，在日常生活的层面，新旧文化传统并行不悖。雅利安文明的婆罗门学者和各式传统修行人似乎与工业文明不相涉地穿插在都市节奏之中。现代中国与印度相遇，感观上最受刺激的疑惑是：现代与历史（而且是多层面的历史）到底如何并存？

印度与中国的现代都因承欧美的帝国主义和资本逻辑而致，所以中印的相遇是设在欧美的大平台上，绕开欧美无法谈亚洲的现代，也无法深切交流双方的经验。但要脱略于欧美的历史经验来重新自明，不能够自闭地缅怀过去；要打开未来，我们更必须把中国经验提升为足以让欧美也能借鉴的新知识。这可能是印度当代学术最值得国人参考的一面。这系列读本的作者大多为西方学界熟悉，而且，印度学者擅长的“后殖民”理论和城市研究至今尚是西方新思潮的显学；比方在当代艺术的领域，就直接影响了近二十年的国际趋向。

“从西天到中土”的计划源于展示文化研究中心历年的一系列工作计划。2003 年许江院长倡议以“亚洲”作为中国美术学院建校七十五周年纪念的议题，嘱高士明、吴美纯两位教授主持，邀我并预其事。“亚洲的双重时间”从亚洲各国的民间历与耶稣历的并行现象着墨，作为“地之缘：亚洲当代艺术的迁徙与地缘政治”越域考察和展览的基础。2008 年广州三年展由高士明、萨拉·马哈拉吉和我策划的“与后殖民说再见”再次启动了对“东西”二元框架的反思。“从西天到中土”企图推进前此的探索，在亚洲内部作近距离和实质的交往。陈光兴教授在这领域已投入多年的气力，承不弃，介入高士明和我的行列，策动了他在学术圈的老关系，论坛才得以顺利成事。此中的心意非言谢可以相报，亦惟有以谢忱言表。

2010 年，为了配合论坛的开幕，我们适时推出了这一系列读本的第一版，这是其中多位作者的作品首度形诸中文。

为了使这些优秀的思想文本以最佳质量留存于中文世界，我们随后又对它们进行了再度校对、修订和少量的篇目的调整，其中六本在2012年—2013年期间由世纪文景再版；2017年另外两本则在上海社会科学院出版社副总编唐云松先生的支持下，由该社再版，并邀请两位作者——印度重要的艺术史家和批评家吉塔·卡普尔女士和印度女性主义学者特贾斯维莉·尼南贾纳为新版撰写的序言，并调整了部分内容。梁捷先生应邀对这两本书做了细致的校订。

印度和中国在现代境遇中相遇，不独是现代西化大潮的因缘。远在西风东渐之前，中土惟一的一次文化大变革来自汉唐的佛教东渡。佛学来华虽然远远未有近百年源自西洋的现代革命的残酷惨烈，但其影响之深远，也要历数百年的反刍，直到宋代才被彻底消化，被纳入中华文化的主体。在百年西化的意识形态革命之后，再访天竺可以提醒中国自我改造的历史记忆，并提醒我们在想象世界版图的“西方”时，尚有一个离感官更远而脚程更近的“西天”。

张颂仁记于二〇一二年秋

修订于二〇一七年夏

序：作为方法的印度

或许是因为过去十二年主编《亚际文化研究》（*Inter-Asia Cultural Studies: Movements*）国际学刊，与亚洲各地（特别是印度）的批判知识圈产生了工作关系，所以张颂仁与高士明两位先生会找我一起组织在2010年10月至12月于上海举办的“从西天到中土：印中社会思想对话”的系列活动，由于理念相通，当然就义不容辞地参与了规划工作。他们分派给我的任务之一是替来访的印度学者的读本写序，给了我这个机会说清楚投入这次印中对话的思想背景。

十几年前推动建立《亚际文化研究》学刊的动力，是在有限能力的范围内去改变既有的知识状况，在学术生产的层面上推动亚洲各地的互动与整合。那个时候我们来自亚洲各地十几个地区二十余位的编辑委员，对客观情势进行分析所产生的共识是：总的来说，在整个20世纪的历史进程中，亚洲各地的知识圈都是把眼睛往欧美看，一个世纪下来，所有事物的基本参照体系都是以欧美经验为主。百年之中，这个逐步建立起来、极其稳固的知识结构，造成了学术思想上巨大的问题，不仅是分析视野的窄化，把欧美之外该参照的多元历史经验割除，更糟糕的是欧美的知识方式几乎变成了惟一的典范。但是，历史已经证明这套知识根本无法有效地理解、把握与解释我们自身的生存环境。如何透过亚洲不同次区域之间知识圈的互动，能够彼此看到，进而能使得各地的历史经验成为彼此的参照点，多元转化既有的参照坐标，才有可能创造出新的、更具解释力的知识方式。就是凭借着这个认识论的共识，我们一起走了十二年。

回头来看，这条路没有白走。虽然基本格局没有太大的变化，但是上述的知识结构正处在被快速地松动当中。过去十二年世界情势的变化，正在确立世界是在走向多元并存的时代：拉美地区政权左转、东盟加三的形成、中国与印度的崛起、非洲经济持续成长、奥巴马取代布什政权、欧盟成员的继续增加，等等。相较于1980年代末期，东欧、苏联社会主义阵营的解体，美国强权一枝独秀主宰世界的"全球化"感觉结构，过去十二年走向多元政治经济区域的变化，仿佛意味着一元世界的结束。在思想上，原来已经确定、凝固的知识体系，及其所深信不疑的价值观，正在快速地崩解当中，以欧美历史经验为基地形成信心十足的解释框架都面临着前所未有的挑战。处于变动的时代，放慢脚步、重新找回世界各地根植于现代历史经验的思想资源，于是成为开创新的知识状况难以跳过的路径。十二年很短，《亚际文化研究》还没做出值得彰显的知识方式，但是至少我们已经上路了，尝试着走“亚洲作为方法”的知识路线。

在亚洲，乃至于其他的第三世界地区，既有主流的知识结构之所以会长期以“欧美作为方法”，还是得归咎于世界史的走向，在以欧美为中心向外旋转的力道下，中国也好，印度也罢，都是以“超/赶”（超英赶美）的基本姿势，学习欧美的事物（当然包括了它的价值观），学术思想、知识生产于是被定位成国家民族现代化工程中的主要环节。姑且不要追究“超/赶”的知识方式中暗藏的陷阱，它是否混淆了规范性的目的与客观的历史解释力，至少可以开始问的问题是，一个多世纪下来，现代化的工程到底把原有的这些所谓后发国家变成了什么长相？民主也好，科学也罢，在学习后的搅拌中，实践出了什么新的模样？换句话说，是不是该停下脚步互相交换一些“超/赶”的经验，在欧美之外的地区之间，互相照照镜子，发现自己从过去变到现在的长相的路径？看清楚了，解释到位了，才能继续走下去，甚至进而发现“超/赶”的知识路线已经走到尽头，该是调整方向的时候了。

如果说知识的目的不是挑空了、为了知识而知识（首先预设了大写真理超越于历史的存在，用来笼罩整个世界），而是为了在世界史的范围内，从多元历史经验的视角，解释各地面对的不同的问题与处境，在相互参照、比较之中，慢慢提炼出具有世界史意义的知识命题，那么，可以说当前所有声称具有普遍主义的理论命题，都不成熟，以欧美经验为参照体系的理论，能够充分解释欧美自身历史就不错了，哪里能够解释其他地区的历史状况？反过来说，对于欧美以外地区的解释必须奠基在其自身历史发展的经验、轨迹当中，不能够简化地、错误地以欧美经验来丈量、解释自身。我想这正是应邀来访的著名的庶民研究（Subaltern Studies）历史学家迪佩什·查卡拉巴提（Dipesh Chakrabarty）称之为“将欧洲地方化”（provincializing Europe）的思想方案，或是 2010 年 7 月刚刚过世的沟口雄三教授之所以提出“以中国为方法，以世界为目的”的思想精神之所在。

如果说欧美的历史经验只是一种参照的可能性，特别是它的发展经验与后发地区差距更大，那么在知识转化过程中需要被重新调整的，来访的印度女性主义理论家特贾斯维莉·尼南贾纳（Tejaswini Niranjana）提出的策略，就是必须在欧美之外的地区开展出“替代性的参照框架”（alternative frame of reference），也就是把原来以欧美为参照，多元展开，以亚洲内部、第三世界之间的相互参照，经由参照点的移转，从差异中发展出对于自身历史环境更为贴近的解释。这里思想方案的前提是：关起门来，以本土主义的自闭方式所产生的国粹主义，无法看清楚已经卷入现代的自我，只能沉溺在光辉的过去让自己继续感觉良好而已；打开门来，只以欧美为超赶的参照方式，已然失效，必须在民族国家内部的本土主义（nativism）与欧美中心的世界主义（cosmopolitanism），此两者之外，寻求新的参照体系。

我认为在上述开启新的知识方式的问题意识下，“作为方法的印度”将会对中国学术思想界产生积极的作用，但是中印之间能够产生对话的前提在于抛弃过去“超/赶”的认识论与知识方式，不能再是以落后/进步、现代化与经济发展的速度等，这些表象来进行比较。用我自己的话来说，就是得先摆脱、搁置规范性的比较，从分析上入手，看清差异，再开始提出内在于历史的解释。

印、中都是世界级的大国，农民占了人口最大的比例，资料显示印度目前是仅次于中国的第二人口大国，将在2026年达到15亿，超过中国的13.5亿成为最大人口国；2015年印度经济的扩展速度将超过中国。换句话说，抛开其他历史、文化的异同，在社会科学的意义上来说，在世界上所有国家中，对中国最具可比性的就是印度，很难找到其他的地方。

但是，这两个国家也有庞大的差异，印度是多语言、多文化的国家，至今没有统一的语言，国会开会是要经过翻译的，所以很多印度的重要知识分子，如来访的阿希斯·南迪（Ashis Nandy），从来就不认为印度是欧洲意义下的民族国家，而是一个文明体。1947年从殖民地的身份独立，在被大英帝国征服以前，印度地区没有统合的政体，所以独立以后也很难编织出数千年统一的民族历史，必须更为多元复杂地理解它的过去。因为多民族的过去，其中在部分的人口中留下了所谓的种姓制度（caste system），到今天这个社会组织的原则还在运作，政治体制必须要去处理，无法简单地消灭，而是创造机制让底层的人口参与在政治过程当中。由于多语言的社会生存，文化差异与政治运作交叉重叠，不仅形成许多所谓区域性政党，连一些地方性政治人物（如省长），都是以特定语言产生的电影工业中制造出来的明星，以区域性的高知名度，经过普选选出。在此意义上，印度是世界上最大的民主国家，民主运作根植于地方，全国性的政党都必须想办法跟区域性政治力量结合，才能进行有效的统治。

对我个人而言，过去十几年进出印度，每次交流都有问不完的问题，因为南亚经验与东亚实在不同，摆在一起后者的情况变得相对单纯，各个国家地区语言统一，民族国家面貌表面清晰，又不是多元政党，等等。这些有趣的差异，原来该是可以好好研究的，但是我大部分的中国朋友，大陆、香港、台湾都一样，把这些差异在已经习惯使用的“超/赶”的思路逻辑下，作了球赛式的比较：印度太长时间是殖民地，所以中国比较好；印度政治制度是殖民体制的遗留，所以中国比较好，是经过孙中山、毛泽东革命建立起来的（反映的是再次贬低殖民地经验，把战后第三世界主义的世界观丢了）；印度有种姓制度，所以中国比较好，封建制度已经消除（但是并不去追问印度过去的因子是如何与当代社会接轨，反过头来看看自己的社会中是如何与过去衔接，这个社会真是不再封建了吗？）；印度是多党的问题谈得比较少，台湾地区的人会暂时忘掉欧洲的多党制，把美国两党制搬出来，说只有两党才进步（但是没法儿去问历史问题，印度的多党，乃至于区域政党是为何形成）；还有些人说，印度今天牛还在大城市马路上跑来跑去，哪有中国来得进步，不可以以印度为参照的。总之，如果还是要用简单的“超/赶”逻辑，以欧美树立起来的简单的现代化指标来评比，那就只有等到印度经济超过中国，国力强大的时候，才会进入中国人的视野，现在就继续向天上看吧！

其实，交流必然是双向的，其中会有许多难以避免的错位与误解，举例来说，印度的知识界许多朋友对中国感兴趣，并不是由于它的经济崛起，而是中国二战后的社会主义阶段与今天经济发展的关系，长远形成的农民文化与政治的关系（这是以帕沙·查特吉［Partha Chatterjee］为代表的庶民研究关切的核心议题），社会主义体制与女性解放的问题至今产生了哪些变化，中国如何看待经济发展与资本主义体系之间的关系，中国广大的知识界对于世界的未来有什么不同于欧美的看法，知识界如何在自身的历史实践中提炼出对世界史的解释，等等。总之，以印度为代表的第三世界知识分子，对于中国有基本的尊重，对中国知识界有一定的期待，都与中国社会主义的政治传统有着密切的关系，而与中国是否现代或是进步没有关联，但是，上述这些问题似乎并不是中国知识界感兴趣，或是准备好可以充分对话的。（更让人难过的是，当第三世界地区期待与中国对话时，常常发现中国许多的知识分子对他/她们根本不感兴趣，眼里只有欧美跟自己，还有人跟你说，别搞政治正确了，亚洲根本不存在，第三世界有什么值得对话的。）

我希望已经说清楚了“作为方法的印度”的前提，认识印度是为了去重新认识中国自身与世界，但是也知道当前的知识状况还是处于难以撼动的“超/赶”方式当中，欧美的价值观深入学术思想界，就连是社会主义国度的大陆知识界都很快在赶过港台地区战后“脱亚入欧/美”的知识状况，拥抱欧美知识体系的速度之快，远远超过经济发展，令人惊吓，所以对于这次试图开启的印中对话，我并不抱持很大的希望。

这次活动邀请到的学者，除了杜赞奇（Prasenjit Duara）因为是研究中国历史的专家，很多著作都已经译成中文外，其他几位，无论是否生活在印度，他们的知识构成都根植于印度社会与历史，在国际学术界都是非常有分量的学者，年龄上也横跨了三代，从1937年出生、1980年代就早已在国际上赫赫有名的老将阿希斯·南迪，到在印度与国际思想界备受尊重、刚刚退休的帕沙·查特吉，以及1990年代初以后结构主义翻译理论成名的、壮年一代的文化理论家特贾斯维莉·尼南贾纳。读本的翻译工程不小，为的是让中文世界的读者在与他们会面之前或是之后，能够对他们身后的印度社会、历史与文化有更进一步的认识的机会。根据我的理解，这几位重要的思想者大都不是第一次来到中国大陆，对中国有一定程度的认识与想法，我们期待他们的来访，可以让中国的知识界能开始对印度也有相对应的深度认识，成为我们自我转化的契机。

最后，得感谢受邀来访的几位我个人长期的印度友人：女性主义理论家特贾斯维莉·尼南贾纳、社会思想家阿希斯·南迪、底层研究的政治理论家帕沙·查特吉、底层研究的历史学家迪佩什·查卡拉巴提，与在中国已经很有名气的历史学家杜赞奇；以及还没缘分会面的著名的艺术理论家萨拉·马哈拉吉（Sarat Maharaj）和在台湾地区见过一次闻名全球的后殖民理论家霍米·巴巴（Homi Bhabha）教授，感谢他们在百忙中来访，并授予他们著作的翻译出版权。

同时，得特别感谢好友王晓明与王安忆的拔刀相助，以及许江院长与陆兴华两位先生的大力支持，承担起各场与印度学者对话的任务。也谢谢来自香港特区、台湾地区及大陆应邀参与不同场次，担任特约讨论人的朋友们。

第一次有机会跟原来素昧平生的张颂仁与高士明两位先生一起工作，感觉很好，有点像是老友重逢一样，我个人很珍惜，他们的心胸、气度与智慧，让我重新发现很多事情只要有心人凑在一起，分工合作，截长补短，都还是有希望的，感谢二位的信任！

陈光兴记于二〇一〇年八月二十日于新竹交大

二〇一二年七月修订

吉塔·卡普尔

吉塔·卡普尔（Geeta Kapur）是生活工作于德里的批评家和策展人，她的文章被广泛选编与收录。她的著作包括《当代印度艺术家》(1978),《K. G. 苏布拉曼扬》(1985),《批评家指南：在航行中实践》(即将出版)。

卡普尔是《艺术与思想》刊物的创始编辑,《第三文本》的顾问组成员，她也是*Marg*和*ARTMargin*的顾问编辑和董事。她的策展项目包括印度国家美术馆（德里和孟买）和伦敦皇家艺术学院举办的对印度现当代艺术的调查性展览。主题性展览包括：“剥夺”，约翰内斯堡双年展（1995）；“孟买”，世纪之城，泰特现代艺术馆（联合策展，2001）；“潜在地带”，世界文化宫，柏林（2003）；“美学捆绑”，Chemould画廊，孟买（2013—2014）。她是威尼斯双年展（2005）、达卡双年展（2006）和沙迦双年展（2007）的评委会委员；她曾是纽约古根海姆美术馆亚洲艺术协会的顾问，现为香港亚洲艺术文献库和伦敦泰特亚洲研究中心的顾问委员会成员。

卡普尔在世界各地演讲，曾担任印度高等研究院（西姆拉）、尼赫鲁纪念美术馆和图书馆（德里）、剑桥大学克莱尔学院和尼赫鲁大学（德里）的访问教授。2009 年她获得印度政府颁发的莲花士勋章。

前言

这次收入《读本》里的四篇论文都意在指明我作为批评家和策展人的双重身份之间相互重叠的领域。回顾我过去几十年的写作，我替换了一些关键的主题，希望能够为读者们相对紧凑地解释我的这种重叠。

《读本》的第一部分（section）名为《场域》，第一篇文章是《现代主义何时在印度艺术中现身?》。在过去五年多，这篇文章有好几个版本，还曾经被命名为《何时曾是现代主义：当代印度的文化实践》(2000)。这篇文章后来成为了统领整个《读本》的命题。本书和本文都涉及长期以来关于传统和现代性的辩论，并且把以连词符连接的概念“民族—现代”(nation-modern)放在了舞台中心，为它设置了一套范式。这个概念制高点来自后殖民主义的理论化。在这个过程中，“民族”和“现代”两个术语（不论分开还是放在一起）总会广泛地出现，不断被讨论，受到各种赞扬或批评。后来，到了20世纪90年代，“全球和本土”(global and local)这一术语开始流行起来，就好像“既是中心的，又是边缘的”。我在某种程度上有意避开这些东西，从而不受到被殖民群体长达一个世纪努力的影响。他们努力地考察民族的（national）与现代的（modern）之间的结合，也在努力发展一套能够为构建民主的民族国家作出贡献的对话论证。在后殖民话语中，我们现在既承认又争论这套民主构建的要求。这就是说，不要忘记去殖民化的痛苦经历，不要接受关于全球化政权的文化霸权——很明显它是全球化资本胜利的产物，并且务必要拒绝那些总是强加到非西方社会的对本土和边缘的划定。这个论点，基于对**共同生成的现代性**（co-produced modernity）的主张，探索了（定位于后殖民理论中的）自我、身份、他者性等问题，还将它们发展到了与艺术的实践和语言相互交织的存在状态这一层面上。

第一部分的第二篇论文（像我从20世纪90年代末以来写作的很多其他文章一样）转向了“全球”（the global）这一问题，一方面论述艺术的全球化，另一方面也通过一些不寻常的事例来讨论。切入到“全球”需要一个论争定位，用这个定位让朋友与敌人进入到特殊循环中，使得全球的合约不仅仅是永远充满疑问的。在我的这一写作阶段，我开始推出“当代”（the contemporary）这一概念（在我更早的论文中，“当代”都被“现代”[modern]所定义）。我允许自己从历史化的窠臼中解脱出来。我没有将这一精准的时刻认定为某种停滞不前，而是将它视为过渡。这一时刻曾经被充分地历史化，但是又充满了自发性的优点。然后就艺术而言，带着一些必要的莽撞。此外，我没有把这个全球的当代同艺术的资源和实践（在这其中我持续地强调情境性［situatedness］、强调现代性语言各种复杂的校对标准，以及它们在当下和超越当下的时空中丰富的展现形式）非常紧密地联系在一起。相反，我更多地把它与展览过程、特别是不断升级的双年展巡回圈联系起来。将当代以过渡性经验的形式前景化，这也同展览的经验相吻合。这两者通过它们的活动、它们的相遇和它们的中止，生成了某种战栗。而正是在这里，全球变成了视觉与话语交流的积极基础。就像金融资本的速度一般，交际网络和个人旅行的循环都在不断地加速，从第一世界到第三世界，剧烈地改变了艺术世界的面貌和传播方式。比如，改革开放以来的中国艺术，既反叛又默认了中国共产党政府创造的关于国家资本主义的语汇，这正好符合全球化在当代的迅速发展。中国的艺术家们把他们自己变得无处不在，带着“自己**曾经就是**新前卫艺术”的自信。世界各地的艺术都从这类主张中获得了勇气。同时，西方的策展人也被全球收视率的需求所压倒，屈从于更广泛的包容性。这为全球的众多艺术家提供了一个平坦的竞技场。更重要的是，它在最好的情况下能够引向语言和文化的自反性（self-reflexivity），而该自反性又能够将景观和修辞导入政治的，乃至批判的视角中。

我的论文《穿越多重论争世界的策展实践》写于21世纪的头十年（也延续了数个阶段并且以其他不同的形式持续至今），记录了国际展览的许多形式，最主要的是当今双年展普遍涉及的一种“事件形式”（event-form）。这种展览设置机制，在某个层面上满足了填充“现在”的迫切需求——不论是用什么东西来填充。即便双年展带着与大众意见相左的效应，它依然是一场策展界的“政变”。它最好的可能，就是以它重复的形式创造离心力，以及生成能够促进建设通往全球多重论争立场的民主化效应。像奥奎·恩维佐（Okwui Enwezor）这样的策展人之所以支持双年展，恰恰是因为它能够楔合后殖民的当代艺术机构对话语、对修改艺术史的要求，以及通过活跃的公共领域实现对资本的批判。策展功能本质中的说明成分（如果不是纯粹的展览成分），可以被定位于批判全球的那几乎吞噬一切的当代范畴。我如此安排《读本》的第一部分，就是为了让作为概念的现代主义被时间化、让当代被空间化。更进一步，我借由在《现代化何时在印度艺术中现身》中质询“何时”的方式来倾斜时间，并且在《穿越多重论争世界的策展实践》一文中通过地理的映射来展现崎岖的地形。

这部《读本》作为概览难免具有相对松散的结构，虽然指明了我的智识之旅，却没有加以说明。《读本》的第二部分以“身体”为题，带上了一个不同的风格。正如我本人广泛的涉猎一样。要想评价我的写作的话，将各种配置解码，而不是追踪某种确定的“方法论”，也许会是一种更好的方法。

《性别的流动性》是第二部分的第一篇文章，它转向了一整套不同的关怀。表演的姿态和通过摄影或摄像镜头记录的——还有概念上折射出的——姿势都提及性别的问题。我将性别作为内在性的一种投射，不完全是想祛魅或者产生影响，而更多地是想将身体视为一种在可读世界的模板内既不稳定却又“合理”的能指。这篇文章提出了一种有意识的双重“异化”，它让我们澄清本质化身份——包括任何预设的女权主义本体论形式——的努力成为可能。建构的摄影影像和某些设计出的想象图像联结了各种符号，而艺术家们的选择与阅读都是通过聚集于这些符号来操作。于是，我们作为观察者，可以解释、校正这些符号数据，还可以将它们插入到已经被性别化的意义世界中。这样，我们就不会图标化或符号化地勾勒身体，而是将身体**重新描绘**，使之能够代替凝视。并且更进一步，到达一种危险定位的相互指涉（inter-referentiality），而**不是**主体间性（intersubjectivity）。这种相互指涉，比起仁义或慈爱要更多地依赖于身份化的认知形式。

性别，在镜头前表演时，获得了或远或近的距离。这里我说的不是字面意义上的特写或远景镜头，而是对于聚焦点的调整，使得身体能够吸气、伸展、呼气、暂停。《读本》这部分的第二篇文章题为《遗体》，研究了一幅图像——它不是表演性的，事实上它是被迫**静止**的。这幅图像描绘了公共暴力的受害者，哀求却悄无声息，已被抹去或者已经死去，公开地甚至是示范性地被羞辱，**被杀**害。

这时候，出现了令人呆滞的暂停。如果说女权主义艺术中曾经还有对于聚焦点的游戏，这里则完全没有类似的演习。一个死人躺在街头，一个男人在杀害他的人面前啜泣，血海掀起波浪，还有遥远的哀号。观察者的注视锁定在被摄下的主体那里，辨认出他正是死亡的主体。而且，即便这个人物是匿名的，他依然生产了某种交互式的主体性：**临终**的主体性。“活着的遗体”不是对死亡的形而上反映，也不是本体论的质询，而是社会调查。我们都带着可怕的知识：少数人群的形象可能只是话语中的比喻。可是，在某一瞬间的政治契机中，它就有可能变成暴民猎捕的对象。当多数人社群赋予一群地方自治的民众借助宗教、民族和国家名义进行杀戮的权力时，当他们建立了允许在公共场所肆意杀戮的庞大的真实时，艺术家们却往往选择抽象的表现方式。顺着这种倾向，我使用“活着的遗体”这个表述，恰恰是为了突出这种抽象。将这幅摄影图像视为“活着的遗体”，也就是承认确有许多瞬间躲开了或者超出了图像的资源，并且也将哀悼的重任留给了我们。

但是还有另一种观察它的方式。“活着的遗体”这一**隐喻**在这篇文章里也是一种**物质的**残留。这幅照片，这座装置，这段录像，像它曾经那样，也是残留。艺术家承担了供呈证言的责任，而且他们渴望重建关于补偿的诗学。但是他们又带着关于承认的洞见，把当今印度社会被撕裂的构造握在手中，并且寻找着控诉的场所和手段。

这部精简的《读本》并不要求它能够完全自圆其说，哪怕是一小段总结也很容易引发误解。将特定的文本编织成一张奇特网络的好处是可以留下松散的线头。我希望读者们可以把这种形式当成被省略号所标点的文本材料。在这之中，由于带着些许放任，甚至连填充这些省略号的需要都变得多余。所以，这个前言也不过是在事后部分地解码和为继之而来的批判提供场所吧。

吉塔·卡普尔

2017年4月

（翻译：周展）

目　录

第一部分：场域

现代主义何时在印度艺术中现身？

所谓现代主义的出现，大大改变了当今社会，却也将一个固定不变的形式带入其中。若要打破后现代主义无历史的定论，我们必须进行探索，探索遗留在本世纪数量占优却非主流、为人忽略作品之中的一种可替代传统。这种传统能够表述自身，并非以重复使用现在习以为常的野蛮重述、消费过去的方式来表述，而是为我们所有人，再一次指出一个社群能够想象的现代未来。

——雷蒙·威廉斯（Raymond Williams）[1]

物质条件

威廉斯在“何时才是现代?”中的提问，让我们必须重

---

1 雷蒙·威廉斯，《现代主义的政治：反对新国教派》，伦敦，维首出版社，1989年，第35页。——此为原注，全书同。

申：第三世界的我们，必须持续面对自身复杂文化的内在面向，也坚持相信意义表现的物质状态——用威廉斯的话来说，是一种“感知结构”[1]（structure of feeling）——我们链接艺术形式与社会结构，是因为这种文化历史基础上的链接会协助延续在晚期资本主义/后现代化世界中所形塑的新帝国主义。

不论使其存续的机会有多少。值得一提的是，后殖民文化培育出的现代化都会蔓生出最怪异的回溯轨迹，这些回溯轨迹也构筑了一种平行美学；更重要的是，我们并未以拜苦路*的态度，将现代性视为一种决定论的模式，追随其脚步直至必然的终点；我们应该看到自身文化轨迹与西方主流文化的交织，并以其本身与西方主流不一致的特性，打下重构国际化的基础。同样的，在西方完全用自己的话语划分后现代并且定义其特质之前，我们必须借助外围边缘的优势地位引荐无法分类、超越主流的实践，以自身现代化的历史经验来重新划分现代的范畴，并且标记出属于我们的现代化，如此一来才有办法通过我们自己的话语进入后现代。

印度的现代化是一个真实但不完整的历史过程。这个现代化过程从英国殖民统治时期一直延续到印度独立后，路线并未发生改变，都是通过建立大型的国有部门，实施计划经济，致力发展工业来实现。尽管后工业国家都被认为是全球

1 参见雷蒙·威廉斯，《马克思主义与文学》，纽约，维首出版社，1977年，第133—134页。

* 拜苦路是指纪念耶稣、重现耶稣受难经历的宗教仪式。——此为译注，全书同。

资本管理的典范，但这个一直以农业为主的国家仍处在工业化进程中，所以很难说阶级斗争与印度政治密切相关。印度的共产党以理性去宗教色彩的国族主义支持没有回头路的现代化计划，同时也表明立场支持少数宗教和女性的抗争。若考虑到印度教原教旨主义的反抗不断增强，印度左派阵线现在可能是印度境内唯一以现代性话语组织政治运动的群体。对于第一世界的人来说，这似乎显得很吊诡：在这个后现代世界里，不仅文化主动性而且包括历史性的现代化，都已脱离马克思主义的掌握。回顾这些在第三世界国家发展过程中出现的影响深远、异于第一世界发展形式的现象是极有价值的。确实，现代化过去一直持续地被毫无偏差地置于可见的社会主义轨道之中。

所谓现代性，是指在一个空前绝后巨变之时代，物质和文化世界相互联系的方式。通过特殊形式的自我反思，它也成了一种本体论探索，从而表现为斗争。所以当后殖民世界的实践凭借质疑日益凸显的独立性、认同和真实性而生产出文化动能时，现代性便自其中获得瞬间涌现的历史形式。每个单位的个体都以不同方式渴求着这些问题的解答，但这些却要以集体方式才能够得到。即使是长久以来一直悬而未解的主体性问题都需要寓言性注释——通常是通过国家。因此，国家和现代性之间便产生了暂时的固定联系，两者皆有可能因为自私的要求而做出替换。现代性就算在后殖民的世界受到挑战，仍不断提供最新观念，在讨论国家主权的宏大论述中标示出必然的历史断裂。

印度现代化的特质，也许与诸多后殖民国家的现代化无异，同时表现在社会与历史两个层面上。但是西方的现代化已经到了晚期，对历时性（diachronicity）失去兴趣，反而以“崇高的新”或假设出来的“新”来反对现代化。想想那些关于高度现代化论调的变化，从格林伯格（Clement Greenberg）到后现代化的利奥塔（Jean-Francois Lyotard），如我们所知，当晚期的现代主义艺术不再有形上学的倾向，这样的艺术便只看重形式的部分。晚期现代主义直/间接通过纯粹的光学性，在格林伯格的作品中找到投射注意力的独特方式。接着，列奥塔对于顿悟的喜爱远远超过物质性和过程，因此抛弃了对历史的再现。他认为在解释如国族文化认同这类既具地方性又包含复杂性的事情时，这样的再现过于粗略。[1]

若将此类历史障碍考虑在内，就有可能说——在这个被归类为后现代的年代——印度艺术家只有现在才完全地现代化。“现代”在这里意味的是：这些艺术家能够在面对新事物时不会急着去捍卫传统，同时还有能力召唤和反转一些与浪漫主义有关的概念，借此来处理以文化原子化（cultural atomization）形式出现的自主权；换言之，一则本地“社群”神话和一位来自失落大陆的“流放者”，都是从浪漫主义华丽传统中借来的托词，遮蔽了现有对认同的争辩。这种臻至成熟的现代化所代表的是对“去人性化”的接受以及“以人为

1 参见克莱门·格林伯格《艺术与文化》，波士顿，灯塔出版社，1965年；列奥塔《后现代状况：一个关于知识的报告》，曼彻斯特大学出版社，1986年。

本”概念的消除，也通过艺术来历史地反思而产生自觉；就是说，通过克服起源的问题来克服影响的焦虑。在印度这个有着文化同时性和互相矛盾生产模式的国家中，人们对于现代化的理解必须构筑在后现代之上，这不是一件令人惊讶的事。因为用经济学的术语来说，当全球资本主义推动现代化时，就是现代化被全面引入的时刻。

现代化与印度关系密切，并非毫不相关。五十多年来，在国族主义的保护伞之下，印度通过自由化之名选择与世界经济整合。国际货币基金组织与世界银行教给发展中国家资本主义阶段和模式。这是一种国际性的挟持，第一点就是要与一切形式的国族主义脱钩。然而这种快速国际化，首次给印度艺术家带来惊吓。因为关于认同的国族叙事，公然地要从现存的、地方的叙事手里获取权威性。印度现代艺术家的突出成就就是因为他们的过度谨慎：首先，在现代中以镜像反射方式表现的写实主义形式保护了艺术家们；再者，因为这类暧昧的现代主义一直跟随着人民文化的理想概念，民俗/部落/大众艺术变成了能够代表现代前卫艺术形式的遗产。

当国族与现代双双进入了晚期资本主义时期，国族/现代这种可靠的双重连结就被无形地抛弃了。在年轻一代艺术家眼中，萦绕着文明转型的宏大历史叙事显得不伦不类。因此，当列奥塔以一种修辞手法将写实的准则视为有害时，这些艺术家会立刻对其产生共鸣，这并不令人意外。虽然列奥塔的改变对印度文化亦是同等有害，但这些与现代化功能所挂钩的老式的再现和认同术语确实大有问题。此外，就算只在修辞上维持“权威的”人民文化概念，我们也会危害基于超现实和其他颠覆行为上的前卫（avant-garde）艺术。所以让人想要再一次追问，如果前卫艺术因此受到国族因素的封锁、延宕或脱离原有的发展，那么印度艺术中的现代主义何时出现呢？

现代主义的政治

本文标题中的“何时”（When）当然是辩证性的，它指向在社会集体认同改变中自我想象的时期，同时指向在潜意识中发现主体性的计划。“何时”，正同时处于殖民／后殖民的认同以及其产生永久矛盾的位置。

关于认同的沉痛辩论，没有人比法农（Frantz Fanon）[1] 更能够发自内心地处理好。这是一种现代意识的辩论，发生在去殖民的最后关键时刻。在这个时刻，自由问题已被脱离存在的普世主义，而是与处于从属地位、切断了身体——在场关系的“他者”联系在一起。当殖民地崛起引致的人口爆炸将人浓缩成为一个单位时，这个他者置换了在西方本体论中原初自我所占据的安全空间，因此，整个西方为了突出权威性的存在，在去殖民的时刻被不同层次地历史化了。认同不再只是一种浪漫社群中乌托邦理想中理性个人的投射；认同，同时牵涉的也是在历史中失去（或是从未找到过的）根。那

1　以下的辩论来自霍米·巴巴的文章“纪念法农：自我、心理与殖民条件”，收录于《历史的重塑》，芭芭拉·克鲁格与菲尔·马瑞尼亚编著，西雅图，海湾出版社，1989 年。

是即便以共同主体的形式，也无法使主体自身辨认出的失去的根。

关于如何政治化个人的他者性的争论，现在开始借鉴协商政治的手段。如何设计进一步的符合现代的计划仍有待观察。在这个时刻，对于其自身缺陷的反身性与革命性的批判仍在不断增加。在这个关键时刻，应该要有一条路径，一条政治性而非形上学的路径；应该要有一种替代方式，并非基于自我与他者的不同。它要有改写历史的机会，并拥有远超差异化博弈的能力。又或者，此类博弈本身必须通过文化的前卫性获得行为的动机。

在现代性的后殖民辩证中，前卫这个词，通常包含在进步（progressive）概念之内。更确切说，进步指的是写实主义/现代主义的争论，这也是我以威廉斯作为本文楔子的原因。但当写实主义开始僵化时，反思詹明信（Fredric Jameson）提出的概念——现代本身比我们所想的还要政治——则变得很有必要。[1] 詹明信指出，美学的前卫主义持续使用政治革命的词汇。这些词汇补充甚至弥补了现代作品所许诺的深刻主体性。此主体性本身预见了一个即将到来的乌托邦式转型，在这个转型中，社会将被进一步地推向民主。

詹明信的概念之所以值得反思，是因为还有其他在非西方社会强化这个论证的例证。在那些非西方社会里，现代性

1 詹明信，《后现代》或《晚期资本主义逻辑》，伦敦，维首出版社，1991 年，第 311 页。

在反殖民斗争产生的两种趋势中同时出现，深深地政治化，并带着反抗的潜力。这种特性既是进步的，也是有争议的。所以我们的文化总带着某种立场观看现代性，不论是（在葛兰西之后）从庶民的角度引出关于优势/从属的理论，或者是（在法农之后）以一种修辞的模式建立认同政治。除此之外，对印度人来说，进入现代性总是存在深刻矛盾：整个反对现代的论述（在甘地之后）提供给我们另一个乌托邦式的选项来思考，那是一种对印度现代成就抱有负面认同的强大力量。

资本主义在印度发展阶段中所产生的极其巨大的矛盾，使现代被冠上了异常之名。在整个民族主义运动时期，人们既渴求又厌恶现代化，甚至在印度独立后的尼赫鲁时代，现代化还是一直不断地受到挑战。所以印度的现代性需要谨慎思考，其扮演的中介角色非常矛盾，以至于经常被从实践产生的负面评价所阻碍。

更进一步的问题是：印度的现代主义接受了哪一类的艺术形式？是贵族/精致艺术（aristocratic/high art），还是同时具有现代主义和写实主义特质的历史主义艺术呢？或者印度的现代化在其与“大众意识的解放先锋”结盟的同时，[1] 是否满足了浪漫激进主义（romantic radicalism）的条件呢？

值得我们去思考的是，各种现代派经常同时面临官僚和卢德分子的嘲讽，是经典和大众之间的煽情博弈。更具体地

1　雷蒙·威廉斯，《现代化的政治：反对新国教派》，伦敦，维首出版社：1989年，第35页。

说，现代看重著名艺术家，而这些艺术家——如同詹明信所说——掌握了一些美学生产的古老概念，例如现代经济下的手工艺美学，以及在价值的制定过程中，最后更人性化生产的乌托邦观点。[1] 詹明信这段话对于第三世界的文化描述特别真实。在印度，原始的技艺、匠艺、宗教画像的参考价值较受重视，而现代艺术，包括本地与前卫艺术，具有双向替代和矛盾的政治面向。

在印度现代性的定义过程中，必然受到左翼的全面干涉。在 1940 年代，共产主义运动在政治和文化上提出另一种语汇，这是一种被称为充满激进大众意识的运动，并为剧场、戏院、文学（其中还有对造型艺术少量的影响）打下许多创造性的基础。这里指的是印度人民影剧协会（Indian Peoples' Theatre Association，IPTA），[2] 这个协会从文明对话的保守主义一边脱离。它与印度传统中占优势地位的婆罗门教 / 梵化的文化决裂，从而给予印度现代传统（tradition of the modern）现身的机会，同时又不会被囚禁在精致艺术的城堡里。值得一提的是，虽然印度左翼运动的艺术论述和实践通过独特的形式（特别是在剧场方面），让观众有意识地机警参与来唤醒"人民"（the people）。然而，印度左翼内部，即使是刚萌芽的斯大林主义，也产生出自有的保守主义。某些例如国家口号

1 詹明信，《后现代》，第 307 页。

2 关于印度人民影剧协会的参考信息在萨迪・普拉德汉所编著的《马克思主义文化运动：编年史与文件》，1985 年由普拉德汉夫人出版，并由普斯塔克・毕帕尼在加尔各答发表。

的形式和社会主义的内容，都在这个观念下构筑出来。因此，当谈到现代以及印度脉络中的前卫主义时，左翼运动本身以写实主义与进步主义的方式再现自己，尝试挑战用定义来平衡印度的现代。这也使得该运动无法尝试更多更大胆的创新形式。

独立后的第一个十年，由于陷入冷战区隔自由主义和社会主义阵营所产生的困局，这个进步运动在发展的过程中倾向于稳固其美学论述。因为如果在社会主义的全盛时期，尚未使用前卫名词来定义艺术实践，我们就无法在后现代时期拥有一个包含适当历史意义的前卫主义论述。我们使用的词应当是激进（radical）而非前卫，但我们是否因此会以任意能指（signifiers）毁坏历时性的模式？我们又是否不得不反思现代本身？

印度现代主义：简要的说明

如果印度艺术家一直都致力于削弱进步主义，抗衡对现代主义的“正确”现代主义定义，那么这些印度艺术家看似困在进入现代主义的交叉路口，也不是什么令人惊讶的事。因为他们生活在真实的物质交换之外。现在让我符号化地回顾印度艺术中的现代历史。

印度艺术家非常迟缓地直接宣称现代主义的来到。在20世纪的前30年间，他们从阿南达·库马拉斯瓦米（Ananda Coomaraswamy）和阿巴宁德拉纳特·泰戈尔（Abanindranath Tagore，泰戈尔的侄子）提出的怀疑主义出发，进入由泰戈尔（Rabindranath Tagore）创办的国际大学（Santiniketan）发展出的更复杂观点；且从1930年代起，南达拉尔·伯瑟（Nandalal Bose）、拉姆金卡尔·拜吉（Ramkinkar Baij）和比诺德比哈里·穆赫吉（Benodebehari Mukherjee）三人又接续发展出不同层次的复杂概念。就是在这个过程中，现代主义的词汇（例如，反对半个世纪前就已替现代化确立有利基础的观点）以不同形式被引进。拉姆金卡尔·拜吉当时只是个就读于国际大学的乡下孩子。他以一种冒险乐观的方式，大胆地引荐了后立体派的表现主义（postcubist expressionism），公开提升原始部落住民/农民/无产者身体的地位，并给予他们一种轴心的动能。他试图为原住民带来策略和理性，导致构建形象上方法论的改变。

在1930年代的加尔各答，贾米尼·罗伊（Jamini Roy）则以不同的方式，通过质疑民俗绘画之图像与都市之商品化行为的相互对立，将传统“客体化”；在同一个时间，一名在巴黎学习艺术的欧印混血艺术家阿蕊塔·榭尔吉（Amrita Sher-Gil）以战争期间写实主义的形式开始发展另一种艺术形式，利用东方/现代/本地女性的机智伪装，她让现实中的现代主义有了返回自身的转向。阿蕊塔·榭尔吉于1941年突然于拉合尔过世，年约八十的大师泰戈尔也在同年过世，此时的印度艺术已有了现代主义的形貌。

在1940年晚期，一群以孟买为活动据点的艺术家建立了一种耀眼的文化共生模式。1947年，出身果阿的弗朗西斯·牛顿·索沙（Francis Newton Souza）带领马克布尔·菲达·侯赛因（Maqbool Fida Husain）、赛义德·海德尔·拉札（Sayed Haider Raza）和克里希纳吉·豪拉吉·阿罗（Krishnaji Howlaji Ara）组织了**进步艺术家联盟**（Progressive Artists' Group）。当然，索沙也因此一炮而红。这些艺术家不仅都具有年轻人的清贫（youthful poverty），更重要的是，他们拥有跨宗教、阶级与种性的背景，提供非常鲜明的母题来标示他们的认同感与被剥夺感。通过联盟的形式，这些艺术家抨击现代艺术的英雄叙事，并生产了形式主义宣言，帮助印度独立后的第一代艺术家在国际上找到自我定位。许多艺术组织在1940年代与1950年代的加尔各答、孟买和马德拉斯宣告现代主义的出现。所以独立后的第一个十年，"严格上的"**现代主义**立场就在这些孟买先进艺术家的成就中出现。

以上两个现代主义宣言在当时的印度同步发展。在现代主义的浪漫先驱者中，社会变迁的赞颂者和旁观者都高举现代主义（及现代化）的大旗，其中也包括了各种具有微小差异的表现写实主义。因此在印度，侯赛因、班尼克（K. C. S. Paniker）、拉玛·库玛尔（Ram Kumar）与在墨西哥学习艺术且受到一些法国左派影响的沙谛什·古吉拉尔（Satish Gujral），一直到1960年代都扮演了掌旗者的角色。那些参与社会改革的艺术家会在他/她的社群或国家情境中创造革命语汇，所以这些先驱者必然走向分裂：在印度本地发展的艺术家变成了进步民族国家中的文化象征；而那些远走巴黎或伦敦的艺术家，就成为了现代小说中有代表性的局外人，代表了选择都会式流放的现代化推动力。威廉斯则说，这种都会式流放是现代性的首要标准。[1]

和在巴黎和伦敦苦熬的数百名艺术家一样，这些早期的“拓荒者”——在伦敦的索沙与泰柏·玛塔（Tyeb Mehta）以及在巴黎的拉札、阿卡巴·帕丹希（Akbar Padamsee）与克里希纳·罗迪（Krishna Reddy）是其中的佼佼者——他们赞颂孤寂、激进的疏离与艺术语言的内在真实，进而成为印度艺术国际主义的先声。

对国际艺术的预设当然并非毫无意识形态，这个预设甚至导致了不结盟运动。与第一世界国家的关系相比，印度与第二世界国家较为接近。无论西方的城市和作为现代化大本营的西方有多么吸引印度（以及无数其他国家）的艺术家，印度艺术家还是持续地将西方贴上帝国主义标签。二战结束后，帝国主义的标签转移到了美国。这个国家，如我们所知，甚至已成为意识形态本身。美国文化的建立，吸引大胆原创及爱好自由的艺术家聚集。他们喊着文化“自由”来对抗社会主义口号，成为美国抽象表现主义者。另一方面，充满活力的纽约在城市竞争中取得了成功，地位甚至超越了前任的自由先驱巴黎。1950 年代印度那些属于巴黎学派的优秀艺术家，也在 1960 年认同并转向了纽约，在彼处获得了作为权威人物的全新的基础与诗学。

在意识形态的层面上，有人也许会注意到，美国探索文

1 雷蒙·威廉斯,《现代化的政治》，第 34 页。

化自由的议题稍晚也出现在印度。洛克菲勒三世基金会（J. R. D. Rockefeller III Fund）在1960年代和1970年代公开干预拉丁美洲策略中的附带方案中，为印度知名的艺术家在纽约居住提供了资金。格林伯格于1967年带着由纽约当代艺术馆策划的大型现代美国绘画展访问印度，美国文化自由的部分就受到了瞩目。但因为即使最国际化的印度艺术家也总是抱有国族主义的自我关注倾向，所以这样的意识形态在印度并未有所进展。

同时，印度艺术生态自身也有分歧。某些世代的印度现代主义艺术家再一次地受到欧洲，更明确一点，受到意大利和西班牙的美学吸引，而非美国美学。像捷洛姆·帕特尔（Jeram Patel）、斯瓦米纳坦（J. Swaminathan）、乔蒂帕蒂（Jyoti Bhatt）、希慕尚（Himmat Shah）和翁达斯（Ambadas）这类艺术家，都回应了如安东尼·塔比耶斯（Antoni Tapies）、卢齐欧·冯塔纳（Lucio Fontana）与阿尔贝托·布里（Alberto Burri）所代表的非主流美学，两者的对话在1963年的**集结1890**（Group 1890）展览中可以看到端倪。当时的展场论述由斯瓦米纳坦所写，展册的序言则由后来任职墨西哥驻印大使的奥克塔维奥·帕斯（Octavio Paz）撰写。**集结**1890中十一名成员的作品中对于物质/仪式/神秘符号的注意再度导致未来若干年的现代主义流行。这种潮流被定性为富有某种独特性质，蕴含印度现存宗教画像形式的视觉文化。这种本地主义滋养出一种游戏性的现代主义语汇，充满隐喻的暗示，纳格集·帕特尔（Nagji Patel）就是其中一个例子。但是围绕印度国家性的修辞也在1970年代和1980年代间快速发展，同时也获得国家现代艺术画廊（National Gallery of Modern Art）和印度国家艺术学院（Lalit Kala Akademi）的官方支持，培养出像古拉姆·拉苏·山多缥（Gulam Rasool Santosh）这类取得国家级地位的艺术家。制度美学试图阻止这类修辞，留下了一种以明显的象征艺术形式呈现的仿制艺术，促成了新怛特罗主义（neotantrism）。

也有人在1960年到1980年间受到西方影响，建立了带有东方转型倾向的叙事：叙述巴黎美学怎样在世界文化中，被美国霸权性的自由概念征服，进而叙述这样的征服如何受到拉美世界自由主义修辞的质疑，以上提及的一切又如何形成名为印度现代艺术的独特（而不是衍生的）存在，而这样的存在又怎样获得国家印记。在绘画实践阶段，很多潮流也在印度的艺术感觉能力中回溯。拉札、拉玛·库玛、帕丹希和瓦苏迪奥·盖同德（V. S. Gaitonde）的作品中充分发扬了抽象艺术形式，原来**集结**1890的抽象艺术家和新怛特罗主义者开始引领风骚，特别是这些人中作风较为自由的班尼克和比霖迪（Biren De），尤其比霖迪对潜意识和嘲讽式象征主义贡献良多；同一时期，也涌现出有非正式艺术感觉能力的作品，代表人物有莫罕·萨曼塔（Mohan Samant）和巴尔·恰布达（Bal Chhabda）。最后，**笔触**无法抹去的艺术作品也开始产生影响，我所指的是索姆纳特·侯雷（Somnath Hore）刻画在纸浆上的社会**伤痕**以及纳斯林·莫哈梅迪（Nasreen Mohamedi）用墨水及铅笔网格记录下来的私密优雅。

这里提及的发展线索极为复杂，为补充说明关于印度现代艺术宏大叙事的外部轮廓，只能列出重要事件。1978 年，当时已是相对老派的现代化艺术家哈洛德·罗森伯格（Harold Rosenberg）受邀至印度担任第四届印度三年展的评审。在那个时期，印度艺术当中较为严格的现代主义风格，特别是抽象派，已经慢慢衰退。看了一些年轻艺术家的作品后，罗森伯格用他一贯的嘲讽口气，以“大同小异”的再现形式作为评价。这些他称之为“大同小异”的艺术家，其实是在反现代化中的形式主义：带有社会信息的晚期表现主义者与试图要解决在艺术语言和晚期现代化的艺术客体 / 图像中具体化问题的艺术家。这些艺术家已经转入流行艺术模式以及叙事，将艺术客体转为虚构客体，将图像转换为论述。

叙事的延伸

从马尔克斯（Gabriel García Márquez）到拉什迪（Salman Rushdie）的作品中注意到第三世界对寓言爱好的全面发展，詹明信对于这样的冲动提供了一种意识形态的反转：

奇想（Fabulation）——也许你比较喜欢**臆想**或者**毫不客气地夸大故事**这些词——无疑是一种指出社会和历史无能的征兆，除了想象之外一点可能性都不存在。然而，奇想的发明及发明力支持创造性的自由……个体在此打破历史纪录……而新的多重或轮替的连续事件动摇了民族传统与历史礼仪，而这些限制与规定正是戏仿（parody）力量所要批判的。[1]

在 1970 年代，除第三世界的文字创作者之外，电影工作者和艺术家都转向魔幻写实，为决定论的动机追求叙事的丰富性。在印度，这种准历史的再现实践形式同样以决定论的形式形成了多样化社会写实主义，其代表人物为克里笙·可汗纳（Krishen Khanna）、拉玛强德兰（A. Ramachandran）、杰维·帕特尔（Gieve Patel）和毕卡许·巴塔恰尔吉（Bikash Bhattacharjee）。到 70 年代，伦敦学派在吉塔曲（R. B. Kitaj）之后的时期又形成一个联合阵营。这个阵营对巴黎和纽约艺术界来说都极为可憎，却被这个世代不少印度艺术家视为拯救晚期形式主义艺术僵局的解毒剂。这股浪潮试图将二十世纪中失落的艺术版块重新拾回，其中包括墨西哥壁画主义、德国新即物主义与美国区域主义艺术；也就是说，包括了因为二十世纪现代化太过狭窄的定义所导致的大量被边缘化的艺术家。这是 1981 年名为**一席之地**（*Place for People*）展览的展场论述，参展的艺术家有：布朋·卡卡尔（Bhupen Khakhar）、古拉默罕默德·谢克（Gulammohammed Sheikh）、久根·裘德胡利（Jogen Chowdhury）、维凡·桑达拉姆（Vivan Sundaram）、娜莉妮·马拉尼（Nalini Malani）与苏德希尔·帕瓦尔罕（Sudhir Patwardhan）。

这股叙事浪潮激活了印度艺术的传统，包括印度艺术在民族主义时期的自我复兴。在这样的关键时刻，睿智的长者

1 詹明信，《后现代》，第 369 页。

苏布拉曼扬（K. G. Subramanyan），结合孟加拉地区与巴罗达（Baroda）地区的风格，开始（于玻璃之上）从事风俗画，作为对于高度现代化的戏仿。苏布拉曼扬远远超越现代化的巅峰，戏仿了通俗的意识形态，为印度艺术开启了决定性的新空间。其后，他被诸如卡卡尔等艺术家在社会及性别等方向以颠覆性的力量作出延伸，巴罗达所发展的区域主义也结合了孟买的都市写实主义，互相参照社会因素的再现模式也应运而生。而写实、天真以及想象的后现代主义艺术形式也发生重组，即使沿用较为陈旧的进步主义话语将自身思想化，印度艺术仍同时有意地具备兼容并蓄与含批评的图像语汇。

如果我们认为印度努力找寻认同，是过多受到民族志研究的影响，进而成为寓言式的叙事体和新的叙事意识形态，那么这种认定也可以帮助我们定位 1970 年代至 1980 年代印度当代艺术中对于图像叙事的偏好。苏布拉曼扬和卡卡尔所开启的传统，再加上谢克的影响，使得我们可以观察到这些艺术家如何通过大众艺术拥有大量代表性符号，同时与多种传统重新交流；这些艺术家生产影像的互文性、艺术史上的相互参照以及惯用语，就变成富有自信的宣言，为区域化以及完全分化的民族美学发声。艺术语言现在确立了多重价值，发展出现代化意识形态和朝向替代性现实的可能性；通过艺术语言自身的超越，被称为后现代的刺激回过头来解放了艺术品的结构，改变了其过于纯净而必须摆放在现代印度高雅文化的位置。新的叙事者动摇了国家传统，也释放了压抑于其中的戏仿能量。

1980年间，许多印度艺术家以创作者特有的自信，重置多个方面艺术形式的参照系，刻意打乱汇聚于印度现代主义中的哲学与语言。其中比较引人瞩目的是一些改变形象的女性艺术家，如1980年代的阿尔琵妲·辛格（Arpita Singh）、马拉尼、玛德薇·帕雷科（Madhvi Parekh）以及尼丽玛·谢克（Nilima Sheikh）；后续的阿努潘·苏德（Anupam Sud）、阿尔帕娜·卡乌尔（Arpana Caur）和蕾科哈·罗德维提亚（Rekha Rodwittiya）则进一步加强了这种转变。这些艺术家形塑了一种主体性——以存在主义的方式定位，但没有卷入到近期备受赞誉的精神分裂式自由之中。性别介入引申出的意义是：被讲述的自我，通过寓言式的工具，铭刻进了社会性的身体。寓言式的工具带有隐藏意图，让所讲述的角色超越其在文本中的角色。因为在我们未能调和的现代和后现代的相互作用力中，总是阴魂不散地要求我们解放受压迫的意识。而在较有政治倾向的艺术家眼里，这也是引进一种介入模式的希望。

后现代的优劣

美学的发展历程补足了伟大现代性叙事，从"为艺术而艺术"时期所得到的自主权，到美学成为一个消极却必要的门类，现在美学已成为一种批判世界的方式，也正是这个（在阿多诺的文字中巧妙提出）最后时刻令人难以舍弃：美学概念的颠覆性，正是工具主义世界中的批判观点。然而我们现在必须考虑的是，美学空间本身也逐渐被侵蚀，讲得更明确一点，就是美学批判性的虚幻（及过于工具化）。在这种情况下，阿多诺所提出的“否定承诺”（negative commitment）策略就会被改写与拒斥，取而代之的是（葛兰西式的）干预策略。[1]

1987到1989年间成立的**印度激进画家和雕塑家协会**（Indian Radical Painters' and Sculptors' Association）就是一种恰当的干预形式。这个组织最接近试图在印度艺术脉络中尽到前卫艺术的职责，主要由来自喀拉拉邦（Kerala）的年轻艺术家构成，包括亚历克斯·马修（Alex Mathew）与充满魅力却于1989年自杀的克里希那库马尔（K.P. Krishnakumar）。协会的成员主要因为同有印度共产运动支配与影响的极左派背景而集结。这些人的构成形式及将自己定位在激进主义论述与实践中的方法，最后成为一个典型故事，安置在现代主义的计划中。

在现代与后现代两方面出现在相同时间点上的反美学运动，总被认为非常适合于第三世界。当这变成第三世界电影的定位时，现代主义内部危机就会被归咎于除西方文化外的其他文化的反动。我们也知道，黑人研究理论家和女性主义者通过对后现代的思考以及思考他们的艺术活动中无法避免的权力关系操作，已经发现了将自由概念化到某种更高程度的可能性。正是具有政治倾向的艺术家，赋予了这个时刻更

1 哈尔·福斯特编，《反美学：后现代论集》，西雅图，海湾出版社，1983年，第15—16页。

深刻的讽刺和再次质疑存在的状态——当代政治符号的索引分枝。正如哈尔·福斯特（Hal Foster）所指出的，这与某种传统的批判解构方法有关，而非流行或虚假历史形式的仿冒工具；这与某种批判的起源有关，却非单纯回归。简而言之，后现代是为了质疑而非剥夺文化编码，为了探寻而非遮蔽社会和政治立场。[1]

从以上论点来看，它远远超越某种争论的策略。该策略认为，后现代出现在印度，释放的新生产力与后现代所谓的内在逻辑，提供了让印度从现代化发展中解放出来的力量。因此值得注意的是，这个论述的整体，可能指涉某些在印度艺术传统中非常明确的事物：强烈的具象主义以及总是低调的象征主义。由于对隐喻性的现代艺术原则过于简单的模仿，印度现代艺术可能已经面临危机。自从流行的划分包含超现实主义和达达主义——特别是其再现与具体化的批评——在西方，影像持续地受到质疑（例如对极少主义的戏剧性形式以及对观念艺术的质疑），但在印度却非如此。值得追问的是，是否我们坚持将过去视为影像——坚持为了文化凝聚力作出郑重声明——现在已不再紧迫，不需要分拣出过度符号化的图像。这也是雕刻家李姆松（N. N. Rimzon），一个偶像般的人物，用沉思的模式来“反射”的原因，而不是与印度的高尚文化相竞争。李姆松的艺术活动也许能够为此提供某

1 哈尔·福斯特编，《反美学：后现代论集》，西雅图，海湾出版社，1983 年，第 15—16 页。

种诠释。

但是后现代美学现在把玩的只是图像的形象，亦即所谓的拟仿物（simulacrum）——通过戏仿与模仿作品的方式来实现。当艺术市场机制进入印度艺术的实践，商品化的因素就已经明确存在；事实上，通过工具化模仿作品和剥削“文化符码”，印度艺术家可能比他们认知或理解的更接近后现代庸俗作品；现在的印度，我们可以发现介于真实世界主体与现代存在拟仿物之间的嘲讽式、超现实对峙——这是一种利奥塔曾以崇高来形容的后现代前卫主义声明。[1]所有的前卫主义者现在都必须把市场考虑在内，所有艺术实践都要对抗一股玷污艺术崇高性的力量，这也就是为什么“干预”这个词能更确切地取代列奥塔不切实际的超验性说法。

至于我个人，我倒希望可以为印度艺术找到超越仿拟物而且拥有历史面向美学的特质。而我所看到的可能性是：偏好空间面向大过时间面向的后现代艺术产生了一种时间和叙事上的平面化形式，也就是将一幅当代的图像切割出来而不去考虑其历史背景；在印度艺术中，已经有像马拉尼和桑达拉姆这样的艺术家认识到这类问题，试图将有着极为不同结构的部分构成整体，以使隐喻和转喻之间不同顺序的关系能以“认知绘图”（cognitive mapping）[2]的形式得到发展。寓言企图整合和批判乌托邦视野，这样的寓言超越了结合神话与诗

1　利奥塔，《后现代状况》，第 77 页。

2　詹明信，《后现代》，第 417—418 页。

学的象征主义，后者过度滥用却受到现代艺术中本地主义者喜好。这种巨大的虚构想象，对印度人的心理总是具有吸引力，现在已经有意识地变形为开放性结构和矛盾的符号。

相比于其他艺术类别，后现代主义中复杂处理模式的线索更有可能来自电影。以库玛尔·夏哈尼（Kumar Shahani）的电影为例，他利用史诗叙事的小说技巧，不仅在后现代时期注定要更替的时间和记忆维度获得历史全貌，也在叙事中提出了美学和物化的质疑。本质的条件被分级，为了抵抗不被承认的商品形象的停滞。因此，夏哈尼如此奢侈做出的影像，作为电影的特权，或者想象真实和建构无意识自身的电影的特权，以自身独有的美感创造出深刻的讽刺，出现在他 1984 年的电影《波浪》(*Tarang*）与 1990 年的电影《城镇》(*Kasba*）中。

基本的现实

在这个关节点，我要转换**论点**。当我们已经以一种乐观的模式浏览了艺术史——期待在这个我称作现代与后现代同时出现的时间点上，能有更深的复杂性——值得追问的就是：是否所有质疑美学的相关讨论必须立基于基本现实层面上，而且以戏仿方式将当前的生活方式以不同文化来呈现，才不会受到嘲讽？后现代有着现代曾经拥有的世界主义幻想，同时也拥有更胜现代的科技与媒体，以及国际市场交易的控制权。处于第三世界的我们并没有某种机制的控制权，得以瓦解这些可以提供诸多诱惑的物化的地位，也没有欧洲视为辩证方法的历史前卫主义，来作为我们与物化和其他资本主义的变幻无常相对抗的靠山。

后现代的政治论述希望瓦解历史宇宙的整体化视野以及现代的体制化，但是这样的论述尽管极力反对任何由现代政治缘起或建立的全球霸权，还是将基于阶级、种族、性别等的实际差异政治，囊括入一个竞逐世界秩序的元论述（metadiscourse）；如此的后现代接替了在这个世界上不同区域中地方历史可能的文化实践，已经发展到第三世界文化毫无获胜可能的程度。因此，后现代的文化表现，会是某种在政治经济的确切事实上，对相关事物的错误掩饰。

印度已经被拉进了国际资本主义的这个事实，一直到近期才宣布、才公开庆祝的事实——将所有一切进一步地情境化了。印度政府近来张贴出的海报上有一只大象，打破了圈住它的锁链。我们不清楚这只大象代表的究竟是人民、国家、邦还是大资产阶级，但也许这就是重点所在；这种对印度认同刻意混合意味着整体性，即使它只是防御性的，用民族主义的概念说，这些概念现在已被视为锁链。

当多数接受了名为“结构调整”计划的国家在经验事实上已相当悲惨时，印度政府还是接受了这些“解决办法”，因为印度经济危机完全符合全球性处方对发展中国家“稳定”症状的描述。

> 通过国际货币基金组织与世界银行……先进国家外资要求的是一个“门户开放政策”，也就是说，要得到与国内资本同等的对待。但这样一来，它们无可避免地会

侵占国内资本的经济领域。这种受到要求与胁迫的转变并非如同在大城市经济的例子一样，从尼赫鲁式的国家干预转变为替代制度的那种对国内垄断资本的支持，而是转为国家对无论是内资或外资的垄断资本都做出无差别的支持。在这过程中，国外因素无可避免地构建且取得领导地位。

我们因而得到一种转向：国家本该作为一个阻止先进国家外资的壁垒……却开始转变为一名为了捍卫其利益而与国内劳动群众对立的捍卫者。[1]

我们在国际货币基金组织和世界银行的监护之下，所做的不只是与反贫穷、倡导消费政策有关，也是国家主权无形地投降——现在只能以一个福利社会国家的形式作为运作基础。这种的转向决定了在所有层面上的投降——包括在所有反帝国主义和民族主义的讨论中所包含的基本权利：制定我国经济法律的权利；来自于美国特定的压力（通过关贸总协议与知识产权法案）将所有的知识商品化。因此，关于晚期资本主义的文化逻辑讨论必须要被情境化，才能够将新帝国主义完全纳入视野。因为无论我们是否能维护民族主义本身，我们必须看见新全球主义的所作所为。如此全球主义试图瓦解的不只是社会主义，还有后殖民国家的形成。

---

1 普拉哈特 · 帕特奈克，"对于'国家的撤退'的一份政治经济学笔记"收录于《无论帝国主义发生什么及其他》中，新德里，图里卡出版社，1995 年，第 206 页。

讽刺的是，就连当代的激进分子都会说，正在印度发生的事情肯定会在所有国家建构的恰当时机中发生：为了把早就需要的空间交给新社会运动、受压迫族群的抗争，社会主义和后殖民国家必须解散。现在，从自由民主派到激进派的整体论述，特别是在社会主义失败之后，控诉反对大规模社会运动、反对民族、反对民族国家，就好像民族国家已比帝国主义还要危险一样。然而，这样的认知与殖民/后殖民国家经验过的历史事实相悖，而且西方的新帝国主义还愿意让保守的民族主义在以原教旨派、暴力和领土分裂的基础上复兴。

当所有分类方法都涉及到多数和少数社群的问题时，讨论就作为一种社群主义差异政治前进。在第一世界中，多重性不过就是自由容忍，新族裔性只是反社会主义的另外一个面向；需要说明的是，第三世界中，在艰难中建立的国家无法被纳入这样的论述，我们随后开始学习一个概念：宗教与其对差异性的容忍。即使是在印度这样的民主国家，还是会很快地把我们带领到法西斯主义的边缘——更明确地说，如果我们停止抵抗民族主义的话。这样的国家可能无法做成其他一些事情，但从它仍然被合法地（并且也符合经验）认为是一个现代的、世俗价值的民主政体。

隐喻式的回想

社会主义还是前不久的事情，它的历史交织着布尔乔亚文化与现代性，从其激烈反对立场的不同指示中传递力量和希望。没有了社会主义叙事和国族寓言，支撑我们集体主义想象的象征秩序又会是什么？我们要如何去反对当今原教旨主义者以神圣之名打造出来的集体性呢？民族主义与社会主义在当下已经吃了败仗，以至于更危险的集合体——种族主义与原教旨派——极速地成长，而且不会受到后现代钟爱的精神分裂隐喻的影响，即虚无的自由。宗教复兴的恐怖是很真实的；然而当东方遭到妖魔化时，反动的保守主义，尤其是西方新法西斯主义的兴起与其所招致的恐惧，都应与东方面对面地放置。在新兴的族裔政治中，由于传统中无视脉络的挪用与宗教对抗中的愚民政策，我们逐渐地遭到原教旨派或激进意识形态的绑架。

在政治控制紧缩的年代，将对社会主义的怀旧放在能见度很高的位置，将其认为是一种适当的象征秩序，这点非常有用。这是一个很好的理由去回想现代主义计划开展的工作：对去神圣化的肯定。这是译码和将过去与现在的作品世俗化的计划。从今天对现代化显著性的评估来看，该计划相当重要。[1]

印度今日看来好似有着从未拥有过的现代化，迄今未解的民族问题或许可以解释未完成、散失在某处但仍具激进力量的现代化信仰，让印度艺术家日益增长的政治意识的事实看来可能是正确的。一种勇敢无畏的人类形象，作为垂直秩序之代表，约翰·伯格（John Berger）将毕加索带入现代性

---

1 尤尔根·哈贝马斯，《现代性——未完成的计划》，收录在哈尔·福斯特编写的《反美学》之中。

的竞技场：一个直立的人。[1] 虽然这类现代化的形象是男性化的，但在现代革命的拟人化真实性上下注，就像阿基米德支点一般，也许会有帮助。对印度艺术家来说，这个赌注超过讽刺，超过主体死亡的宣告。将现实主义/现代主义/后现代主义这种地质年表，与我们自身深深困惑地走过这个世纪的现实历史对应起来，将现代性本身如哀悼的暗喻一般置于“新世界秩序”中也许是合适的。

本文最初以《印度/第三世界艺术的现代化于何时出现？》(When was Modernism in Indian/Third world Art？）之名于 1992 年发表于剑桥大学的克莱尔学院（Clare Hall）的艾许毕讲座（Ashby Lecture)，并在同年于加拉加斯的国家艺术高等研究院（Institute of Higher Studies in Art）所主办的视觉艺术理论研讨会中发表；先前发行之版本收录于 1993 年《南大西洋季刊》(South Atlantic Quarterly）的第 92 卷夏季号的第三期，以及 1995 年《艺术与理念期刊》(Journal of Arts & Ideas)，第 27—28 卷。目前的版本取自吉塔·卡普尔于 2000 年由新德里图里卡（Tulika）出版社发行的著作：《现代化于何时现身：印度的当代文化实践》(*When was Modernism: Contemporary Cultural Practice in India*)，本文于 2004 年由纽约新当代美术馆/波士顿麻省理工学院出版社重新刊印于由赫拉尔多·莫斯克拉（Gerardo Mosquera）和珍·费雪（Jean Fisher）编著的《在此：艺术与文化之国际观点》(*Over Here: International Perspectives on Art and Culture*)。

（翻译：戚育瑄　林书全）

1　约翰·伯格，《毕加索的成败》，企鹅出版社，1965 年。

穿越多重论争世界的策展实践

苏醒于 1960 年代：策展人和先锋试验

相较于在工作室、专门为个展型构的美学框架，或是以艺术史主导的美术馆中审慎的陈列手法，策展或许会使个别作品稍稍失去“自我”；更遭人议论的是，为参照某种概念范式，或佐证某种观看计划，策展人很有可能刻意地着眼于作品的部分内涵，并建构（或解构）作品的意义。在这个前提下，为了成就观者及作品间某种与以往不同的相互关系，策展人可说是挑战了艺术家的利益。因此在本文讨论中，我倾向于将展览视为一种展示的阐释论证，在场面调度（mise-en-scène）的支援下，由策展人搬演，通过展览装置共时性的结构来揭示。这样的论证可视为某种策展决定论的历程，快速地将论证主题设置于时间维度上。

将策展人理解为展览创意总监，大致出现在 1960 年代晚期，[1] 这个倾向借着结合当时对艺术及智识的渴求而得到快速成长。看一下几个 1960 年代艺术运动的案例，即可得知艺术形式的转变，如何连带迫使画廊的展出方式作出回应，而策展的突破又如何呼应着某些特定趋势，带动结构、模式以及意识形态的变化。以极少主义将进行观看的身体置于横轴为先的位置为例，这种观看方式提供了作品现象学的认识，将这种概念转化为策展实践。极少主义要求策展人在展示的语境中，机敏地调动作品摆放的相对位置，并寻求控制展览过程的方法，使得相遇的控制剧场（controlled theatre of encounter）转化为奇观。

居伊·德波（Guy Debord）所提出的"景观社会"作为 1960 年代对战后消费社会的批判，转译为历史唯物主义的革新理解，直接对于艺术话语造成了影响。在这种时代背景下，日趋物化（reification）的艺术物品遭遇详细的审视。激浪派运动冲击了艺术既定的分类系统及价值阶序，将展示过程的内里翻转而出，展出工作过程中的量尺、仪具以及容器。同时，"偶发艺术"（1950 年代的日本具体小组艺术家 * 的行为导

1 参见特丽萨·格莱多，《艺术家和策展人：当代策展实践的一些问题》，《视觉艺术与文化》，卷二，第一部分，2000 年。

* 也称作"具体美术协会"（Gutai Bishutsu Segen）或"GUTAIとも"，所谓 gutai 的英文直译应为 embodiment，强调体现与具体化的表达方式。1954 年，由大阪画家吉元治良（Jiro Yoshihara）发起，以具体美术协会成立作为起点，至 1972 年吉元过世、协会解散为止。具体派以物的生命为创作要旨，强调物质的多样构成为路径，以 1956 年吉元所提出的"具体宣言"为宗旨，试图探寻精神和物质如何相互震荡，进而呈现彼此更深层的内部空间。

向艺术可视为其先声）所推崇的即兴与转瞬即逝席卷当时的艺坛，随之而来的是1970年代女性主义*领导较具结构性的行为艺术。贫穷艺术（Arte Povera）则提供了一种将物质投入物品的新形态，这些投入位于价值的交换纽带之外，标示着一种支持反转与冗余**的颠覆性信息。

1960年代物质混乱伴随着符号混沌（entropy）带来了突破，这对于重新引入激进艺术极为重要。展览制作的规范遭到动摇，各类艺术机构也必须面对民主倡议的施压。这个时期最具代表性的展览，当属策展"大师"哈拉尔德·泽曼（Harald Szeemann）***于1969年所策划的"活

---

* 1970年代女性主义艺术运动及思潮所关注的议题是，女性创作者本身及其实践，如何在现代主义基调下的艺术史中成为"他者"，或是以从属的身份存在于男性主导而形成的阶序之下。反抗资本社会对女性刻板印象的打造，诞生了一个以欧陆女性主义运动为主体的艺术潮流，其中最具代表性的艺术家是玛莎·萝斯勒（Martha Rosler），她的代表作是行为录像"厨房符号学"。

** 相较于资本主义强调生产绩效的意识形态而言。

*** 哈拉尔德·泽曼（Harald Szeemann, 生于瑞士，1933—2005）可以说是独立策展的鼻祖。1961年，他28岁就以优秀艺术史学者的身份接掌波恩美术馆。1969年，他策划了一个在博物馆学史上极具突破性的展览"活在你脑中：当态度成为形式"，找来许多当时备受争议的艺术家，以各种艺术表现形式，大胆呈现创新、颠覆、与实验的精神。1970年，泽曼辞去馆长职务，开启了独立策展人的生涯。泽曼早年的剧场经验，深刻地影响了他的策展理念。他把自己视为一位"艺术的导演"，策划各种艺术秀。离开波恩美术馆后，泽曼不只发明了独立策展人的身份与角色，也发展出现在我们习以为常的巡回展模式（traveling exhibition）。这一对观念，在某种程度上扭转了传统官方体制对艺术审查的层级结构，将艺术的评断权力还给公众。1972年，泽曼承接著名的第五届卡塞尔文献展（documenta 5）。这个展每五年举行一次，前四届由创展人 Arnold Bode 策划。泽曼成功地把这个展领向新境界。但他除了偏爱壮丽的大（转下页）

在你脑中：当态度成为形式：作品-概念-过程-情境-信息（Live in Your Head：When Attitudes Become Form：Works-Concepts-Processes-Situations-Information）"。[1] 泽曼偏好激浪派那种骚动及过程主导的社交动能，而非在制作和展示艺术作品过程中物品的固定不变。他强调激进的个人主义（"内在的风度"[inner bearing]），艺术的传达方式以及这所体现的乌托邦式浪漫。他为策展人搭建了一个平台。在那里，策展人同时是艺术作品和展览的合作者或共同作者，而泽曼自己也成为了先锋策展的代表人物。

接下来的十年，我们看到了具有建筑规模的装置艺术、特定场域的创作计划、互动式的社群工作坊以及进入社会空间的无政府主义，这些都是艺术家和策展人合作造就的画廊系统之外的替代性基础建设。[2] 艺术实验室的想法浮上水面，

（接上页）型展览外，也不断从事实验性强的特展，例如 1974 年"祖父：如我们的一位先锋"（Grandfather：A Pioneer Like Us），他运用空间设计来展示属于他祖父的物件，呈现祖父在理发沙龙用过的东西与氛围；1988 年的 Zeitlos（Timeless）也是一个新风格展，专注于展览空间的新创造。他总是对展示空间与展示物件间的关系充满思考与兴趣。他经常说：They have to breathe，使空间呼吸（spatial breathing），这变成让展览有别于超市零散堆砌的空间原则。同时他也关切如何创造"空间诗性"（poems in space）。

1 《当态度成为形式》展示了 69 位艺术家不同的工作，包括概念论、贫困艺术，大地艺术、反形式等，当时有先锋的趋势。1969 年在伯恩美术馆开幕，随后在伦敦当代艺术学院展出。关于泽曼的介绍，参见展览画册《当态度成为形式》，伦敦，当代艺术学院，1969 年。

2 在 1986 年，让·赫特策划了一个具有里程碑性质的展览（由比利时根特当代美术馆主办），名为"床友"；居民提供了 50 所私人住宅可供艺术家和访客使用，在这些住宅里创作了作品，并产生了富有变化的艺术行动。

在相关讨论中，艺术的意识形态这类公共层面议题也渐渐无可回避。

就在1960年代后期，借着对策展反思的回应，观念主义实践逐渐扩展成形，民主的冲击也采取了另一条路线。[1]观念艺术试图将艺术去物化，在思考艺术的意义和目的时，崇尚知识经济和空前流行地采用朴素形式。白盒子式的展览空间被清空并保持中性，在某一时间点对观念艺术来说白盒子是多余的。这个分立的、刻意抹削日常经验的空间承担了两种矛盾的目的，一方面给深奥的信息提供寻常的进入通道，同时又将纪实性的文字铭刻在临床情境中。这个双重境遇在当时被称为“艺术”——那终于脱离灵光的窠臼并得以提出一种不确定的美学标准的“艺术”。

这里我以凯瑟琳·戴维（Catherine David）* 策划的第十届卡塞尔文献展（Documenta X）（1997年）作为上述美学发展简要历史的例证。凯瑟琳为策展工作开创了新的话语空间。这里指的是更多不受约束的模式，在策展意志的执行下获得重塑。举例来说，她通过一种她称为城市跑酷（parcours）的布局，将城市变作可以进行场面调度的舞台，借助路径的安排与进程，阐释展览的内容并提供论证。凯瑟琳重新展

1 塞思·西格尔劳伯，纽约画廊所有者和“展览组织人”，从20世纪60年代中期至1971年发起过一系列展览，如“一月展”（1969年）。他以观念艺术为题的出版物——展览在一定程度上支持了非物质艺术和自由的信息交流。

* 凯萨琳·戴维（Catherine David，1953年生于法国），著名艺术史家暨策展人，也是首位卡塞尔文献展任命的女性策展人。

示了一系列从1960年代至当时的精选的关键性先锋艺术行动，用其佐证她所观察到的批判性艺术实践，以及彼时政治性与诗性话语共时相映的相关性。[1]凯瑟琳的选择所构成的区域，首先定义了她在当代性中的位置，也因为调动策展时超然在上的优越方法，她对于艺术家的创作意图进行了“过度”（exceed）诠释。总体性地概括实际展出作品或许是一个问题，但也是对批判当代性在今日艺术中意义的一种元论述（meta discourse）。这就使得展览成为一个哲学问题，既是训诂学也是现象学的体验。“百日百客”（100 Days，100 Guests）演讲活动集合了来自世界各地各个领域的演讲者，一同讨论了批判意识作为当代艺术的形式。这样的活动就算是训诂学的一环。

魔术师

我现在走出欧美，进入另一个区域。相对于那些由（西方）艺术史认可的区域，在这个新区域中，策展实践发展出某些偶发甚至因应议题而导致的风格。无独有偶，策展人的崛起也是艺术展示的关键性分歧，恰恰伴随着第三世界对于他者性的维护。这包括了1960年代革命的开端*，以及1980

---

1 更多关于馆长凯萨琳·戴维的汇编文章，请见《诗歌-政治：X档案——书》，奥斯特菲尔登-鲁特，Cantz出版社，1997年。

* 此处应该是指1960年代第三世界的话语权逐渐成形。最具意义的当属1955年于印尼所举行的万隆会议（Bandung Conference）。会上，由自殖民政权独立的亚非诸国发起了不结盟运动（Non-Alliance Movement）。

至 1990 年代调节式的多元文化主义。后殖民和后现代的双重阐述动摇了当代艺术的标准话语空间，这种当代艺术的话语也通过极具规模的 21 世纪的全球化，获得了相对的健全。因此，不论在舆论层面或是实践层面，今日的策展计划承担着以差异为基础、近乎强制的包容性，而这事实上基于文化权力的去中心化。

但让我们暂缓片刻，稍稍抽离来讨论让-于贝尔·马尔丹（Jean-Hubert Martin）* 在蓬皮杜中心（Centre Georges Pompidou，巴黎，1989）举办的那场极具争议的“大地魔术师”（Magiciens de la Terre）。[1] 这个案例正好恰当地帮助我们情境化理解欧洲长年以来，后现代主义包容的文化汇融者对异国他者的兴趣。他担负着当代策展领域首次跨文化使命，研究机智加上大胆悍然，“大地魔术师”宣称民主价值归因于无数文化创意行为，包括精神性和概念性的平等。所谓魔术师，就是马尔丹赋予西方当代先锋艺术某种宗教仪式性的地位，将这种特色与“他者”文化中据称由魔法驱动的艺术品建立关联。相应地，他在当代化这些来自边陲的“神圣”作品，并将之与西方众所皆知的世俗创作并列。这种相对化的

---

* 让-于贝尔·马尔丹，法籍策展人，生于 1944 年，1971 年加入巴黎现代美术馆（Musée National d’Art Moderne in Paris）担任策展人，参与 1977 年蓬皮杜中心的成立策划。

1 由让-于贝尔·马尔丹策划的展览“大地魔术师”于 1989 年在巴黎的蓬皮杜国家文化艺术中心举行。查看“大地魔术师”的展览目录，巴黎，蓬皮杜国家文化艺术中心，1989 年。

练习，企图改变有关“未开化”与现代的辩证关系，并意欲生产出某种种族和创作体裁之间的友好气氛。“大地魔术师”承载了上述所有期望所召唤的主题，甚至要重新修复西方艺术中早已丧逸的灵光。

“大地魔术师”的策展解说，如预期地引发出随后的激烈辩论。我这里所讨论的各类观点，都源于一系列收录于《现代艺术博物馆的关键词（Le Cahiers du Musée d'Art Moderne）》[1]中的文章，这些文章后来翻译为英文并由《第三文本（Third Text）》进行再版。在一个与让–于贝尔·马尔丹的访谈中，本杰明·巴哈洛（Benjamin Buchloh）[*]准确地将问题意识置于两个关键议题之间，一方面是20世纪现代与后现代艺术史对“他者”的美学命题的假说；另一方面，如何利用这个美学命题的假说，在大地魔术师这个计划中，切入霸权的（人道主义者/现代主义者）和虚无的（经验主义者/后现代主义者）使用标准，充斥在《大地魔术师》救赎倾向的议题之中。本着狂欢的原则，这个命题早已因为

1 这里所有的文章，都来自1989年第28期的Le Cahiers du Muséed' ArtModerne杂志，其中一部分来自于“大地魔术师”展览。英文版请参考1989年春季第六期《第三文本》。查看本杰明·巴哈洛以及尚俞贝尔·马尔丹的“访问”，拉希德·阿瑞恩的“我们的包豪斯，别人的马豪斯”，简·费歇尔的“其他制图法”，以及盖伊·布雷特的“地球与博物馆：当地还是全球？”

* 本杰明·巴哈洛（Benjamin Buchlohor Benjamin Heinz-Dieter Buchloh），德国艺术史家，生于1941年，从事艺术社会史研究。他1982年发表在《艺术论坛（Artforum）》杂志上的讽喻文章：“在当代艺术中的挪用与蒙太奇”，确立了体制批判相关艺术实践的论述主轴。

这个时代资本主义消费的特征显得联系过于紧密。鉴于奇观早已是商品和文化铺天盖地全球销售规划的策略，艺术的救赎或许需要来自不同的方向，这无疑是另一个更具批判性的路径。

拉希德·阿瑞恩（Rasheed Araeen）* 所阐释的第三世界框架挑战了现代和后现代的西方美学制域中，持续否认在世界现代性进程中无可争辩的历史多样性。[1]“大地魔术师”的议题虽然承认了世界其他地方的现代化进程，但却囿于“传统之于变革”** 的人类学框架内。这个论述框架模糊了现世中民主的、公民的、政治权力的反殖民/后殖民话语，然而正是这个发生于其中的话对话辩证提供了相应文化转型的轮廓。如同珍·费歇尔（Jean Fisher）*** 和盖伊·布雷特（Guy Brett）**** 所指出的，“大地魔术师”所体现的情势（题中的大地）不是由勘查人们的生存挣扎而得来的划分，哪怕是任何一种对于生命搏斗的认知，都能在“魔术师”譬喻之外提供其他可能的选择。

---

* 拉希德·阿瑞恩（Rasheed Araeen），巴基斯坦裔伦敦艺术家暨批判思想家，生于 1935 年。他早年曾参与黑豹党运动，1978 年创立“黑色凤凰”刊物，该刊物也是 1989 年《第三文本》的前身。

1 参见上页注释 1。

** 该标点由译者加注，以协助其书写语气于中文行述中表达。

*** 珍·费歇尔（Jean Fisher），活跃于英国的艺评家，她关注后殖民遗风与全球化冲突的内在联系与矛盾，1992 年至 1998 年担任《第三文本》的编辑，也是《艺术论坛》的长期撰稿人。

**** 盖伊·布雷特（Guy Brett）活跃于英国的艺评家暨策展人，自 1960 年代起，持续撰写与艺术活动相关的文章。

承接费歇尔与布雷特于《第三文本》的讨论，切萨雷·波比（Cesare Poppi）主张我们必须提防“制造的真实性”以及对于差异性的消解辩证式庆祝。当历史已成定局，而多样性的假设在世界体系的保护伞下已成既定事实，“复数的文化”被允许在微暗中起飞。至少在某种程度上，后现代主义是从属于这一进程的，借着制定文化交换的利率，后现代主义完成了综述并给予结论，而这个共通的利率交换单位可以是“艺术”。[1] 波比表明对于差异持续性的阅读，间隔的、间断的，正如同存在于主宰者与被宰制者、霸权的与被霸权支配的关系；波比暗示着我们与其将这些对于差异持续性的阅读视为论战式的练习，不如将这种阅读模式当作一种辩证的仪器，以此“进入”我们为艺术构筑的典范中。

“大地魔术师”的论述构筑在一种（民族志的）时代错乱的谬误上，各种处于未开化及现代、民俗及都市、传统与先锋、中心和边陲之间的历时性张力——重要的拉锯遭遇到宽泛的美学准则与假定的共时性观看平衡的回避，最后这些张力仅化为其他（引人反感的）标准浮上水面。

我个人的批评则关注于，艺术表现中落后的本土与进步的先锋这二分的概念，如何通过这个以当代艺术为对象的策展范式建构起来。首先，将此二分法以地理辞汇绘制

1 切萨雷·波比，《来自地球村的郊区：对“大地魔术师”的再思考》，《第三文本》，1991 年，第 14 期。

在这片世界，接着衡量之于北方艺术家的个人能动性，及之于南方艺术家不受时间限制的但也不合时宜的人种血脉，并在其中取得潜在的平衡。在当时各式被指认为复合体的跨界交会，则无可避免地充满异国情调。如此一来，作为某种文化冲突发生地的复合体时常被忽略其浓厚且尚待研究的资讯，较容易被解读为某种自然演化的最终产物，充斥在那充满热情的散溢中。处于展览架构中精心组织的现象学分外矛盾，复合体的在场作用于确认本质的原则而非中断或改变的原则。正是因为如此，非西方社会都市中那些明确的且体现着源远流长变革的艺术实践，可预料地被排除在外。少数几位主要人物恰恰坐落于上述的框架中，身处于西方之外那些高度异质化的社会中，恰恰在其历史脉络中展现着能动性，通过有意识地打破语言和政治的藩篱，并且显而易见地在概念上贡献西方宣称拥有所有权的激浪表现上。

异质的复数世界

然而，“大地魔术师”对当时既定的模式框架提出的挑衅有它的意义，在时代的脉络中，拥有检验那些包含先锋派理论的西方艺术史模式的进取心，同时显示出一种无政府主义倾向的品位和观念，以此撼动着策展概念完善主导展览的意象。当然，这些突破都要感谢“大地魔术师”对于世界艺术史无畏地地貌绘测，并自此引发舆论对此议题的反复讨论研究。[1] 若要衡量“大地魔术师”之后策展实践的泛滥，各式各样的问题都有可能被提出：经历过 1980 年代至今如此激烈的讨论，“原始与现代”* 的二分法如今是否已得到适当的

1 多语时代的定义，在印度已经激烈讨论了数十年，主要是一些民族阶层中仍然存在的古老传统、拥有各自现代文化的不同信仰团体以及迅速发展并在全球资本主义中竞争的城市群体。追溯到殖民时期，人们热烈讨论着同时代现代性的范围和结果；如今，人们讨论的中心在于全球化的后现代主义——在基础设施方面正形成多国参与的趋势。相应的，题目中有“印度”的展览都曾尝试提出这些问题。在一些案例中，通过展示那些文化的多个层面——从部落、乡村和流行到大都市现代文化，他们强调了所有种类，意图和意义上的困难——要求我们在这个多语时代以多种声音阅读和阐释当代文化，类似于今日在印度次大陆上的存在的方式。维多利亚·林恩于 1993 年在新南威尔士艺术美术馆所举办的“印度藏歌：当代印度引述中的多流派”展览之后，两个国际性的展览为这个议题增加了最新的策展逻辑。我参考了由艺术家及艺术史学家古兰穆罕默德·谢克在 2002 年所策划的展览，名为“新印度艺术：家–街道–圣坛–集市–美术馆”。我还参考了年轻的艺术历史学家蔡坦尼亚·桑布拉尼命名为“渴望的边缘：印度近代艺术”（谢克的展览是一系列涌现出来的来自曼谷、印度、巴基斯坦、斯里兰卡的视觉文化的其中之一。印度的展览在曼彻斯特艺术美术馆中举办。见谢克的“新印度艺术：家–街道–圣坛–集市–美术馆”展览目录，《南亚艺术》，诗沙，曼彻斯特，2002 年。桑布拉尼的展览由纽约亚洲学会和珀斯西澳大利亚艺术美术馆组织，巡回于澳大利亚、美国以及墨西哥，2004 年至 2006 年在印度举办。参看蔡坦尼亚·桑布拉尼的“在欲望的双重边缘”，《欲望的边缘：印度近代艺术》，展览目录，珀斯，亚洲学会，纽约以及新南威尔士艺术美术馆，2004 年。）这些不仅提出了在不同语言体系下同步观察中的现象学经验，而且还探讨了图像文化中的结构关系。通过在当代关于创作、材料、风格方面的场所、方式以及关系的测量实践，图像文化中的差异第一个显现，然后将其描述出来，沿着艺术语言连续的弧度——从技术到观念，创造空间来使其在可行的符号空间中工作。展览的学术观点引起了更多问题，包括群体与民族、在现代化进程中对与公民权利的剥夺以及艺术、文化和市场经济之间的矛盾关系。

* 该标点由译者加注，以协助阅读。

解构？[1] 究竟普遍的美学是根植于某种人本的前提，抑或是奠基于一种美学形式的正式独立性，这两个主导现代主义的意识形态是否发展到了尽头？[2] 不仅如此，早期经由后现代主义稳定下来的合成譬喻是否现已瓦解？随之而来，取代现代主义及后现代主义的崭新圭臬，在来势汹汹的全球动态中是否仍然具有正当性？最重要的是，当下这些问题的源头全都昭然若揭，在标志着祸源的场所中，臆测的迫切性定义着政治。我所提及的这些事件现场都背负着复数型异化时间 * 压力，来自于历史化殖民过去所带来的后遗症 **，这个过去如此沉

1 我特别参考了充满争议的展览——“21 世纪艺术中的原始主义”。它由威廉·鲁宾于 1984 年在纽约现代艺术美术馆举办。

2 伊夫·米肖敏锐地提出了“大地魔法师”的动机和安德列·玛律罗的审美人文主义使命之间的相似之处，并狡猾地建议“大地魔术师”的基础应包括一些美学上形式主义的延伸，正如克莱门特·格林伯格所传播的那样。参看“专家、探索者、厨师、策展人”，《第三文本》，1989 年春，第 6 期。

* 所谓复数型时间指的是殖民国家加诸于其殖民地的“滞后感”（belatedness），相对于殖民母国建构的展示政治所成就的标准时间。因此脱离殖民主宰的国家族群一方面需要回应源于母体文化本身的时间感，同时又须面对时间滞后所带来的焦虑。这个观点可以参见卡普尔 2002 年在文化宫发表的演说“翻译的政治性或政治性翻译：策展作为跨文化主义批评”（Politics of Translation or Political Translations: Curating as a Critique of Transculturalim），她在演说中特别引用迪佩什·查卡拉巴提在《将欧洲地方化》一书中被殖民者如何面对“政治现代性的不合时宜的形式”（anachronistic forms of political modernity）的诘问。

** 此句翻译的同时参考本文的另一个版本《策展：在公共空间》，收录于 Apexart 于 2007 年出版的《警世故事：批判性策展》，该书集结 10 位策展人对于策展实践的思考文章，其中包括卡普尔的《策展：在公共空间》，以下是这段话在《策展：在公共空间》原文：The bracking（转下页）

重，导致策展人们被迫要在时间维度中提供观者同步共时的展览美感体验，并由此处进入未来。

1996年位于纽约的亚洲协会邀请了年轻的泰国历史学家阿宾那·波什亚纳达（Apinan Poshyananda）[*]策划了一场名为“亚洲当代艺术：传统/张力”（Contemporary Art of Asia: Tradition/Tensions）的重要展览，[1]作为波什亚纳达新锐亚洲策展人的初登场。波什亚纳达呈现的创作范畴极广，其中特别醒目的是那些具有明确物质性的装置、场域限定且具有表演性质的介入，还包括含有提供政治注解的纪录片。获得明确定位的作品是当时展览的基础，这在当时是一项重要概念，在展览中作品的符号与意义，则体现在深植于作品生产的物质条件之中。这种展览状态表现了艺术家对于情境现象丰富的认知能力，带着既是审视又是观察的状态来理解眼

（接上页）exhibitions in the foregoing discussion, Magiciens de la Terre and City on the Move, are examples of how curators can devise means whereby we are asked to imbible the art experience as a swirling sea of free-floating signifiers, of how extrapolated signs are orchestrated into spectatorial affect to make up an extravagant, somehow delirious exhibition. Such an approach can be said to have a backing is brought to the fore and the method of aesthetic deconstruction takes it cue（not on the basis of high art but）from the survival tactics of popular art—a tactic involving continual hybridization. This cultural and therefor aesthetic hybridity has come to stay as one of the favored curatorial approaches to exhibition-making.（p. 60）

* 泰国历史学家阿宾那·波什亚纳达，1956年生于曼谷，是1990年代第一批开始撰写亚洲当代艺术评论的先驱之一。

1 这个展览由泰国策展人阿宾那·波什亚纳达为纽约亚洲协会策划，在多个城市巡展。参见展览画册，《亚洲当代艺术：传统/张力》，纽约，亚洲协会画廊，1996年。

前的现象，使得艺术创作得以穿梭在仪式礼节及政治禁忌之间。“传统 / 张力”确实为当时的观展意识带来一场震撼教育，刻意地换置了西方美学中观者那种“超然且置身事外”的参与姿态。举例来说，即使那安插于括号之内神圣的展览名称，也在强调人们惯常思考的意象：祈祷 / 探询（invocation/circumambulation）、亲密 / 距离（intimacy/distance），藉此重组展览的情境现象。

“移动中的城市”（1997—1999）这个广为巡展的策展计划，仿佛一股洋流，自海床卷起一股文化饱满的美学。这种崇尚行话和政治性的实验取向，带动了亚洲艺术展览浪潮的第一波。[1] 作为策展人，中国籍策展人侯瀚如以及瑞士怪杰汉斯・尤利斯・奥布里斯特（Hans-Ulrich Obrist）以当时影响甚广的资本主义全球化为出发点，以传统及其商品式的转化为主题，开启了一段睿智的诙谐戏仿，效仿当时东亚及东南亚的市场经济爆炸的格调——浮滥、嘈杂、肆无忌惮展览将观众随意地置放于一连串具有渲染力的标语中，不只展示整个消费文化也促进过量地视觉消费。两位策展人的确分别都以不同方式多次描绘着这个世界，并一次又一次地让艺术家及艺术作品疯狂地奔忙于马拉松式的计划中。

“大地魔术师”和“移动中的城市”开辟了一条裂缝，观众由此可以进入一个符号（能指）自由漂浮的漩涡。这些符号由策展人设定、推测而获得，而且以某种方式将其景观化，

1　该展览在世界范围内大规模巡展。参见展览画册，《移动中的城市》，奥斯特菲特–卢特，格尔德・汉杰出版社，1997 年。

使得组构意义的制度全部分崩离析。如此恣意没有负累的策展取向，来自于新形态艺术史/视觉文化研究的理论支持，其中“解构主义”的方法学并不取法于高雅艺术，而是沿着大众艺术的生存技能找寻线索。这里所谓大众艺术的技能，正是这种带着亢奋展示效果的持续性混合。这种美感俨然备受策展人的青睐*。但让我们稍稍停顿一下。“传统/张力”是1990年代第一个提出创作于亚洲的作品语言（“母语”），位于“大地魔术师”和“移动中的城市”这两端的中央，以多种形式严谨陈述的展览。阿宾那·波什亚纳达认为该展览是一种相异于西方的“模式”，形成对比和互补。讨论范畴包含“语言”的符号性因素后，艺术史的标准分类便开始受到质疑。“传统”美德被运用在辅助一个相对于西方现代的新，借此巧妙地动摇西方“现代即是创新”的垄断，在这样的亚洲/讽

* 此句翻译的同时参考本文的另一个版本“策展：在公共空间”，收录于 Apexart 于 2007 年出版的《警世故事：批判性策展（Cautionary Tales: Critical Curating）》，该书集结了 10 位策展人对于策展实践的思考文章，其中包括卡普尔的《策展：在公共空间》。以下是这段话在《策展：在公共空间》（Curating: In Public Space）中的原文：The bracking exhibitions in the foregoing discussion, Magiciens de la Terre and City on the Move, are examples of how curators can devise means whereby we are asked to imbible the art experience as a swirling sea of free-floating signifiers, of how extrapolated signs are orchestrated into spectatorial affect to make up an extravagant, somehow delirious exhibition. Such an approach can be said to have a backing is brought to the fore and the method of aesthetic deconstruction takes it cue（not on the basis of high art but）from the survival tactics of popular art—a tactic involving continual hybridization. This cultural and therefor aesthetic hybridity has come to stay as one of the favored curatorial approaches to exhibition-making.（p. 60）

刺状态中，波什亚纳达称得上是位大师。

自1980年代以来，数个促进策展范式转化的关键性展览，或是发生在展览知识生产相对成熟的北半球之外的地方，或是关注于西方主流议题之外的“全球南方”。于是我们强调这样一个事实：来自于有意识划分区域的作品反映了其自身内部的差异，同时也重新定义了民族志和艺术史、仪式和戏剧、物质、物件以及概念的传统类别。显然，国家——地区式的展览和探索，对西方话语审美判定的清算承担起到一定的作用（而非否定），从而获得了自主性。[1]

南方[*]双年展：细数1990年代

延续着西方学院和现代艺术美术馆之外初步开发的展览论坛空间，我现在将讨论重点转向坐落于南方——相对于北半球前者话语核心外圈的南方——以及这个范畴中以倍数速度增长的双年展/三年展（biennales/triennales）。近似于非正统策展概念提出，这些展览已建构了具有主体性的意识形态和议题。借着下述三个先驱的双/三年展，我将进一步阐释：始于1984年的哈瓦那双年展（Havana Biennale）、诞生

1 中国前卫艺术具有多种艺术表现形式（国内和国外），在此有必要理解前卫艺术的内涵，它在可供选择的艺术领域内作出推断，也在艺术历史及高度分化的政治文化背景中被铭记。在令人困惑而兴奋的第一阶段结束后，出现了对20世纪90年代中国前卫艺术的犀利阐释，其中包括中国哲学、历史以及相当重要的关于毛泽东文化大革命的政治审美等激进的方面。

* 这里所指的南方，较近似于相对于北半球已开发国家之外的全球南方（Global South）的概念。

于 1993 年的亚太三年展（The Asia-Pacific Triennial）以及创始于 1995 年的约翰内斯堡双年展（Johannesburg Biennale，它在 1997 年第二届展览后便停办）。

鉴于圣保罗双年展（São Paulo Biennale，始于 1951 年）成功地树立了以第三世界为主轴展览取向的宏大格局，哈瓦纳双年展或许可视为延续这场赌局的另类的下注，坦然地将展览聚焦于第三世界的艺术实践（其中特别包括南美、中美洲、加勒比地区、非洲以及少数来自于亚洲地区的艺术家）。哈瓦那双年展（Bienal de La Habana）由维弗来德·拉姆中心（Centro Wifredo Lam）筹办，莉莲·朗内（Lillian Lane）数次出任展览总监 / 策展人（继任她的敬业策展人也多出身于古巴），在有限的文化基础设施以及资源极其贫乏的条件下，投射出艺术在政治与创作形式上激进承诺。1980 年代中期，第三世界联合体和社会主义本身已经走到最后的阶段，彼时的国际环境对古巴而言严峻且无情。古巴的革命乐观主义已经遭逢危难。一方面，美国对古巴的系统性经济制裁使古巴陷于贫困；另一方面，古巴的美学表现也面临学院艺术史筑起壁垒的排斥，远离欧美艺术市场中心。然而，一些古巴策展人永不妥协的信念获得了哈瓦那双年展参展国及艺术家们的尊重，并且为已失去议题战斗力的激进主义接下来十年的发展，带来新的动能。更准确地说，哈瓦那双年展扮演了第三世界当代艺术先驱者的角色。今天，尽管每一个南方双年展都有自己关注的议题，但他们都应该感谢哈瓦那双年展另类的先锋性，不需借着在字首冠上一个“新”字，进而增加了艺术世界去中心化的可能性。哈瓦那双年展为意识形态所带来的先锋突破，不论从哪个角度理解辨析，都极为明显带着去西方经典中心论的倾向 *。

从策展层面分析，以 1989 年第三届哈瓦那双年展为例，[1] 作品的组装和空间配置上多带有剧场的表现性，这或许与参展作品的原生文化环境有所关（例如加勒比海，墨西哥，巴西和非洲文化）。在这些文化体系中，美感经验多与魔术、宗教仪式、以及表演息息相关。所谓戏剧性的特色，则通过空间化的事件活动获得发挥。除了主展场的维弗来德·拉姆中心外，哈瓦那的城堡空间、广场和街道都成为当代艺术的舞台。展览的艺术装置无疑是属于公众的，有时也一反常态且神秘地窜入城里那些不知名的花园和棕榈庭院。与展览狂欢节式精神核心相匹配，参展作品也呈现出不容忽视的道德辩

---

* 此句翻译的同时，参考了本文另一个版本《策展：在公共空间》，收录于 Apexart 于 2007 年出版的《警世故事：批判性策展》，该书集结 10 位策展人对于策展实践的思考文章，其中包括卡普尔的《策展：在公共空间》，以下是这段话原文：All the southern biennials, though each has a different agenda, owe a debt to Havana for demonstrating the potential of a decentralizing art world, with alternative avant-gardes that do not need to affix a "neo". The ideological import of such an avant-garde, placed in any case off-center in respect to western canons, is noticeably tendentious.（p.61）

1 1989 年哈瓦那双年展已获得当今时代最重要的展览项目之一的美誉。就个人而言，我曾应策展团队和双年展会议召集人赫拉尔多·莫斯克拉的邀请在展览上发言。这一次，我与拉美艺术家和激进知识分子有了第一次亲密接触，像赫拉尔多·莫斯克拉和德斯达尔罗·那瓦罗（古巴），奈利·理查（智利），路易士·卡尼泽尔（乌拉圭 / 美国），古斯塔夫·布提克斯（秘鲁）。我还会见了一些客居海外的非洲和亚洲艺术家，如嘎文·杨特杰斯和沙恩·莫拉利。这些人改变了当代艺术的发展轨迹。

证力量。展览通过爬梳作品，参照各国独裁政权和异议反叛的底层运动，为南美洲社会的复杂情势提供了现实政治的注解。过去（至今仍是）的古巴是遭到美国贸易制裁而受困的国家，而与古巴文化表现最有关的形式必然是论辩式的。古巴人 / 在哈亚那双年展中装设的作品，就通过古巴危机的棱镜，折射出艺术的主流对话。

再越过半个地球来到澳大利亚，首届亚太三年展于 1993 年在布里斯班的昆士兰艺术画廊开幕。[1] 展览不仅在选品上精确涵盖了来自该地区非常具有启发性的作品——从宗教仪式到环境，再到政治——同时在展示上，也策略性地同时考虑到种族议题甚至宗教议题的脆弱性。该展览遵守在澳洲博物馆界和体制内外策展人中原有的原则，即必须履行将白种人和原住民的社会综合体放在一起对待的义务。因此，在亚太三年展的思考及策展实践中，俗世和神圣的分类需要重新被认识——不需要安德列 · 马勒侯式 * 和“大地魔术师”对于内在性美感的假设——而是从国内政治形态的动态组织过程中，考量民主组织政体如何面对这个议题。或者从另一个方面来理解，传统的世俗化如何对于国家政治中的公民权议题产生影响。从展示的角度来说，过去一直受到名为国家特殊政治状态强调，世俗–多元混杂的状态则要求更敏锐的策展策

1 悉尼双年展始于 1973 年，目的是希望将艺术推广的资源投入到澳洲，直接连结欧美艺术圈。

* 安德烈 · 马勒侯（André Malraux，1901—1976）是第一任法国文化部部长，于 1959 年由戴高乐总统任命，是当代政府管制权利进入文化领域，文艺发展作为政策性施政一环的关键标志。

略。当一般大众有能力去理解社会问题之中特殊文化图谱时，艺术作品也被要求置于相对更为人所知的当代国际艺术形式的所代表的共时性情境之中。

发起“阿佛里科斯*：约翰内斯堡双年展（Africus: The Johannesburg Biennale）”举办的声浪，在1994年开始相关讨论，并于1995年正式举办，恰好与南非种族隔离政策的解除时间相平行。纵然，双年展的想法源于白种人所打下的艺术发展根基，约翰内斯堡双年展代表的历史时刻的迫切性却不能被掩盖。汇聚了非洲本地及来自世界各地的客座协同策展人，一同在南非旅行考察。他们的选择标准是融合着地方性、“民族感”、跨文化，其中囊括彰显黑人文化的当代非洲艺术（某种部落和都市的化合物——大众美术）、由南非白人创作明确传达反对种族隔离的政治性艺术，那些通过创作回应国家和区域问题的诗人、寓言家及关心当下政治的国际艺术家。[1] 数座展览场地中，旧电力展场提供了极为庞大的空间体量让策展人发挥。1997年，面临第二届约翰内斯堡双年展之际，南非真相与和解委员会的活动已开始发酵，这个新兴国家也挣扎着寻找与其长期奋斗相称的民主政府运作机制，

---

* 也译作“西南方风神”，然而考量该辞汇一方面可追溯自希腊神话，另一方面又是非洲本地传说伟大英雄酋长的多重文化意义，因此选择音译该展名。

1 非洲的文化结构之繁杂无须多加解释，结果导致了各个部落的差异，种族和阶级之间不可调和的分歧；而且艺术场所必须预先制定相应的再现模式，有意识地打开和传递艺术实践。作为阿佛里科斯的合作策展人中的一员，我得到了第一手经验。在与其他国际策展人的共同旅行和会议以后，我展示了四位女性艺术家的作品，她们是：娜莉妮·玛拉尼、尼丽玛·谢克、普什帕玛拉和施拉·高达，题目为《掠夺》。

同时急欲以一个世故的姿态（俨然具备相关特质）参与国际事务、政治和经济工作。

如果南非打了一个暗号，预示了后种族当代性的到来，那么任命移居美国的阿尔及利亚籍策展人奥奎·恩维佐（Okwui Enwezor）就恰如其分地体现出约翰内斯堡双年展所包含的雄心壮志。站在黑非洲的立场，恩维佐目睹了一出生就随之而来的挑战。于是以他激进的后殖民意识形态和离散视野的观念主导了第二届约翰内斯堡双年展。“商道：历史和地理（Trade Routes：History and Geography）”是恩维佐为该届双年展定下的标题。他运用制图的譬喻，通过离散非洲的表述，将约翰内斯堡双年展以南非艺术为重的话语讨论，转向全球的议题范畴，将非洲艺术讨论提升至当代跨文化层面。就恩维佐的策展工作而言，约翰内斯堡双年展的组织框架带着明确的政治学特征；尽管“商道”在非洲艺术圈内部引起了区域定位上的疏离感（另一个长篇辩论），但似乎正是因为策展的“傲慢”，导致约翰内斯堡双年展夭折的不幸后果。

南方与东方在过去20年里出现了急速增长的双年展现象。[1] 这些双年展也面临来自西方策展人霸道的批评，这些批

1 始自1950年代，从圣保罗开始，双年展在西方世界以外出现。1990年代起，尤其是在东亚，双年展以空前的数量增长。而它在西亚、非洲和南美也在缓慢发展。以双年展或者三年展命名的习惯，是从1990年代某些南部地区开始，例如达卡非洲当代艺术双年展（始于1992），台北双年展（始于1992年），约翰尼斯堡双年展（始于1995年，后止于1997年），光州双年展（始于1995年），上海双年展（始于1996年，2000年成为国际双年展），福冈三年展（始于1998年）等。 （转下页）

评声浪夸耀所谓的西方机构性的一丝不苟与管理水准，甚至带着文化的势利感公开嘲弄这些非西方双年展。尽管如此，很多策展人仍在这些他们极力嘲讽的新兴场所进行策展工作，并自我免责地宣称，唯有通过国际知名的策展人（可解读为西方文化霸权），非西方城市和地区才能被标志在国际艺术地图上。对于这个观点，我首先要指出第一个关键论点。就事论事，双年展所带来的实质益处，对于缺乏操作现代与当代艺术经验美术馆的国家确实格外显著。因为这些地区参与国际艺术展览的机会还十分匮乏，唯一获得开发的机构，大概只有惊人蓬勃的艺术品市场和拍卖行。所以这类双年展有时被称为“穷人的美术馆”（那么，威尼斯双年展是不是可以被称作“富人的赌场”呢？）。这种说法确实有其合理之处。即使双年展作为国家景观、文化霸权、市场利益和旅游产业的混合物，从未超越为既得利益者服务的范围，可双年展同时仍有积极意义。通过举办双年展，这些东道主城市或者国家

（接上页）在接下来的10年，直至2005年，被讨论较多的还有莫斯科当代艺术双年展，第二届横滨国际当代艺术三年展，第二届北京国际艺术双年展，第三届福冈亚洲艺术三年展，第七届沙迦双年展，第八届日惹双年展，第九届伊斯坦布尔双年展，第十届开罗国际双年展等。2006年，出现了新加坡双年展和哥安达双年展（安哥拉）。同年，悉尼双年展变换了主题，这次双年展题名是“西方外的联络空间——与东欧、中亚和西亚的联系”，与2007年亚太三年展成熟的视野形成呼应；在备受期待的2008年，大量的策展人被邀请去策划老的或者新的亚洲双年展，例如：奥奎·恩维佐策划的光州双年展（韩国），徐文瑞和瓦希夫·寇东策划的台北双年展，高士明、张颂仁、萨拉·马哈拉吉策划的第三届广州三年展（中国）。确实，这些地区的展览开始与欧洲2007年夏举办的大规模展览群形成竞争，包括第十二届卡塞尔文献展，第五十二届威尼斯双年展和明斯特雕塑展。

搭建起了专业的交流渠道，架设起了国家和私人资金之间、公共场所和精英领地之间、艺术家和其他实践者（包括致力于社区文化的年轻骨干）之间的桥梁。而我要提出的第二个关键论点：新类型双年展通过不断更新我们对“艺术机构”的理解，[1]可将其视为将当代艺术话语导向激进的、更具研究性和更具批评性的一种手段。因此，当这些数量飞速增加的双年展往往像是轻率鲁莽的举措时，这些双年展所体现的诸多讽刺、荒唐以及存在价值则需要被更审慎、更彻底地检视。

---

1 除此以外，能反映双年展话语实质的事件发生在 2005 年。查理斯 · 梅尔威瑟，艺术史家和策展人，主持了 2005 年在新德里的会议，题名是“国际展览的制作：双年展的选址”。这个会议讨论双年展作为经验的发生地，在跨文化艺术品中是不可能被同时呈现。同时，双年展也是对同时期所发生问题的质疑场所，并用先进的文化理论来适应瞬息万变的全球政治语境。从另一个方面说，现代美术馆和当代艺术依然被束缚在保守的西方美术史的制度框架中。梅尔威瑟证明了他作为 2006 年悉尼双年展“接触空间”艺术总监身份的效率。查理斯 · 艾彻是 2005 年第九届伊斯坦布尔双年展联合策展人之一，在第七届沙迦双年展题名为“双年展城市”的会议上，提出需要挑战资产阶级的公共领域，并引用民主党悖论主义者尚塔尔 · 墨菲的话语来表达竞争机制的精神——在对手和亲密的敌人之间，拥有共同的符号空间和不同的竞争性的组织形式。他认为如同星群般的双年展的出现，有助于两种体制的互相批判。美术馆是在西方资产阶级公共空间的框架内形成的。双年展则是景观事件，是跨文化交流的表现。或者像其他策展人如恩维佐认为的那样，公共空间通过从后殖民到民主的特征来定义，而不是跨国主义强权政治。这种激进话语进入到欧洲城堡的展示概念中，例如在威尼斯。罗伯 · 斯图尔是第五十二届威尼斯双年展（2007 年）的负责人，期望这次展览和 2005 年的会议一样，汇集各大艺术史学家和评论家，尤其是全球各地更加激进的双年展策展人，来讨论当今这一迅速发展的现象。讨论内容见会议记录《艺术世界所面对的：多重现代性和全球沙龙》，2005 年威尼斯双年展国际研讨会，威尼斯科学人文和艺术研究院，威尼斯，2007 年。

考虑到越来越多新类型双年展所引发的轻率怀疑论述，我想将这些疑虑嵌入较大的辩证范畴来加以讨论。这么一来我们将不再是带着具有时间压力的生产证书式评断来检验这些双年展，而是将展览作为一个整体来思考。这里我所指的是将展览的实质产出和舆论效益作为一个整体，将展览所体现的当代艺术实践，从各个不同的全球眺望视角加以审验。[1]

我认真建议，欧美艺术的知识结构，现在所面对形势的是其他各种形式的知识、其他状态的能动性、其他意识形态的重新组构，以及对于艺术生产与以往不同的需求。与当代

1 双年展是一个可以参与到复杂文化和不同区域认知的机会：如哥拉多·墨斯凯拉（古巴）和保罗·赫肯霍夫（巴西）这样的策展视野和话语的形成，是因为发生在高度混杂的南部地区；此后，杰克·帕斯吉安（巴勒斯坦）把这些带入来自沙迦 / 阿拉伯联合酋长国的阿拉伯艺术世界。布里斯班的昆士兰美术馆则保留了亚太三年展作为美术馆事件的策展过程，吸引了来自该地区的大量专家。对主办城市的关注是双年展现象的重要特点，最突出的例子是 2005 年伊斯坦布尔双年展，联合策展人瓦希夫·寇东和查理斯·艾彻与艺术家一道对城市隐藏的空隙进行了探索，给粗心的观众尽可能多的展示。反之，经济状况恶化的城市和地区，例如新加坡政府在南条史生 2006 年至 2008 年的策展中，成为使人感到愉快的名副其实的花园。而这些展览也带来了更多的项目指向，更多的东拉西扯和更多的积极分子。横滨当代艺术三年展（2005 年）可以说是全部都是集体主义和基于计划的实践。2008 年第三届广州三年展（中国）策展人高士明、张颂仁和萨拉·马哈拉吉则激起一个重大的关于“与后殖民说再见”的讨论。2007 年，第二届巴勒斯坦建筑保护中心（Riwaq）双年展（起源于建筑保护中心，由拉马拉·卡利·拉巴策划），吸引了本土和国际建筑师、艺术家、自然主义保护者、规划者、策展人和理论家，他们共同目的就是保护和促进巴勒斯坦的文化遗产。第三届建筑保护中心（Riwaq）双年展，策展人查理斯·艾彻和里姆·菲德选择了历史中心以及村庄作为展览地点和平台，为了呈现临时的介入，收集和建构了未来可能断裂的地区、政治、文化的梗概提纲。

艺术文化特性最相关的，正是那些突然涌现的大量（南方的/东方的）双年展以及各种主题展。这些展览都并非随机出现，它们都是历史情境的结果。

跨国公共空间

第一、第二、第三世界的划分确立了20世纪中叶直至当下的历史纷争，并自1989年起，逐渐凝缩为所谓的“新帝国”问题。另外，地区、民族、城市之间互相依存，在全球文化的背景下，多种本土文化相互重叠，因为大量移民而产生的人民/文化的去地域化，电子通讯的传奇，如此种种，都把一种（具有讽刺意味且超验的）名词制造方法发挥到极致：跨国跨文化主义（transnational transculturalism）。

然而，跨文化主义却不是一个自由选择；如果具备自由的可能，那么它是一场在物质上和政治上具有强制性的全球交流。因此，很有必要将讨论嵌入到政治理论家所谓的跨国公共领域——譬如由后殖民公民社会和资本主义全球化这对立的两者而产生的公共领域。在这个充满争议的空间中，批判话语都围绕着暴力、权利、管理和公民权利而展开。当世界有一群为数可观的普通人生存在社群和国家之外，所谓公民就应该包括流放的经验，因此我们必须询问：道德和美学如何涉入流放的状态之中？

从最简单的层面，统计资料所反映的状况来理解：第三世界（现在还包括第二世界/社会主义国家）的艺术家出现在国际展览的人数呈现倍数增长。文化批评借着翻译作为跨文化美学的关键字，同时也确认这群离散艺术家的存在既是一种隐喻，同时也是一种常态——他们建构了全球现代性的语法和话语 *，并以此为目标，构建出交涉 / 对抗的途径。

经过严谨的测算与多方面的重新组装，国际艺术不再依赖中心视角或者目前已失去意义的一些二元划分概念，比如：中心–边缘，全球–本土。这些意识形态方向的转变已体现在数个缜密思考的展览中，比如“拆解欧洲”（Unpacking Europe）。[1] 更具规模的例子则是由恩维佐策划的第十一届卡塞尔文献展（Documenta 11）（2002 年），这届文献展通过后殖民的棱镜建立了一个新的划分世界地图的知识认知方法。事实上，凯瑟琳 · 戴维（Catherine David）的第十届卡塞尔文献展（Documenta X）已经重新把解构性批评中的西方先锋派带入到当下，那么恩维佐的后殖民政治理论则是一股档案转向 **，并使得政治 / 话语的（而不是美学 / 前卫的）临界点得以浮现。[2]

---

* 所谓“话语”也可译为“论述的话语”所指为顺着特定的推论线索，或叙述主轴来加以延伸和发挥的话语。

1 见《拆解欧洲：批评的阅读》，萨拉 · 赫哈桑和伊夫蒂哈尔 · 戴迪编，鹿特丹，博伊曼斯美术馆美术馆，荷兰建筑学会出版社，2001 年。

** 此处译作 documentary turn 有典范转移的意味，标示策展方法学上的实践转向。

2 见恩维佐的介绍和卡塞尔文献展团队和其他策展人的文章，收录在第十一届卡塞尔文献展之讨论五：展览图录，奥斯特菲特–卢特，哈吉坎茨出版，2002 年。在展览进行期间，第十一届卡塞尔文献展团队在威尼斯、新德里、圣露西亚、加勒比海、拉各斯组织了一系列座谈会（讨论一至讨论四），每一次座谈都出版了一本书：《未实现的民主》；《验证真理的实验：正义的变迁，真理的过程，和解，混合与变异》；《制裁之下：四个非洲城市，佛里敦、约翰内斯堡、金萨沙与拉各斯》。

恩维佐在过去的展览中已经预先设置好了前提（第二届约翰尼斯堡双年展，即“商路：历史和地理”，1997年；“短暂的世纪：非洲的独立和解放运动，1945—1994”，（The Short Century: Independence and Liberation Movements in Africa，1945—1994），这是一场发生在2001—2002年间大范围的移动展示）。他提出，任何对激进艺术之产生的讨论，都不可能脱离去殖民过程中产生的敌对和救赎的政治因素。因此，恩维佐利用后殖民文化理论（借鉴了人类学、精神分析和一些马克思主义元素的变体）建构起一种检验具象伦理学的新范式，特别是其中含有文献性质的部分。如果美学涉及到与虚构相连接的具象性的各方面，那么作家-策展人则把具象美学深入到象征美学中：这一双重运动通过宣导新“主权”的强烈呼声，向新主体的出现敞开怀抱。所以，恩维佐计划确立这样一个有利论点，突出前殖民地的主体身份，他们现在则是通过斗争而获得自身权利的后殖民公民。这正是恩维佐的赌注，即这一话语处在民族的外部，依托现实发动真正斗争的“策源地”。确实，恩维佐的这一计划依赖全球公民的合力，通过跨国公共领域，形成了对抗国家强力的人道主义和公民权利话语，并且发表了自己关于统治的意见。在恩维佐的信仰中，这些乌托邦式的潜力都来自新帝国或与新帝国碰撞之时。在第十一届卡塞尔文献展里，恩维佐建立了一个新的策展主张：通过一系列由四种意识形态构成的“平台”所搭建的行程和跨学科的论点，都被转移到第五平台（即卡塞尔的展览），而这些平台共同呈现出由政治变革造成的具有广泛的、多样性、视觉秩序上的世界观。

国家（过渡时期的无所适从）

有关该争议，[1]我倾向把讨论重点转移到国家与区域政治地理学的范畴。即使前文所提到离散的难题已拓宽了艺术着手处理全球议题之政治基础，但此类的艺术实践通常运作在肤浅而流于字面交集的跨国空间。假使艺术作品介入议题的形式只是生产场域的共同延伸，即使针对第一世界所建构的权力结构具有冲击性的作品，都将失去其批判性力量。因为它们只是把资本主义向心力边缘化区域及国家、社群及其他集体生活形式，纳入地理政治学分类脉络而已，再无其他。这些认同与议题定位之不确定因素，迫使对话的双方假设代理人角色的多重性，以致这类实践的相关论述，在投机式的跨文化主义与开诚布公的派系主义之间来回游移。[*]即便如此，我们依然要质问，如何在这众多承载着国家之名却高度分化的经济 / 政治社会脉络中理解艺术？而在这些异质的场域内，

1 见《印度艺术中的现代主义是何时？》，吉塔·卡普尔著，收录于《印度当代文化实践》，新德里，图利卡出版社，2000 年。在这篇文章里，我处理了第三世界现代主义的不规则特性，以及这种特性是怎样导致不同时代划分、不同理论、各种本土前卫艺术时期以及诠释性的表现风格与策略。

* 此句翻译的同时参考本文的另一个版本《策展：在公共空间》。以下：The site of production and exhibition is related to the form of address, and while diasporic dilemmas in the transnational arena widen the political base of the global issues tackled by art, they create another convergence. These issues are addressed to the first world—often enough in a confrontational mode—with the region and nation serving as geopolitical context.

艺术又如何面对全球化中多股分歧却协进的作用力。严厉地批判提问，在民族–国家这个仍受争议的场域中，生产出何种文化上的对抗倾向？其中，表面上主导激进变革的主角们又抱持着何种政治立场？与此同时，在广泛尝试建构并维系政府管理民主结构的前提之下，带着无政府姿态的文化先锋，如何被定位在所谓公民社会的运作与后布尔乔亚公众空间的体制之中？的确，对于资本见利忘义特质，及围绕铺天盖地的战争与消费主义异托邦（dystopia）运作的美国主导模式，持反对意见的社会还有哪些可能的抵抗策略？

在国家旗帜的庇护下，民族归属的余韵依旧萦绕。[1] 在此前提下，为了摆脱国族情怀的阻碍，任何一位印度出身的艺评家或策展人，可能都需要在某种主题和疑难的前提下，概念性地宣称他们从特定国家 / 脉络所拣选出来的艺术家能够处理全球当代性的“普世”议题。这种运作模式俨然在整个 20 世纪，伴随某些欧美艺术家的出现获得例证。这股来自南方自成一格的知识体系，必须置于艺术历史知识和政治议题中，超越当下制衡跨国 / 全球结构的论战而一并讨论。

在此，请容许我根据讨论自身的策展经历来深化以上论证。在 20 世纪的尾声，伦敦泰德当代美术馆邀请我以印度城

1　泽曼希望论及关于国家用于展览的临时建筑。在和简 · 温克尔曼的题名为“诗性的尺度丧失：与哈拉尔德 · 泽曼的对话”中提到，你永远在讨论是否要废除国家馆，而我觉得最重要的就是国家概念的呈现。比如威尼斯和圣保罗双年展最重要的机会便是，他们同时拥有国家和国际的基础。通过国家和国际的联合可以搭建一座桥梁，这就是双年展模型的所特有的机遇。不过不幸还是发生了，2006 年圣保罗双年展废除了国家馆的部分。

市的视觉文化为参考，筹划一档展览，这便是后来的馆内多方策展的首例“世纪之城：现代都会的艺术与文化”（2001）。通过展场内分别代表九个城市的九个展区——巴黎、维也纳、莫斯科、里约热内卢、拉各斯*、东京、纽约、孟买和伦敦——各区的策展人试图在艺术和视觉文化的动态中，找出各自城市所经历的20世纪中最具代表性的时间点。这不单单只是拣选某一个十年之间的动向或是某个政治性时刻，而是辨识出这些城市在20世纪中可能的历史性转折点。与协同策展人电影理论家阿希什·拉贾德雅克萨交换意见后，我选择1990年代的孟买，作为二十世纪最具标志性的大都市。[1]我们希望探讨1990年代孟买所表现出的特殊动态，不是单纯追寻现代性的前提下某个地区文化的变奏，而是阐明现代性事实上是一个由不同的场域、民族、与都会环境协同生产的复数形式。从政策主导的经济选择，到都市空间运作民主议题的形式（与挪用转化），乃至都会空间独到的特色如何从复合式的地缘文化、多重信仰的公民性**与公共空间演变而成（这种持续演化的过程经常在新法西斯主义***破坏之前

* 尼日利亚的首都，有非洲纽约之称。

1 见吉塔·卡普尔和阿西斯·拉加雅克沙著，《孟买：1992—2001》，《世纪之城：现代大都会中的艺术与文化》，展览图录，艾沃娜·布拉兹维克编，伦敦，泰特出版社，2001年。

** 相对于印度教主导的国族主义所导致对于其他宗教所进行的暴力驱逐，例如印度与巴基斯坦的分裂，或是持续发生在各省对伊斯兰教徒的虐杀。

*** 通常指第二次世界大战后，宣扬极端民族主义或独裁的政治思想，在印度的脉络里则代表着夹带新自由主义市场经济的印度教伦理与激进民族主义意识形态。

就已自我崩解），我们试图从这些过程的后续效应里找到当代历史推进的驱动力。我们确实想要摆脱呈现一个异质性的范例研究成果，但是提出这种定义的 20 世纪历史化过程，从西方白人的文化或政治想象的层面来看，第一世界的公民根本无法逃脱。凭借为展览“Bombay/Mumbai”* 所特别创作的作品，及以展览主旨为根本考量所拣选的作品，我们希望能达到一种从观看经验上的推迟来认识印度大都会的独到形式。影响该展览的策展策略和展览进行方式的，只是这个专案的空间。因为这个展览被安排在泰特现代美术馆最为著名的涡轮大厅（The Turbine Hall）。在这里，1990 年代的伦敦和孟买两个城市得以面对面——这也是它们最近的一次，促使这些城市获得“世纪之城”封号。在此之后，我接下来的策展计划是 2003 年在世界文化宫（House of World Cultures）实现的名为“地表之下：**城市**褶皱中的艺术”（subTerrain：artworks in the cityfold）。该展览是“身体，城市”（Body，City）计划的一部分，这个计划由一群印度策展人发起，他们通过利用视觉、剧场、电影和话语空间展示了印度的都市，使得这些城市获得了被讨论的机会。这个展览深入探讨了当代的隐喻，或者我们可以说，它打开并展示了栖息于“地表之下”的艺术作品。

近年来在印度举办的展览，尽管还是具有印度那种不可

* Mumbai 原先是古地名，殖民政府来到后改为 Bombay，独立后再次更改回 Mumbai，以此来彰显展览概念本身对于殖民轨迹就城市及文化整体造成的影响。

靠的特点，但在过去的几年中（由越来越多的高知名度和能力优异的海外策展人所策划）却逐渐令人满意，获得了完满的胜利，并且替换了对快速发展/近发达国家（例如中国，当然现在还有印度）的高涨情绪！[1]这种过度的发展也会导致

---

1 直至20世纪80年代，在西方还鲜有具代表性的印度展览。乔治·布彻的"印度的今日艺术"于1965年在伦敦国家中心举办，是那时最尖锐的声音。20世纪80年代，印度政府在世界各地举行的印度节日对印度文化进行了准确的表达，现代和当代艺术（连接了古典艺术和当代艺术）也存在于这些准确的表达中。其中的展览有："印度当代艺术"，伦敦皇家美术学院，1982年；"印度：神话和现实，印度艺术的现代方面"，牛津现代艺术美术馆，1982年；"六个印度艺术家"，伦敦泰特美术馆，1982年；"新密教当代艺术回顾展"，华盛顿，赫希洪美术馆，1985年；"古拉穆汉德·谢克回归之作：1968—1985作品回顾展"，巴黎，国家现代艺术美术馆，蓬皮杜中心，1985年；"印度当代艺术：从切斯德到大卫·赫威茨家族收藏展"，纽约大学格瑞艺术美术馆和研究中心，1985—1986年。

1990年代，国际的印度艺术展览通过国际策展人的努力，数量开始急剧上升，大多数是美术馆级别的展示："印度之声，印度当代艺术之流派"，悉尼新南威尔士美术馆，1993年；"私人神话学：来自印度的当代艺术"，东京日本基金会，1998年；"印度之外：亚洲南部流散犹太人的当代艺术"，纽约，皇后美术馆，1998年。

从"世纪都市之孟买：当代都市的艺术和文化"（伦敦，泰特美术馆，2001年）开始，21世纪印度当代艺术展的数量以空前速度在飞速增长，包括："资本和命运"，维也纳美术馆，2002年；"新印度艺术：家——街道——圣坛——集市——美术馆"，曼彻斯特画廊，2002年；"巴彭·卡卡尔优秀作品回顾展"，马德里，索菲亚美术馆，2002年；"源自种子的树"，奥斯陆，海涅奥斯丹美术馆，2003年；"地形之下：城市带的艺术品"，柏林，世界文化宫，2003年；"快速：当代印度艺术"，里斯本，2004年；"印度的夏天"，巴黎高等美术学院，2005年；"欲望的边缘"，纽约亚洲学会主办，在各大洲巡回，分别是西澳画廊（珀斯）、亚洲学会和皇后美术馆（纽约）、马里约当代艺术博物馆（墨西哥）、加利福尼亚大学的伯克利美术馆和太平洋电影档案馆、新德里国家当代艺术美术馆，2005—2006年；"次大陆：当代艺术中的印度次大陆"，都灵，珊德莱托基金会，2006年；"里尔3000"（转下页）

自己的局限。如果我们回到2010年在伦敦的萨奇藏品展“帝国的反击：今天的印度艺术”（The Empire Strikes Back：Indian Art Today），然后再进行回溯，那么这确实低估了艺术所能提供给今天的历史和话语的作用。这是一条相对容易并走向景观化的途径，用拜物者的“玩具”作为新想象美学的补充物。而这些拜物者的“玩具”也已经被情境化，取代了过去印度艺术家们挣扎着想要确立的概念术语与批评术语。机构基础设施匮乏，对实际操作持异议的独立性不足，在国内举办展览的策展概念不明晰，面对横扫全球艺术界的艺术市场/艺

（接上页）（里尔的孟买人），2006年；“饥饿的上帝：印度当代艺术”，北京，阿拉里奥画廊，2006年；“新叙述：印度当代艺术”，芝加哥文化中心并在美国巡回，2007年；“娜莉妮·马拉尼回顾展”，都灵爱尔兰现代艺术美术馆和洛桑市美术馆，2010年；“印度当代艺术中的叙事”，伯恩艺术博物馆，2007—2008年；“快速印度：当代印度艺术的新纪元”，东京莫里美术馆，并在首尔当代艺术国家馆和威尼斯艾斯尔博物馆做巡展，2008—2009年；“印度：当代摄影和录影艺术的公共和私人空间”，纽瓦克博物馆，并在美国巡展，2008—2009年；“城市态度：15位来自印度的艺术家”，米兰，比可卡机库当代艺术空间，并在圣保罗巡展，2010年；“印度高速公路”，伦敦蛇形画廊，之后做了大范围巡展，2008—2009年；“印度现代”，瓦伦西亚，IVAM，2008—2009年；“全景：第28届国际当代博览会中的印度”，马德里，2009年；“自我和他者：印度当代摄影中的肖像”，巴塞罗那文化协会，巴斯克当代艺术中心，2009—2010年；“三个梦想跨越的地方：印度、巴基斯坦、孟加拉摄影艺术150年”，2010年在伦敦白教堂画廊和瑞士温特图尔照片博物馆展示，2011年移至巴黎、德里、孟买、蓬皮杜中心、法国现代美术馆。

这些并无价值的列举掩盖了许多重要的问题，因为这些展览不仅越来越多地被国际重要策展人策划，而且他们突出了全球策展人的新欲望/冲动，包括了好奇、拜物和新的景观式表演。这表现在展览标题的选择，艺术家的选择和实际展览场地的选择，当然这也要求个案探讨。

术博览会的飞来横财的无力，这些都使得印度当代艺术家陷入困惑，并不断进行着对质、混淆、回避和反驳。以上事实导致各种诱惑的产生。

我想借助最近一次重要但却未获得国内媒体关注的印度艺术展，来探讨相应的策展策略。该展览的策展人胡安·瓜迪奥拉（Juan Guardiola）受聘于“亚洲之家”（Casa Asia）和西班牙瓦伦西亚当代艺术博物馆（IVAM），展览安排在西班牙瓦伦西亚现代艺术研究院（Institut Valenciàd' Art Modern）展出，做到了严谨的研究、设计和展示，并出版了一本极为精致的画册。[1]它被简单直接地命名为“现代印度”（India Moderna）——展览的时间跨度包括19世纪和20世纪，并以18世纪至21世纪现代的文献和艺术品作为资料——不出意料，该展览的第一部分再现了殖民时期的系列照片；第二部分则展示了一系列出乎意料、极广范围的物质材料，包括摄影、艺术作品、电影、文字和装置，用以贯穿独立时期和新共和国时期的斗争。按照清晰的时间线，通过细致的叠加，他将这些线索转化成书面的证据。而这一时间顺序也给观众提供了一个关于现代性的白纸黑字的强大叙述；同时，他也提供了一条通往民族象征领域的通道。在这一民族——现代的复合隐喻中，展览的呈现同时使用了图像学和形态学、表征和形式、人类学和艺术史、艺术本土主义和统治意识形

1 参见《印度现代》，展览图录，胡安·瓜迪奥拉编，瓦伦西亚，西班牙瓦伦西亚当代艺术博物馆，2009年。

态，它规避了过度明确的问题，并做到一定程度上的自省。此外，更为重要的是，“现代印度”提供了一个符号化的策展进程，这些符号产生于一个可以进入古怪形式的平台。瓜迪奥拉是一名谦虚且颇具才华的策展人，他把这种行程设定在一个迂回的迷宫里，以一种难以解释的“主权”话语来呈现。

尽管如此，正是“现代印度”的历史性，使得它像是对真实历史的错置。有倾向性的观点会把它从肤浅的当代语境中分离出来——在该观点中，作为一名全球参与者，印度满足了现代性的需求——这种肤浅的当代性使得印度狡黠的异域特色“得到”发扬。从更广泛的层面来看，这满足了策展人/美术馆在当下混乱环境下的要求，即使它降低了历史知识的解释学功用，破坏了现时本身的时间维度。[1]

结　语

当我们循着特定的历史轨迹，一路穿越印度政治的边沿，朝着文化/美学的制高点前进时，我们同时体会到在不可逆转的全球化世界中，地方的意义是不能被孤立及强行稳固的。为了理解“其他”后殖民（现在被公认为是跨国的）公共领域是如何被建构，我们必须提出数点声明：首先，当代

1　无需惊讶国际策展人的力量和相应机构所能达到的超常程度，与“印度现代”同期的展览“印度高速公路”（2009—2010 年）和“快速印度”获得了更多的媒体关注，所以印度艺术在马德里艺博会（2009 年）也得到了关注，下一站可能就是瓦伦西亚。

性是持续不停的跨文化协同生产；其次，历史的所有实质类别（合乎传统的）——如地方、区域、国家民族、政府和政治——不论在世界的哪一个角落，都处于毫不停歇的变动之中；最后，我们可以断言，过去的普遍性已经被取代，进而使我们当前暴露在重大且往往致命的紧张之中，人群、区域之间总是形成剑拔弩张的局面。

通过爬梳汇整当代策展人变化多元的实践事例，我们可以发现，不论策展人的工作途径是通过展览的物质层面，扮演合作者的角色来共同生产艺术作品；或是以文化评论者的角色，通过注解文字/视觉文本情境化作品；甚至直接为艺术实践中的跨文化翻译提供上下文；我认为策展人责无旁贷的义务，就是针对当地状况提出关键性批判。也就是说，当策展人身处于展览发生现场时，她/他为知识生产所进行的斡旋，绝对不能与全球范畴的正规历史事实妥协。这些另类的手法会衍生出一套争论的辩证关系。在其中，策展人通过扮演“盟友般”的敌人，扮演当代的全球矛盾，并藉此使得作品所处的象征空间更具对抗性。

因此，在多元艺术实践的整体范畴内，我引导出策展作为形式如何以某种批判性的召唤，来质疑艺术的本质，批判艺术本身所崇尚美学理论/意识形态。在此需要重申的是，在这样的批判性艺术实践中，想象并非被悬置。对这种想象和象征的结构性关系的衡量，已经取代了批评艺术中传统的质疑模式。然而，如果支持与纯粹话语或者传统辩论截然不同的批评艺术，这种在想象中形成的无法预期的颠覆就会彻底地呈现出来。那么，批评家和策展人如何呈现当代艺术，在代表艺术家的同时，践行其内部和所处语境中的责任？谁总是成为被情境化的主体，但却又总是成为事物秩序的阈限（liminal）？同时，谁才特别应该对国家以及全球、种族和帝国主义意识形态的霸权倾向提出质疑？

同时，包括印度艺术家作品在内的许多当代艺术新作，为此提供了一个也许更有趣的“间接性”（indirection）。[1] 综合历史与地理的各地年轻艺术家们，都会重点讨论地域问题，并利用不断变换的程式产生变异的符号指示系统。归根结底，他们正是世界范围内沉溺于拜物、倾向于伪装的游牧者或是魔术师！然而，面对多样化的艺术生产，他们要求我们使用差别化的架构，朝向一种想象中的普遍性发展，在那里才能获得共通的主动愉悦。因此，现在被积极推动的国际展览线路着实让人兴奋，同时也包含一种从容的处理方式，即把自身作为物件。在符号和概念持续进行解码的过程中，艺术生产方式赋予这个时代以特权，并要求用理论来对它进行注释，因此它将注定成为历史典范。而我们则被要求设计出一套转译符号的程式，用以阐释前所未有的、漂泊在世界各地年轻

1　来自印度的艺术家可以说存在于每个地方。在大量关于印度的展览中，有一条被个体艺术家连起来的环线，包括了在美术馆和画廊的个展，艺术家工作坊、网站以及诸如卡塞尔文献展等许多国际双年展。确实，来自印度的艺术家存在于每一个地方。与他们的游牧特性相符合的是，最近在新德里有一个充满想象力的展览，名为“世界的哪个地方”，展览使用了“间接”这一生动的词作为主题和展览策略。参见《世界的哪个地方》展览图录，德里，尼赫鲁大学艺术和美学系，德维艺术基金，2009 年。

艺术家作品中的（潜在）政治的阈限。

过去，我们认为知识来自西方，而文化艺品则始终充满非西方的因素。我倾向颠倒这个说法，通过某种程度来说是必要的任性，提出一个大胆预测。现代性问题的新兴话语形成的场所，可能是在其他地方/现在的这个时空之间，但这只是在话语变成开始听起来像是“我们之于他们”一类熟悉的论战之前。我希望它能上溯到艺术体制尚未出现时，此时艺术仍保有独立自主权，从而所有激发创意过程的扰动（entropy）程度，以及其相应的发生场所，都变得不可预测。*

本文的删节版曾以不同标题分别在以下刊物出版：《策展，在公共领域》，《警世故事：批判性策展》（Cautionary Tales: Critical Curating），史蒂夫·兰德（Steven Rand）、海瑟科立斯（Heather Kouris）编，《警世故事：批判性策展》，纽约，顶点艺术，2007年；《魔术师之后》（After the Magiciens），收入《印度夏天》（Indian

* 此句翻译的同时参考本文的另一个版本《策展：在公共空间》，以下：I am inclined to invert this with a degree of caprice necessary for bold prognostications: The site for fresh discourse on the problematic of contemporaneity may be elsewhere/now here; excellence in practice is probably still a prerogative of western artists, in that the resource and knowledge of the modern tradition is theirs on command. But before this starts to sound like a familiar polemic of “us and them”, I want to restore the picture of art’s sovereignty within and without the institution of art, and thereby also the degree of entropy that makes the creative process and the sites of its occurrence unpredictable.（pp. 65—67）。因此，文中所提到“我们之于他们”一词在另一个版本的书写中，指向出生于西方现代性知识传统中艺术创作者之于非西方创作者的关系。

Summer），巴黎高等美术学院，2006 年。本文也刊发于《汇集：亚洲当代艺术》（InFlux: Contemporary Art in Asia），帕拉尔·戴夫·马克赫吉（Parul Dave Mukherji）、卡维塔·辛格（Kavita Singh）和拉曼·阿胡贾（Naman Ahuja）编，德里，赛吉出版社，2011 年。

（翻译：许芳慈）

第二部分：身体

性别的流动性：
透过五位女性艺术家的镜头

女性主义者的做法，在其激进的定义上，具备了挑衅性；在其自省方面，则复杂化了性别化性取向（gendered sexuality）的他者性，使之超越狭隘的、性的二律背反（sexual antinomies）的历史性——而将其视为可调节的和批判的“差异”。女性艺术家已设计出方法，在物质上改变已然正当化的身份认同观念，使已固着的肉体性（corporeality）具有阐释的可能，并借由性别的戏剧性表现来测试“模仿和变异”（mimesis and alterity）[1]的悖论。这些艺术家经常迫于美的诱惑（和厌恶），游戏于伪装的多重功能——从伤害的自恋，到跨性别性取向（cross-gender sexuality）的恋物形式，再到嘲讽再现政治（politics of representation）的表演。

---

1 这句话引用自迈克尔·陶斯科的《模仿与变异：一种特殊的感官史》，纽约与伦敦，劳特里奇出版社，1993 年。并指涉在一个特定文化的符号体系中、有关表演性的人类学观点。

如果我们了解到，处于当代国际的艺术和文化表达形式，往往受再现形式——以拟象（simulacral）作为本真（authentic）——的驱动，则女性主义者往往将再现的任何一个面向解读为反实质。她们反对或者说要超越由阳具中心霸权所预设的普遍性，为压迫带来超越二元分类的意识形态认同的思考。对于二元架构的抵抗，首先是对原始的男性和女性（男人和女人）二元分类的反对；为了推翻那个超越和支配所有存在问题的形而上学，此性别二元的前提条件必须被质疑。女性主义意识为了获得相对的权限而重复失落的经验（experience of loss）：从他者维度，以见证人形式、疼痛和欲望、卑贱（abjection）与拒绝的形式，作为生存的应许。

女性主义是一种抵抗权力的话语：女性主义艺术家，拒绝接受（晚期）现代艺术的形式终结，用颠覆的方式转译女性主义的解构“天赋”；沿着这样的重构假设，概念性地、回溯性地诉求权力议题。众多的女性主义作品介入调查的诸多问题，乃是作为一种社会心理行动、围绕着再现而生。然而，作品将话语复杂化为符号学的难题，意义才得以显露。如罗莎琳德·克劳斯（Rosalind Krauss）警告的：勿将所指（signified）视为给定的（given），勿在过度解释中突击，[1] 这在理解再现的策略和伦理的时候，至关重要。“女人作为图像”（woman as image）的批评还远不够；我们应该追逐能指

1 参见罗莎琳德·克劳斯，《辛蒂·雪曼：无题》，《单身汉》，麻省剑桥，麻省理工大学出版社，1999 年。

(signifiers)间接(寓言式的?)的重组，以至超越图像到达无形的顶点。此外，女人(即性与性别)这一分类范畴——一如巴特勒所提出并争论的——暗示了司法的重新定义。寻求解构正以性别化存在作为前提话语，巴特勒提倡在性别的"表演"实践中反讽。[1]

仔细审视这些符号——视觉的、表演的、话语的[2]——与美学相关的问题就会涌现出来：这是受交换驱使(exchange-driven)的商品经济和奇观中的恋物癖；[3]与此相反的就是，恢复美的可能性以及哀悼的事物。[4]这些方式在一些女性主义艺术中的做法表现为直接挑衅。在本文中，我将聚焦于五位在印度以镜头图像(lens-based images)作为主要工作方法的女性艺术家(娜莉妮·玛拉尼[Nalini Malani]、普什帕玛拉·N.[Pushpamala N.]、黛安尼塔·辛格[Dayanita Singh]、索尼娅·库拉纳[Sonia Khurana]、德嘉·沙[Tejal Shah])，观察她们每个人是如何提出性别与再现的核心问题，以及如

---

1 参见朱迪斯·巴特勒，《性/性别/欲望的主体》和《颠覆性的身体行为》，选自《性别麻烦：女性主义和身份的颠覆》，纽约与伦敦，劳特里奇出版社，1990年。

2 这些符号的(现在已经成为经典)前卫传递者有艺术家弗丽达·卡洛、利吉亚·克拉克、玛丽·凯利、辛蒂·雪曼。

3 参见劳拉·穆尔维，《导论：恋物》，选自《恋物与好奇》，布鲁明顿，印第安纳大学出版社；伦敦，英国电影学院，1996年。

4 女性谱系中的"情感结构"特别是被法国女性主义者推到前沿来；例如，朱丽亚·克里丝蒂瓦的《美：抑郁者的另一个王国》,《黑太阳：抑郁与忧郁症》，纽约，哥伦比亚大学出版社，1989年；露丝·伊丽加黑的《我们如何创造我们的美?》，选自《我、你、我们：面向差异文化》，纽约和伦敦，劳特里奇出版社，1993年。

何开拓有别于印度脉络的曲径。为了这个目的，本文的框架暗含了根据一定的习俗和规范清晰表达性别的各种文化建构。但那些曲径也纵横交错地进入到个人化的版本中，带着不同的性别态度的艺术家得以有目的性地将自己的实践汇入当前的全球女性主义运动中。

再神话化

我们应如何在“受害者”和“目击者”之间进行转换（transaction）？这两个关键的符号，前者逼近死亡，而后者被当作活的见证，双方共同建立了20世纪艺术图像学的主要部分。这两个称号在女性主义和后殖民话语中尤其重要；而且在这两者中，刻板印象（stereotype）均被激活，从而对两者进行转换。某种刻板印象被强加在他者化的行为里；也有某种刻板印象被解释为当事人自己的策略——收集属性、模仿标志性意象——且避免让这些具有讽刺意味的工作成为工具化的图像学。这开启了一个何为自我再现的道德辩论；具体而言，即女性“自我”如何在所有的抗争中被认定，可能就在再现政治的延展话语中形成。[1]

---

1 这场辩论的政治含义被印度女性主义者很好地进行了表达。在这里我简单地标注一些重要的作者和文章：加亚特里·查克拉沃蒂·斯皮瓦克，《庶民的文学性再现：一个来自第三世界女性的文章》，选自《另一个世界：文化政治文论》，纽约与伦敦，麦修恩出版社，1987年；苏西·塔鲁与特贾斯维莉·尼南贾纳，《当代性别理论诸问题》，选自沙希德·阿明和迪佩什·查卡拉巴提编，《庶民研究9：南亚历史与社会文论》，德里，牛津大学出版社，1996年；维依纳·达斯，《国家荣誉和实际的血缘关系：论（转下页）

玛拉尼和普什帕玛拉皆触及上面提出的问题。她们借用来自19世纪和20世纪的印度妇女刻板印象，将之带到当下。虽然她们相信自己居住在现今被称为后国族（postnational）社会里，她们还是诉求国族性问题。在绘画、摄影或录像的创作现场，她们演绎富于温和谦恭、完美神圣或者怪诞的女性刻板印象的女性们；但谁可以在再现上，被重铸（拆解）为象征国家广泛认同的对话者。

玛拉尼的录像叙事通常取材自知名的戏剧、故事和社会批评。[1] 她选择了体现剥夺（dispossession）——即寓言化国家对其公民的背叛——的文本，导引出关系到国家的、由民众担负的失落层次。对比民族国家的发展野心，玛拉尼试图通过图像具体化维纳·达斯（Veena Das）所称的“社会苦难”（social suffering），[2] 为此她选择的模式几乎总是悲剧性的。

在题为“多样性的统一”（Unity in Diversity，2003）的单频录像装置作品中，玛拉尼视觉化了一幅19世纪的油画作品

（接上页）多余的妇女和儿童》，选自《重大事件—当代印度分析之人类学视角》，德里，牛津大学出版社，1995年；库姆库姆·桑格瑞，《同意、代理和刺激的修辞学》，选自《可能的政治：性别、历史、叙事、殖民英语论文集》，德里：图里卡出版社，1999年。

1 1993年，娜莉妮·玛拉尼为海涅·穆勒的《美狄亚材料》制作了戏剧布景；1996年，她为布莱希特的故事“工作”的表演装置了一套布景，还创作了题为《记忆：记录/清除》的录像；1998年，她精心制作了一个录像装置，“记住托巴特辛”，基于萨阿达·哈桑·曼托的名著《托巴特辛》，在印度分裂时期装置展出；2000年，她创作了以海涅·穆勒的《哈姆雷特机》为基础的多频录像装置。

2 参见维依纳·达斯，《语言和身体：疼痛建构中的和解》，引自《泰达路斯125》，1996年冬，第67—92页。

（拉维·瓦尔玛［Ravi Varma］的“银河内的音乐家”［Galaxy of Musicians］，1889）；[1] 原作是描绘一群印度妇女的团体肖像，妇女们拿着乐器、根据种族和地区传统着装，成为一幅寓言化多元和统一的国家画面——这是印度人重复着希望维持一个世俗的、多宗教、多民族的以及民主化政体的文明口号。她把这幅画变成具有绘画性的动画录像：一个真人演绎画上的女性形象，那些已死的与活着的女性的可怕形象相互重叠，在画面表层颤动。录像屏幕模仿“早期绘画大师”的画作装嵌在一画框里，其图案影像的乐趣（盛开、颤动、消解）在摄制中布满预兆。一声枪响，让我们再次意识到在印度发生的宗教暴力。[2] 画面碎裂成颤动的内脏——（有如超现实主义对身体的隐喻）象征强暴的入侵、探刺。此一简短叙事在戴头巾、扛着枪的叛乱妇女处结束；画外音看到这一变形支持“再现的权利”的支持——促使我们认明由谁以及如何可以将这种权利加以阐述。

玛拉尼一直致力于通过特定的精神分析式的比喻：几乎形成了“女人”的意象的精神官能症；被视为“匮乏”的人格化、通过男性主义式的凝视而被物化的受伤的女性身体。玛拉尼将其艺术家身份作为赌注，在崩坏的条件下寻找出路；她与胶着的多样性争斗，以坚持“真实”，融入画家对

1 拉维·瓦尔马的画风是一种可以被简单称为源于殖民的沙龙现实主义。参见吉塔·卡普尔，《19 世纪画家具象主义的困境：拉加·拉维·瓦尔马》，出自《现代主义是何时：印度当代文化实践》，德里，图里卡出版社，2000 年。

2 影像装置是回应 2002 年在印度古吉拉特发生的穆斯林大屠杀。

于受害者身体的血腥贪婪。在这一过程中，她作品中的女性人物——受到战争和侵害肢解，父权暴力的无形转喻——能取回自己，抓住尚未成为语言的东西，以曾经原始且具修复性的、并且也总是净化（cathartic，在这个词的表现主义层次上）的姿态来发挥作用。[1]

玛拉尼的多屏录像装置作品是直接具政治性的、且更具当下性，她精心叙事化战争、炸弹攻击、种族清洗、市民冲突、公开谋杀；[2] 另一方面，她的《影子戏》（shadow-plays）放大为房间大小的幻影（Chimeras）、回荡着宇宙恶魔观（cosmic demonology）、人的欲望。[3]“形象”的媒介物（摄录、涂鸦、动画）通过世界一如透过布幕（屏幕、聚酯薄膜、墙壁），且挤进超现实的突变门槛。借由这些模糊的形象，现实让位给再现的伪装。阴影和回声，哀叹的唱和一遍又一遍地回放重复，如她早期演绎的美狄亚神话（Medea myth）。[4] 意义将自身追逐至绝境，玛拉尼截取出破碎的且被剥夺的女性的刻板印象，以求一个明确的揭示（*dis*-closure）。在继续提供恐怖和怜悯的故事时，她的工作变得与命运同谋：她的策

---

1 参见吉塔・卡普尔，《作为姿态的身体：创作中的女性艺术家》，出自《现代主义是何时》。

2 参见阿希实・拉加德亚克沙，《溢出：娜莉妮的近期影像装置》，引自《第三文本 17》，2003 年 3 月，第 53—61 页。

3 参见拉娜・达文波特，《幻灯和幻灯放映员：娜莉妮・玛拉尼的录像 / 光影游戏》，引自《娜莉妮・玛拉尼：重述的故事》，展览画册，纽约，波士帕西亚出版，2004 年。

4 参见卡马拉・卡普尔和阿米塔・德赛编，《娜莉妮・玛拉尼：美狄亚方案》，孟买，迈克斯穆勒总统府出版，1996 年。

略是否（如过往）受到诅咒，因此被打入诠释学的终结里？

玛拉尼属于一代人、一个传统，不避讳以图像编码（image-code）创作充满意象、而仍旨在丰富世俗文化的作品。我们也许可以说，玛拉尼的图像创作目的是再神话化再现。[1] 将神话人物视为一个不幸的刻板印象的强大前身，重新利用这个合成的、高端/低级资源，而对象征进行巧妙的重新部署和利用。她需要诉诸（反）经典的做法，即女性主义持续进行的、对再现规范性的检视，帮助她实现一个持久的计划：将社会苦难凝聚于哀悼中、凝聚于属于女性表现力的特定形式中，即在疗愈、重获（对于家庭和社群、甚至可能是国家的）归属感的过程中，同时加以形象化也进行批评。

根植于这种表现美学，玛拉尼将压抑向外投射成一个金字塔式的结构，其中权力是同质化和阶层化的，且在其中，女性主体（可以说就像）是受到钳制的。与此同时，如她在世界各地的女性主义者同行一样，她理解到需要撬动这个金字塔，必须松动且开放（它所组成的）已建制的机构——尤其是国家、文化、艺术——这些都太容易被视为良善的体制。

模　仿

普什帕玛拉在她与专业摄影师联合制作的几组摄影作品中同时“导演”和作为重要主角。在电影场景式的“幻影夫

1　参见柴塔尼亚·萨姆布拉尼，《启示回想：娜莉妮·玛拉尼的历史话语》，引自《娜莉妮·玛拉尼：重述的故事》。

人或天命”（*Phantom Lady or Kismet*，1996—1998）[1] 中有着通俗剧的媚俗典雅。她接着（在其他较小型的摄影系列中）创作的是《七情演义》（*Navarasa Suite*，2000）；在这件作品中，艺术家透过以印度电影“经典”剧照方式组成的图片、描绘印度美学中的“情绪”和情感，她的图像在孟买一间具传统风格的“印度摄影工作室”（India Photo Studio）适当地以黑白底片拍摄。[2] 更晚近的作品系列题为“南印度的原住民妇女：习俗与服装”（*Native Women of South India: Manners and Customs*，2000—2004），她借由一组描绘国家想象中的南印妇女的刻板印象，在平淡无味的模仿练习中加入过剩的、过度的再现内容。[3]

由同一个表演者情绪饱满地进行表演，这系列的女性图像基于对印度美学的流俗演绎；亦是基于民俗学处理方式的各种规范（从婆罗门“美人”到“原始类型”，从中世纪的女巫到黑色修女）；而且更精心地，基于图像学的位移编

---

1 普什帕马拉导演和表演的叙事摄影《幻影女士或命运》是一套由米纳·阿加瓦尔拍摄的黑白摄影。普什帕马拉一人饰演两角，将自己打扮成 1930 年代以降的英印女演员“无畏的”纳迪娅。

2 参见 M. 玛达瓦·普拉萨德，《最后一次重造印度现代性？》，引自《普什帕马拉·N.：印度女士》，展览画册，纽约，波士帕西亚出版，2004 年。

3 10 种女性刻板形象（由女人们自己扮演主配角）构成方案的核心。与摄影师克莱尔·阿尼合作拍了 4000 张照片，后编辑缩减为 200 张冲洗照片，以伪人类学形式分为四个部分：“本土风格”“人类学摄影系列”“照相过程”“流行系列”。最后一个部分用市场上就能买到的廉价相纸打印装裱，意在揶揄孟买电影明星。整个方案以人类学记录的方式整合统一，把研究、筹备和 14 个“拍摄”制作成一个报表（未出版）。

码（shifting codes）。印度文化透过艺术史和流行类型的女性形象形成富于反讽意味的内涵，正是通过这些分类游戏，她触及当代社会的一些关节点。换句话说，她是透过一种放纵的图像癖（iconophilia），得以概念性地打破旧习——与政治的——变异性的形式。[1]

透过与这些老生常谈的内涵周旋，普什帕玛拉置换了精英自我认定的个人性的特权地位；反之，她涉及生存资源，而不只是阐述身体表面。也就是说，她以现成的视觉语言书写身体，且将此铭刻的身体转化成一个表演中介。普什帕玛拉在许多反复无常的化身里操作着文化行为：恋物式的关心细节（涉及精心设计的戏服、道具、配件，以及绘制的背景布幕完全符合流行的来源），她就在我们的眼前创作其希望检视的对象。作品中的参照物主要来自神圣和世俗标识的流行图像，采用大胆粗廉的印刷方式。她计划整体的，以类似工匠般的准备来对待作品，这般鲜明的摄影成果近似于人类学研究式的图像资料库。

这样的技巧所累积的照片图像，提供了一个亲切的、但可能被认为“俗气”的自我斡旋，严肃的再现对此并不看重。这些自我，同时处于人类学和现代性的内/外、而且在我们的追求权威认同中，被设定为同时是平庸和神话的。这使得媚俗（kitsch）适合于被想要忠实面对自我的艺术家所挪用。事实上，

1 参见克里斯托弗·平尼，《神的照片：照片与印度政治斗争》，德里，牛津大学出版社，2004 年。

普什帕玛拉的反讽作品的关键在于，其精心制作的图像组，并非为了带出一个丰实的存在，而是一种迷惘的否定，甚至可以说，是艺术家自我认同的一组虚拟加密（virtual ciphering）。

基于伪装，普什帕玛拉的图像被设想和表现为绝对反本质的，而且不遵循（女性）去自我（de-selfing）的痛苦路径。普什帕玛拉并不提供"存在"的本体论（原初）范式；这甚至是未见于辛蒂·雪曼（Cindy Sherman，1954—　）的颠覆性手法，即使是以纯粹的符号学阅读，也会视之为引起暴力和混沌的预兆。我指的是雪曼从电影情节图像——如《忧郁的爱人》——转移到引用经典艺术史的骇人模仿、转向自我解构的表演，比如一副适宜完美的身体、让人想起超现实主义中厌女症的人偶，生成然后又抛弃对欢悦和死亡的恋物式的契约。雪曼试图以无形来令她的图像（仿佛）超越再现，超越哀悼。

不同于雪曼，普什帕玛拉选择的图像看来平淡无奇，一如她为了"赢得"圣母的身份制造的图像符号，此圣母以其总体形式统治想象。与电影明星、马戏团女孩、家庭主妇和艺术家如出一辙，这些都回到再现意义上的零和状态。然而，普什帕玛拉和雪曼也有相似之处。辛蒂·雪曼关于指示性（indexicality）和原初指涉（original as referent）的问题，也构成普什帕玛拉的方法——当被遗弃的女主角（其自身为一般幻想的一部分）在一个黑色电影（film-noir）叙事中登场。同样的，也有着究竟图像是否仅是一个没有所指的变形"存在"这样的矛盾：因为在某些情况下没有先前的再现，只有对它的欲望，这样一个图像可以是什么、或不是什么的副本（a copy of that which is and that which is not）。

一种让人着迷的模仿，可以使模仿中的重复成为被调整过“差异”的（视觉的、文化的、人类学的）基准，嘲讽而又强化再现。普什帕玛拉的文化延展性并非基于存在的不妥协、或单纯的性别差异，而是基于其他类型的变异：如阶级、种姓、性向、性别和其他更明显的社会类别。普什帕玛拉将女性图像视为便于创作、表现，但同样适于身份构成的关键线索的视觉版本。

符号学会追问有关身份的事务，接着追究“女性作为图像”这个问题，引导普什帕玛拉针对“作为”（being）始终不懈地加以反讽。另一方面，经由这个超再现（hyper-representation）产生的持续进行的“成为”（becoming）增加了一种缺席感，仿佛每一个新的技巧、精心制作、复制、执行都是失去的指示，而不是获得的标志。我从普什帕玛拉展出的作品里明确出现的现象中收集到的信息是：模仿出来的虚弱造成散漫的虚空，这虚空减缩成符号学坐标上一些特定的点上的具体图像。她是否表明，“作为与成为”这一生存公式现在已全部耗尽？它（也许原本）住在一个男性的“灵魂”里，而现在必须得出来接受审视？它是恐惧、是漠视，或者是从单轴心的自我中解放出来，激励她规避再现真实的严峻考验？

经由普什帕玛拉模拟/检视出来的类型/刻板印象、与所有身份分类形式（包括那古怪的去性别的、装扮成要去杀人的“模型”）的（去）合法化，女性主体获得什么？借由提出人类学式制图学的轮廓、和比以往更广泛的“他者性”选择，她可以说是已经渗透到符号领域。她将符号削弱为：在象征的阳具中心 / 同一性 / 膨胀变形的（aggrandized）领域内部的语言结构；正因如此，她基于恋物式替代阳具的观念，削弱了（悖谬的）“女性作为伪装”逻辑。的确，普什帕玛拉本质上是一个彻底的女性主义者，她制造了模拟——其中的欲望并未被投注到、而是不断地被刺激为（欲望的）对象。我们知道，如果欲望在常规上被传达为（来自充满性的“深处”的）愉悦，那么女性主义对于欲望的批判会削减不可或缺的主体、并将性别视为穿针引线、以协商“成为”的条件。

当引发艺术家关注其图像的（婴儿时期）自恋被超越（transcended），对于再现政治的批判就出现在普什帕玛拉的作品中。并且这个超越的发生是通过表演、经由几乎有着致命吸引力从身体到荒诞所提供的流动性来达到的。普什帕玛拉的作品——雕塑、摄影、表演和录像——取决于高度对比的荒诞（hinged on the high key of farce）。对此，女性主义的角度是尖刻的：它源于自我怀疑和焦虑，源于模仿一种失去升华机制（desublimated）的形式，一种对存在的粗率看法，掩盖了当她“成为一个女人”的时候所承担的脆弱——用西蒙·波娃（Simone de Beauvoir）赋予这句话的意义来说。[1] 除

1 参见西蒙·波娃，《第二性导论》（1952 年），出自安妮·卡德与罗宾·安德里森编，《女性主义理论：哲学文选》，牛津，布莱克维尔出版社，2005 年，第 35 页。在西蒙波娃的《第二性》（纽约，经典出版，1952 年；纽约，阿尔弗列德·克诺普出版，1980 年）中再次出版。

此之外，当她成为一个艺术家，她就能强制自己改变象征领域的混杂。

性、性别、贱斥

接下来我将讨论一位女摄影师和自我阉割的阉人（eunuch）莫娜·艾哈迈德（Mona Ahmad）之间的相遇。镜头下的叙事始于黛安尼塔·辛格进入一个从她自己的阶级、性别、宗教、年龄、情况和“命运”移除的生命世界——“命运”这个形而上学词汇特别适合于莫娜·艾哈迈德作为/非为（being/not being）一个女人与（甚至是她决然要成为的）母亲的情况。摄影作品以经典偷窥式的设置为基础。然而，这一条件却被后续漫长的十年中、增量拍摄的黑白摄影系列给推翻了：摄影师的敬畏之心、同情心、魅力衬托出了拍摄对象的深厚热情，序列化的图像仿佛让人回想到耶稣受难像（Stations of the Cross）。

这些图像被过度的表演所遮掩，要求人们将之视为是一种不加掩饰的伪装（charade），其中矛盾的主角莫娜·艾哈迈德深陷在性别两难困境里，占据着舞台中心；对于阉人来说，两难困境的“绝对性”在于他/她必须与（由阉割行为物质性地决定的）一种性别生活在一起（例如，因阉割行为造成的伤口从未停止流血），然而此种悬而未决的状况，从未在任何社会秩序中达到缓解。

正是在这样的背景下，两个人有了关联，黛安尼塔·辛格和莫娜·艾哈迈德坚持让我们认识到在她们合作计划中存在的联系。[1]我们不仅被引导到注视（以字面意思来说，即看见和尊重）摄影师和她的主题对象之间的友谊；此外，一个“生命”的索引纪录透过摄影师的镜头（法语 *objectif*）具象化，与主角（提供了书信体文本）称之为“拟自传”（mock-autobiography）的《我自己莫娜·艾哈迈德》（*Myself Mona Ahmed*，2001）产生联系。[2]

在故事前面的部分，莫娜·艾哈迈德在紧密和阶层化的社群里作为一个有权利的阉人享有荣耀。辛格拍摄了处在荣耀里的莫娜，她大胆的身体与一起的同伴们几乎贴紧画面，并以正面特写填满画框。莫娜与美丽的阿业莎（Ayesha，莫娜收养的宝贝女儿）的照片叙事则是不同的，在莫娜喜为人母的几年里，辛格就像一个拿着神奇镜头的阿姨进入卧房，打破诱惑和窥视之锁。照片以写实的中镜头实现一定程度的客观性，描述一个熟悉的、家族的关系，一如之后描绘的隔阂（当情感破裂的不良气氛出现和母女关系分崩离析时）。

莫娜在抚养阿业莎时，因为各种“犯上”的行径，被逐出阉人社群和自己的家——除此之外，她喝太多的酒。莫娜

---

1 黛安尼塔·辛格在其他摄影系列中与人合作的程度各有不同：她拍摄过大都市里的性工作者、宝莱坞编舞家萨罗杰·可汗与明星们的排演、孟买和西部印度的资产阶级帕西人、加尔各答的准封建一代，和当代印度的中上阶层家庭，其中大多数人都需要有一定的信任，但不是莫娜·艾哈迈德那个计划里那种持久的互为主体性。

2 黛安尼塔·辛格，《我自己莫娜·艾哈迈德》，苏黎世、柏林和纽约，斯卡罗出版社，2001 年；这本摄影集包括莫娜·艾哈迈德给沃特·凯勒的电子邮件，后者是辛格的朋友兼出版商，这些信是（自传体）传记，像莫娜本人一样，既脆弱、真实又加以掩饰。

蹲踞在一处遭受冷落的墓地，而且进一步受到排斥；这一惩罚对她来说几乎是致命的，女儿也被她的精神导师（eunuch gurus）所带走。她乞求并且密谋讨回孩子，但她最终失败并只能接受失去的事实，她相信这是神赋予作为第三性别出生的人的不幸苦难。通过持续的、没有归属的（unbelonging）悲伤的标记，是她沉重的脸，在如同越发同情目光的相机前渐渐衰败。作为一个非法居住者、流亡者，她慢慢地在她死去祖先的坟墓区建立了家。于是，在安拉的怜悯之下，她在新的领域成了一个古怪的统治者；她建起了一个动物园，以爱照顾她的动物同伴。

以紧密的友谊为线索，辛格将莫娜的现状当作有如贝克特式的人物凄凉地荒废在家，又像布莱希特式的人物，从来没有失去反讽的力量、表演姿态的力道、以及生存的自信狡狯，呈现那满目疮痍而又曾经自命不凡的生存样貌。在精心组成的图片——荒野中的莫娜——里，姿态和风格是剧场式的，但空间化的方式则是节制的，摄影师拉回到一个长镜头以放大主角的孤独。在辛格的镜头里，莫娜显得粗糙而扭曲，但仍然莫名地具诱惑、反省和梦想的高尚能力；然后她“离开 / 留下”她，明智地让老演员在舞台现场——这样的塑造皆是为了那十年里共同构成的生命叙事。

自始至终，主角作为一个独特的人物献出自身，即使只是一个借由 / 在（through and in）一系列设置齐全的舞台——家庭、街道、墓地——而精心制作、发展的角色。但是我们也知道，这个人物只能通过“这个”摄影师寻求发展。辛格选用的近似电影的场景、运镜、取景和风格，才得以匹配这个充满激情的作态者（poseur）。

作为此一生命图像的接受者，我们需要把握这场遭遇当中内含的深刻的感官性。莫娜·艾哈迈德展示了所谓“变态”的丰富性。在阉人遭受双重阉割这个意义上：雌雄同体赋予他/她一个不发达的或不完整的阴茎，选择假设自己是女儿身（正如她/他看上去总是的样子），她/他就又被阉割了一次；以精神分析的话来说，这即是“匮乏”的特征。因为一个夸大且“非自然”的弱点，对于莫娜·艾哈迈德表演技能的捕捉就变得十分重要。当她恋物式的身体呈现（自）受虐的样子时——如莫娜在图片中展示的因受到警方殴打造成的瘀伤——镜头变成镜子以及摄影图像的本体，其无法消除的“现实主义”就变得可用。但阉人戏弄他人对于性（sexuality）的欲望，性同时是夸耀而矛盾的，莫娜也是如此：因为她成了一个双重的和不确定的性别内的情欲幻象，图像膨胀成通俗剧模式，并变得凌驾于生活之上。[1]

在性别——或她所谓的第三性——表演里，莫娜为了象征性的自我而颠覆了相机所要求的纪实；此一象征性的自我被赋予亲近的重要性（不只介于阉人母亲和养女之间，也在她自己和摄影师朋友之间）。实际的照片引申出进一步问题。莫娜·艾哈迈德是否被交付给一个需要被掩盖（或至少被遮

1 参见肖尼·戈什，《酷儿的同一性》，（回顾《我自己莫娜·艾哈迈德-黛安尼塔·辛格》），引自《目录 7》，2002 年 5 至 6 月号；电影制作人如何看待顺序排列的图像和主体性的架构。

蔽）的不祥预兆？是否在某一点上，知情过多会取代再现的“真实性”——即无法再现的“真实”，会通过某种令人厌恶（或者说“淫秽”[1]）的形式被瞥见？摄影师的任务是否在于不让荒诞于某个人/表演者演出戏剧内部发展、限制但也继续发展？在第三性的人格化中，是否有着为了颠覆而存在的顽固比喻，使得摄影师的任务同时是要揭露和遮蔽？

如果在传记和主体之间的交互主体的基础上建立的叙事，是唯一真正的交流，那么与主体相关的真相没有绝对的标准乃是事实，我们甚至可以说这个主体实际是永远匮乏的。这一悖论，充分发展成为摄影师和主角之间的舞台，且类似于在身体周围发生的协议，即一个演员和导演将全面履行的协议。演员在表演的不确定性中表现姿态，但即使当演员具体的（与幻影般的）身体在极端情况下模仿自我，导演也知道如何颠覆不必要的识别、并阻挠看似完整的再现。[2]

此处讨论的照片叙事，开始于摄影师对于被放逐的生活所保持的敬畏之心，是根据“未决定的性别是悲惨的”这样的信念预制的脚本。拍摄行为，有着风格主义式的泛滥，然后迅速

1 憎恶和猥亵能像禁忌一样，作为像狂喜的先兆一样的升华策略；例如南·戈尔丁的照片，展示身体的力比多经济中培养的有关联的冲动。与戈尔丁对比鲜明的是，黛安尼塔·辛格拍摄的莫娜·艾哈迈德的影像，以“现实”为基础传达出对死亡的欲望，以及不屈。

2 在印度戏剧传统中，阿努拉德哈·卡普尔在女性扮演主题的表演（和导演的文本）是很重要的；她的戏剧表演行为阐述在演员雌雄同体的身体上，引人入胜，重点放在表演中心的转换性别的“优雅”。参见她的《演员准备》一文，引自《身体城市：在印度定位当代文化》，德里，图里卡出版；柏林，世界文化宫，2003 年。

转变成纪念碑式的空虚，像那件探讨哀悼的投影作品一样，弥补这个悲剧女演员的尊严。由黛安尼塔·辛格创造出的、贯注深情的图像，是来自与这样一个极端的社会（而且有奇怪的主权）的与卑贱相关的实质性，也正是莫娜·艾哈迈德的图像，压倒性地超越了关于性、性别和身份问题的常规认识。

“跨”

跨性别的表现行动可以有不同的理解：它们倾向于达成一些内在的（尽管矛盾）欲望，或在另一方面，特权化一种几乎肯定会导致反美学的解构行为。

德嘉·沙的作品取决于动员前缀词“跨”（trans-）的操作，通过这个术语转而关注几个问题。很明显，把女同性恋者的有利位置当成跨性别的赌注，把自己摆在与社会上所有独白式的认同相对的位置。德嘉·沙表现性别时——积极地，如“刺痛的吻”（*Chungari Chumma*，2000）——将观者带到并且跨越（甚至是超越）男女二元分类。假设形而上学（简单）的答案是伪装，我们必须看到这里涉及的突变面向。在题为“跨-”（*Trans-*，2004—2005）的双频录像作品中，德嘉·沙和巴西表演艺术家马可·波罗·罗拉（Marco Paulo Rolla）借由（仅仅）看着录像摄影机的动作表现出转变（makeover）：从女孩变为男孩（神奇的蓄胡）、从男孩变为女孩（带着妆容），他们以此提出“变人”（mutant）的（无）身份性。由于摄影机直接就像镜子般映出他们的样子，因而引发与镜像有关的事物：从致命的吸引力到（误）认、识别和异化的隐喻，再到对被锁定在模仿和再现之间纽带的信赖。

一如扮装皇后漫步在公开场所、或跨性别者在画廊内的表现行动所制造出的反应，一个表演录像（或戏剧模拟）可能遇到已经准备好反应的观者。观者准备做什么？在此排除挑衅行为，但赋予行动意义，并将其转化成一个（在任何方面与美学“有关”）可读的文本。例如，当德嘉·沙和马可·波罗·罗拉制造了装饰风格——露出身体（毛发）、施虐工具（鞭子）或诱人饰物（指甲油、珠宝首饰），此一矫饰风格就从变装情欲的领域转移到恋物对象的范畴。这有如一种异化的美，是所有美学的一个类别；此强迫性的追求呈现出一种奇怪的积极效果，使得看着（镜头）的行为、多少弥补了一部分的好奇心。跨性别表演的引人入胜之处，实际上有助于去除凝视的恋物性、使悖逆的性可以被理解；对此，更广泛的女性主义意义仍持续诠释着。除此之外，它还使人得以消解现存二元分类的张力，并开启对于主体性的多元理解。

这将我带到德嘉·沙的作品《睡眠》(*Sleep*，2004；创作于新德里的 Khoj 工作坊）。在这件作品里，她将自己挂在一个两层楼建筑外的吊床上，“睡”到黄昏；下方街道上的人群，只能看见 / 误认一半的吊床——如同表演着的性别。悬挂在约 12 英尺高度的身体被房间内的设置“保护”着，房间内有个一样的吊床空置着，用来邀请一个“伙伴”躺下，并透过连接两组吊床的绳子摇晃房间外的身体。德嘉·沙借此表明了关于个体、有限性和伴侣关系的（不）可能性。在某一方面，她变成了艺术社群的局外人；她变得像一个无家可归的流浪者，更亲近于下方那群有着奇怪的同情感的底层人群。在这一布莱希特式的行动里，她提供了一个有关变形的公共经验——去性别（degender）和去阶级（分类）（declass［ify］）化自身——在那里，社会的、（或者更具体地说）表演的平等主义的结果（egalitarian consequences）开始受到检验。

表现自我

在 1970 年代，通过铸造身体的“基础”物质促使艺术明确转向的漫长历史里，女性主义在打破女性身体的禁忌，透过表演艺术生产出划时代的作品。[1] 关于身体和自我、主体性和欲望，在常规的形而上学、美的经典之外（毕竟这些已被［西方］美学接受并更新），以及性别的僵化定义之外，女性的表演往往是肢体的，甚至有点超越经典的恋物 / 物化辩论。

当女性身体——拒绝、欲望、占有的实质对象——涌入戏剧的情感，我们也许有很好的理由相信，经常被主题化的“被压抑者的回归”（return of the repressed）是有几分重要性的。也就是说，女性化作为伪装，如今成为一个掺入跨性别 / 易装的身体——其表演的呈现去自然化了决定性 / 性别公式的标准因素的游戏。这些表现行为为性别符号的交易经济

1 一个简单提示：突破了卡若丽 · 史尼曼和汉娜 · 威尔克，还有舞者伊万尼 · 莱纳、特丽莎 · 布朗和皮娜 · 鲍什的表演，丰富了行为艺术的语汇；劳里 · 安德森的音乐和多媒体表演成了传奇；鲍比 · 贝克像喜剧女演员那样重试荒唐；玛丽娜 · 阿布拉莫维奇概念结构表演计划，为行为艺术注入了非凡的勇气和耐力。

做出清楚的诉求，能更好地发展非同一性的人格化特质；其生存状态——如实质性的情感一般是叙述性的，如优雅的形态一般是具挑衅性的。一种精神中介——如果还有这样的可能性——通过一个循环的伪装被标志出来。[1]

索尼娅·库拉纳属于这样的女性系谱——通过运用身体进入情欲簇集的空间，此空间被认定/表现为（几乎确定是）被阻断的、受挫的、问题化的，并因此获得了（如果有的话）自我暴露的激烈形式。[2]处于官能受控状态的她，能将反讽转化成庄严的举措吗？我在此指的是她的表演录像作品《鸟》(*Bird*，1999)；在作品中，艺术家成为舞蹈家——笨拙的裸体、滚动、跳跃、敲打胳膊、并试图飞翔——拿着相机靠近自己的肉体。作为一个舞者，她无法飞扬，但作为艺术家——调节速度、将舞蹈编排编辑为断断续续风格的芭蕾舞谐拟——她（像卓别林一样）做得十分成功。简短的黑白录像为自我驱策的解放提供了一种自传式轨迹，但是是通过公式化的、对自主权的揶揄嘲弄。“鸟”呈现的尴尬具有讽刺意味，而且这么一个典型的反崇高（antisublime）作品，却很吊诡的具有标志性。

库拉纳接着创作了一个呈现女性官能的双屏录像装置：她在《衣柜》(*Closet*，2002）中布置了四处散落的衣服，还

---

1 越来越多的亚洲女艺术家设计出的行为表演方式，占据有限的空间然后将其戏剧化，这里我论及其中四位：阿拉雅·拉斯迪阿、阿拉迈尼、金守子和玛雅·克里希纳·拉奥。

2 参见利昂·韦恩赖特，《现象学的起源：艺术家索尼娅·库拉纳》，引自《独行的女人不撒谎：索尼娅·库拉纳》，展览画册，德里，迈克斯穆勒总统府与英国领事馆出版；加尔各答，牛津书店，2000年。

有规避行为的“歇斯底里”状态，有如（管教任务的）象征——总是过于紧密地靠拢男性艺术和形而上学。她测试“肉体的风格”，[1] 但再次（并不断地）失败，以完成她的过度装扮（excessive costuming）。即使当她（耗尽般地）崩溃在床上，仍要求着想象此一主体（即使在严峻的情况下）尚未枯竭。她能否将女性自恋从贱斥中赎回？如果我们理解那丰富性本身可能膨胀为冗余，她嘲讽的可能就是救赎？

作为上述两部作品的姊妹篇，在库拉纳的单频黑白录像作品《莫娜之歌》（*Mona's Song*，2004）里，莫娜·艾哈迈德（长期出现在黛安尼塔·辛格作品中的人物）简单地人物化为一种布莱希特式的“好女人”，作为一种生存战术，与矛盾的神灵共存。在这项一对一的表演中，年老的女伶，不成调地重复着同一首歌。然而，莫娜在她的“客串”表现中被诱导证明：上锁的欲望可以被浓缩为一个基本音和引人注目的外观，以实现与欲望旁观者的想象交流——而且的确，莫娜并未受到“神圣背叛”的阻碍，仍然闪耀着光环。库拉纳从自己的角度为她确认了这个纪念碑似肉体的地位。然后，她有点不太必要地将莫娜铭刻在自己身上。在一件题为《皮肤》（*Skin*，2005—2006）的作品细节中，库拉纳的脸挤在一个显示器里，带着一种让人昏昏欲睡的样子假唱莫娜的歌。她沉入睡眠，腻烦了那种唯一的性别混合的“身份”所导致的忧郁，这让她睡得更沉。或者，也许还让她自己获得了（精疲

1 参见巴特勒，《颠覆性的身体行为》，第 139 页。

力尽后的）安眠这个纯粹的好处。

库拉纳像是要检查她自己的自我沉迷。在一件简短的单频作品中，她用自己那外科手术刀般的敏锐智力来切割对身体的盲目迷恋，但这也颇具争议：因为从恶意的男性凝视的典型表现中解放出来，就也同时从女性主角的真诚中解脱出来。她们致力于捕捉时机，进行形而上学式的抽离，突出女性的欲望。作品《头–手》（*Head-Hand*，2004）中肤色白皙的艺术家那只笨拙的小手，诱惑或安慰或占有或爱抚那个“熟睡的”黑皮肤男人的布朗库西（Brancusi）式的头部——对这只赤裸的手的把戏报以漠视的他，会不会占有她？不论是否情愿？这件单频无声录像作品不断地循环这个无声的动作，近距离的，这只手盲目地摩挲着、捏掐着、以盲点字般“阅读”着这个头颅。其中有恋物感，也有好奇的游戏——那么是谁赢得了爱情呢？

在所有的那些表演中，自我总是被讽刺性地拆散，不仅是字面上和比喻式的剥离，而且是被一个关于（不）归属的即时话语所拆散。库拉纳在题为《世界》（*The World*，2004）的录像装置中，用图像和旁白讲述了她的祖母离开拉合尔（指1947年印度分裂造成的新国家，即巴基斯坦）后流离失所的故事。《世界》用一种准纪录片的风格进行拍摄，同时有五个灯箱展示她祖母的大特写——在录像末尾这些肖像活动起来。这个故事讲的是在一个分裂的国家里“无处”建立家庭，而对这个年轻的孙女来说，这个故事与翻译有关：从难民到“地球”游牧者，以及她所需要的越来越多的“遏制”（containment）的形式。越南裔美国作家及电影人郑明河（Trinh T. Minh-Ha）在她 1985 年创作的 16 毫米电影《裸露的空间：生命循环》（*Naked Spaces: Living Is Round*）中，透过摄影机的移动探索了栖居的诗性，对具体文化（她在电影里谈的是西非）里的空间和栖息之地的感性理解。我看到库拉纳从此出发：世界是圆的，生命是圆的，从形而上学和现象学来看，圆形可以滋生关于丧失的隐喻，其中的归属会起作用，但却作为她自己就会拒绝的要求——非常温柔地拒绝，不过是为了去除受保护生命的标准。

这就是她的兴趣所在，把过度决定的女性主义话语留在身体上；这也是她的不满意之处，即摄影机总是摆在合适的位置这种观看制度。并且，她对社会教育日益增长的兴趣转变为对社群和合作的兴趣。在这些领域里，性-性别-身份的问题可以再一次遭受质疑，而与其他要求新的阐释技巧的方式一同来协商所谓的全球范围内的跨文化事务。

语 境

女性在印度从事与（以镜头为基础的）图像相关的工作的语境为何？印度最重要的女画家阿姆里塔·谢吉尔（Amrita Sher-Gil，1913—1941）出现在 1930 年代，她的青春形象恰巧与墨西哥的弗里达·卡罗（Frida Kahlo）相似。当 1970 年代的女性运动在包括印度在内的世界各地风起云涌之际，女性艺术家获得了另一种关注；随着她们对女性主义话语的相继认同，她们之中一些艺术家被置于艺术实践的划时代地位。在印度，这发生在颇引人关注的1990年代。她们之中的画家，可说是反转了女性可见性的模式（gestalt），且由此亦反转了对于情色的关注；她们创造了物质性的新诗学，同时在寓言式的叙事中重新定位身体。[1] 从1990年代开始活跃起来的装置和录像艺术家们，打破过去接收到的前卫符号，以记忆的比喻来重新组合概念；再向现象学注入失去的情感、爱的仪式、欲望的物化，由此把空间上的相遇转化为"鲜活的"必死性（"living" mortality）这样的悖论。摄影家，特别是女性纪录摄影者，近年赢得了重要的学术地位。[2] 她们把性别/历史作为一个复合问题加以研究，依据社会范围内的自治来表达家国观念、主权和社会身份，另外也转换在女性日常生活中那些或细腻或粗放的暴力形式。[3]

---

1 我在此指的是画家阿尔皮塔·辛格和尼丽玛·谢克。

2 我在此指的是鲁马纳·侯赛因、施拉·高达、纳维约特·阿尔塔夫、示巴·凯基和安妮塔·杜贝的作品。

3 摄影师中，我在此指的是凯塔克·谢斯、示巴·凯基和安妮塔·凯姆卡。妇女运动为大量的女性主义电影铺底；我指的是一系列放大了新纪录片的"解构"特性的短片：玛胡希利·杜塔的《我生活在贝拉姆帕达社区》(1993年)，把摄影机深入到1992至1993年的印度孟买穆斯林暴乱中进行实录；迪帕·达恩拉伊的电影《像战争的某物》(1991年)，反抗全国范围的残酷的计划生育政策；和苏卢比·夏尔马的《杰瑞·马里：关于布与其他的故事》(2001年)，考察（孟买）的小型工厂里无组织的部分，在那儿女工们仍然没有争得工人阶级的权利。关于妇女和性有里纳·莫罕的电影《皮肤深处》(1998年)，探讨关于女性美的焦虑和恶劣的观念；肖尼·戈什的《夜间仙子的传说》(2002年)，内容关于加尔各答的女性性工作者；帕罗米塔·沃拉在《无限的女孩》(2002年）里展现了后女性主义者的女性主义流行教育学。还有伊法特·法蒂玛研究斯里兰卡内战的纪录片《兰卡：战争与和平的另一面》(2005年)，就是用全景式纪录片来处理紧急政治事件。

对性别问题的概念化，特别是其表现，需要将其中浮现出的再现伦理看作一种“规范的建构”（regulatory construct）。[1]细密的转换“法则”展开成为存在的各种条件，我们以此来协商区分性别的主体。因此女性主义话语对本体论方法（其中自我被看成是固定在“存在”当中）持怀疑态度，而更接受阐释学研究所谓的认识论框架。这碰巧符合美学探究的精神：艺术家判断、并因而结构化贱斥经验、痛苦、欲望、“快感”；她的哀悼行为探测了社会苦难，引导她用解释学式的怀疑赋予世界意义。于此寻回的是一种脆弱的“真理”，一种代理的补偿“对象”——自我的悖论适宜地集中于此。通过自我建构，恢复的是一种“多功技巧”（polyvalent artifice），这对当代美学非常重要：它折射出再现的承诺，给它造成一个反讽的形象。通过伪装、或是通过对父权制和政权体制概念的探索，（话语、书写、表演、电影和艺术的）技巧可以用来打破主权过度主导的诉求，也打破对“实质”主体的任何类似的依赖。通过把道德抵抗与故意拒绝本质相混合，女性主义者向（男性）形而上学提出了一些棘手的问题。

因此，与其说女性代理人是再现政治的确定形式，过分鼓吹女性主义实践的首要（且主要的）意义，我们不妨将之视为是一个允许他/她基于认定的身份来持续、重复表达性别问题的角色。再者：如果国家、市民社会和公共领域的大

1 参见朱迪斯·巴特勒，《身份、性和实质的形而上学》，引自《性别麻烦》，第16页。

熔炉就是检验再现政治之处，那么这个前提本身就可能通过女性主义话语和实践而被排除出去。在这个语境中，我特指国家话语中的再现谬论；因为女人“先”于法律陷入议会和法律改革的空隙，被拖行通过男性焦虑的枯竭比喻。当加亚特里·斯皮瓦克将作家玛哈丝维塔·黛维（Mahasweta Devi）[1]笔下的人物从“庶民”（subaltern）阶层写入到国家主权的空间之中时，她提出了一个大胆的辩证逻辑；以“南方最贫穷的女人”为核心，黛维的来自“部落”和其他低种姓社群的女主角，被铭刻进入市民社会的辩论中，被定义为分裂者。斯皮瓦克由此能够根据公民的轮廓，指出一系列不稳定的主体身份。再现政治的关键问题是认为，公共领域必然具有排斥性。斯皮瓦克把指定为次政治的内容归在“政治”社会的授权种类之内——这里使用了帕沙·查特吉提出的一个概念，考虑如何能（必须）克服（布尔乔亚）市民社会的自有政体中的压迫进路。[2]

我认为女性主义的话语和实践，像其他激进运动的话语和实践一样，总是已被置于某种境况之中；不论这些境况是宗教、国家，还是社会组织这些与民族无关或者是超越民族的范畴。确切地说，社会主义的历史必然和去殖民化/后殖民性的政治一道，让地域问题在非阶层化的术语中为人所理

1 参见《玛哈丝维塔·黛维的“蒂劳柏迪女神”》和《玛哈丝维塔·黛维的“乳房给予者”》，引自斯皮瓦克，《另一个世界》。

2 参见查特吉，《国家内外》，引自卡洛琳·艾略特编，《市民社会与民主：读本》，新德里：牛津大学出版社，2003 年。

解。一旦得到理解，种族、宗教、伦理和国家“身份”（即世俗方面的日常生活世界）对女性主义理论和实践来说就变成了紧迫的问题。

综上所述：性别议题如何叠置在具体的统治策略中，叠置在公民与国家机构的特定调配之中；如何受到新自由主义话语的经济胁迫的影响，牵连到新全球帝国范围内的民族国家？如果“全球女性主义”（Global Feminisms）这个展览的策展意图是打破“霸权女性主义”的神话，那么它指向的就不只是从脚踏实地实践（作为社会变革的艺术实践）中提取绘画理论的必要性，它指向的更是有必要澄清反对激进文化的各种选择工具，以及否认西方资本主义政体设定的侵犯和霸占世界的大大小小的各种方式。

本文以《性别的流动性：透过五位印度女性艺术家的镜头》为题发表在《全球女性主义：当代艺术中的新方向》（Global Feminisms: New Directions in Contemporary Art），莫拉·莱莉（Maura Reilly）与琳达·诺克林（Linda Nochlin）编，伦敦，梅里尔，纽约，布鲁克林博物馆，2007年；以《性别的流动性：透过五位女性艺术家镜头》为题再次在《艺术与视觉文化：1857—2007》（Art and Visual Culture: 1857—2007）一书中发表，加亚特里·辛哈（Gayatri Sinha）编，孟买，马尔格，2008年。

（翻译：陈佩甄）

遗 体

随着全球暴力逐渐弱化为调查研究、政治调解与法律程序，各种媒体奇观便在破裂的空间里大行其道。然而，破裂的空间是关键：（被命名的）**事件**和（被建构的）**记忆**形成一系列的叙事，密布在其中。遗体正是在这个空间里被引燃，成为**证据**。正是在这个空间里，在未能获得历史补偿的经验的因果之间，悲痛的情绪受到测量，变革话语的可能性得以形成。正因如此，暴力带来的社会创伤不应通过某种仪式而神圣化（因为仅仅悲悼是不够的），而应当成为历史意识的组成部分。[1]

---

1 安德里亚斯·许森曾论及在记忆在“现在—过去”“现在—未来”的当代架构中的矛盾地位。如今，博物馆的扩建、新媒体技术的应用、网上档案的推行，与其说是满足理解历史的需求，不如说是取代了这种需求，因此，当下盛行的苦难纪念模式（尤其是犹太人大屠杀）变得越来越成（转下页）

我们能够以多种多样的形式直面各种新帝国主义战争、种族隔离、国内冲突、种族灭绝，以及它们的余波。而在这些形式中，纪实（documentary）仍是一种最具优势的手段。我们深知“证词”作为历史的证据是不够的，“记忆”与“历史”作为不同的概念必须得到区分，而纪实手法能给暴力叙事带来一种档案式的“缓冲空间”，并由此形成一条通往公共话语的道路。[1]

尽管技术的飞速发展使得这种可能性与日俱增，纪实材料的原初形式仍需以索引的方式进行阅读。然而，在我们解读纪实材料的同时，纪实材料也对社会苦难进行了新的诠释，

（接上页）问题。同样，彼得·奥斯本也对当代历史中后殖民主义和后社会主义时期无休无止地生产、增殖的“记忆银行”大加批判，坚信“记忆产品”和“历史意识”两者必须得到区分。详见安德里亚斯·许森，《曙色记忆：在失忆文化中踟蹰》，纽约与伦敦，劳特利奇出版社，1995，及《当下往昔：城市叠层与记忆政治》，斯坦福，加州，斯坦福大学出版社，2003。详见彼得·奥斯本，研讨会论文，《真相将在最后的目击者死后被获知》，悉尼双年展，2006 年 7 月，刊于《事件之后：艺术史之新视角》，查尔斯·梅里威瑟与约翰·波茨（编），曼彻斯特，曼彻斯特大学出版社，2010；及他的《文化理论中的哲学》中《时间与艺术品》一章，伦敦与纽约，劳特利奇出版社，2000，第 78—85 页。

1 关于档案的概念与实践的书籍和文章浩如烟海，诸如：雅克·德里达，《档案热：弗洛伊德印记》，芝加哥，芝加哥大学出版社，1998；吉奥乔·阿甘本，《奥斯维辛剩余物：目击者与档案》，纽约，地带书局，2002；哈尔·福斯特，《档案脉冲》，第 110 期，2004 年 10 月，第 3—22 页；查尔斯·梅里威瑟（编），《档案：当代艺术文献》，伦敦，白教堂画廊，2006。

形成了新的叙事。[1]作为证词和证据，它形成一套档案，深化我们的历史知识；作为一个重拾失落之物的空间，它能引起哀悼和纪念；当一种情境（比如审判室）被构建起来，各种符号经过布置便可以描绘作为一种“补偿时刻”的“现象邂逅”。[2]在戏剧的补偿方式中（比如舞台上的场景和银幕上的表演），“净化”的古典形式通过“直接影响”的方式发生作用。有人曾说，纪实的主体可以是历史化的，也可以是告

1　对政治耻辱和死亡恐惧进行拍摄，将揭示人类历史上的屠杀事件的材料进行收集/编档，针对这两种行为进行的理论与道德反思仍旧问题重重。想想少年摄影师奈姆·安在 1975—1979 年拍摄的那些官方标准像，当时正值残暴的红色高棉当政时期，近 15000 人被捕，在集中营中遭到折磨和屠杀。受害者们死前被拍照，作为身份记录，由此留下了数以千计的照片，越南人解放集中营时发现了这些照片的底片。两位美国记者从中选取了数百张进行修复和洗印，并在全球进行出版发行和巡回展览。这些“活的”肖像中的一组（这些对于无辜死者的记录萦绕不去，令人感到压抑、悲痛）在原址永久展出，如今该地名为“种族屠杀纪念馆”。此外，这些照片中还有一组在 1997 年被纽约现代艺术博物馆收藏，作为其纪实摄影藏品的一部分进行展览。蒂埃里·德·迪福在其名文《艺术面对根本之恶》（2008 年 10 月）中指出摄影师、观众、藏家和策展人都共同处在对于道德、审美和政治之间的关系的一种焦灼的考察之中。查尔斯·梅里威瑟也曾在展览“攻壳机动队：摄影与人类灵魂，1850—2000”的研讨会上探讨过与这些影像相关的问题，该展览由罗伯特·A. 索比塞克于 1999 年在洛杉矶郡立美术馆策划。

2　南非的“真相与和解委员会”试图通过对庭审进行置换/填补来为压迫者与受害者之间的“互为主体性”设置一套协调方案，以一种潜在的方式，使对痛苦的实际表达拥有一种更新而微妙的差别，同时也实现一种更加互惠的净化方式。这种形式效法文明社会中导演处理责任戏剧时的简练手法，应用于一个以种族隔离为特点的社会，可以被视作重构“存在状况”与“创伤的社会再现”之间的关系的一种方式。这正是此类大胆的政治实践中的一些成功和难免的失败之价值所在，这类实验在全球范围内得到广泛的讨论。

白式的；[1] 纪实手法的既定任务（将真实感赋予影像，并通过影像产生真实感）同时具有现实主义和煽情剧（melodrama）的意味。由此，纪实材料已复杂到足以作为苏珊·桑塔格（Susan Sontag）所谓“他人的痛苦”[2] 的模糊证据和弹性证明，“艺术家——纪实作者”正是由此对幸存者的“目击者角色”进行设定，构造形式相似之物来获取言语和非言语的证词，并对叙事、伪装的线索和有问题的判断提出质疑。尽管（甚至可以说正是因为）其客观的描绘与向死的悲哀之间存在着矛盾（死亡为首，为末的则是目击者），纪实影像因其自身的表现力而成为一项救赎事业。[3]

---

1 见迈克尔·雷诺夫，《纪实的主体》，明尼阿波利斯，明尼苏达大学出版社，2004。

2 苏珊·桑塔格（以她特有的激情）指出“通过记录严酷史实的纪实摄影目击痛苦”中存在的伦理问题及其违背人伦的方面。她还对源源不断地发布出来的残酷影像（来自我认为对平民和文明带来“间接损害”的美国向越南和伊拉克发动的战争）进行过忧郁的、近乎形而上学的思索，同时，由于暴力被耸人听闻/经过审查地塑造与调节，她提出我们有必要成为警醒的目击者，拥有谨慎取得的知识、道德良知和政治勇气。详见苏珊·桑塔格，《关于他人的痛苦》，纽约，皮卡多出版社，2004。

3 我在此列举近10年来此类展览中较为出众的一些。奥奎·恩维佐，将后殖民状况作为理解当代历史之根本，以视觉文献和档案材料对激进话语进行的策展阐释至今经久不衰：“短暂的世纪：非洲的独立与解放运动，1945—1994”（斯塔克别墅博物馆，慕尼黑；格罗皮乌斯博物馆，柏林；当代艺术博物馆，芝加哥；P.S.1艺术空间，纽约）；第11届卡塞尔文献展（2002）；“无家：全球社会的幽灵幻景”（第二国际双年展，塞维利亚，2006）；“档案热：在历史与纪念碑之间”（国际摄影中心，纽约，2008）。详见《无家：全球社会的幽灵幻景》展览图册中文集，奥奎·恩维佐（编），塞维利亚，比亚克斯出版社，2006；及恩维佐《档案热：在历史与纪念碑之间》（转下页）

我所关心的，是将其范围缩小，集中到一种特定类型的纪实证据上。在其中，静止或动态的影像出现，旨在使创伤的物质实例消散得无影无踪。它或许是一幅风景图像——荒地，焦土，街道之殇，毁弃的工场，荒凉的家园，抑或仅仅是空无，有如一个幽灵丛生的大舞台，使观者陷入到一种病态的迷恋、甚或可以说是一种虚假的记忆之中。当以镜头为基础、以索引为本位的艺术家依旧执着地追寻着“真实”，既作为田野侦探，又作为奔逃的猎物，踏破铁鞋，抽丝剥茧，“徒劳”也恰是他的目的。我想起威利·道尔蒂（Willie Doherty）的幻灯片录像装置作品，他那些关于北爱尔兰问题的循环影像显得暧昧、半成、奇诡。[1] 还有艾玛尔·坎瓦尔（Amar Kanwar）的录像作品，探讨印巴分治的暴力创伤，及其在之后数十年的群体屠杀中不断显现的余波——在其中，国家以民族之名，陷入一种“权力反对自己的人民”的纠结

（接上页）一文，收入《档案热：当代艺术中的文献运用》展览图册，纽约，国际摄影中心及施泰德尔出版社，2008。第10届卡塞尔文献展（1997）艺术总监凯瑟琳·大卫后来致力于通过摄影—录像展览会来研究阿拉伯的表现方式及话语，最近的研究成果见于“分隔/图景，2007—2008年的中东文化、政治与柏林世界文化宫”。查尔斯·梅里威瑟的2006悉尼双年展“联络地带”选用历史记录化的艺术作品，其中有许多本身就是纪实和档案作品，来自全球44个国家，突出亚洲和东欧；还有杰克·柏瑟金策划的2005沙迦双年展，聚焦于西亚艺术中忧虑和激进的部分。

1 道尔蒂那迷人的创作之路由这些作品组成：《同之异》（1990）；《都一样》（1991）；《1972年1月30日》（1993）；《无火不成烟》（1994）；《工厂重建》（1995）；《同一个老故事》（1997）；《别个某处》（1998）；《控制区》（1999）；《再运行》（2002）；《非明确威胁》（2004）；《鬼故事》（2007）。

话语。[1]

来自被清除的时间的证据，以饱受摧残的面孔或死者被侵犯身体的形式出现，其作用就如同一幅遗容面模、一具甲壳，在其中，肉体在“慈悲的注视”的保护之下生出又一层皮肤，覆盖其主体的羸弱。在一张朴素的照片中，“面孔”既是一条独异的线索，又是一种不稳定的社会形态；[2] 而当你将受伤的、残损的、将死或已死的身体置于一种情境之中（雕塑场景和 / 或录像装置，20 世纪 70 年代以来最受青睐的表现形式），它们便会获得另一种意味。[3] 艺术家由此可以将各种各样的符号（彼此对立的，或是难以捉摸的）布置成一个连贯的现象。其中最连贯、最精心的制作当属克里斯蒂安·波尔坦斯基（Christian Boltanski）基于照片的装置作品，他追求记忆难以言说的特质，而这种特质得以成立的基础恰恰是

1　艾玛尔·坎瓦尔，印度杰出的纪实电影作者，致力于探讨针对少数群体及女性的暴力问题，具有炽热的政治（及道德）情绪：《季节在外》（1997），《预言之夜》（2002）和《闪电证言》（2007）。此外，坎瓦尔还致力于拍摄有关当代印度的部落与贱民社群当中的压迫与反抗的故事。

2　不知所终者、被侵犯者、被禁锢者、牺牲者、被屠杀者的当代肖像有许多来源，服务于许多目的。这种手法可以追溯到戈雅和籍里柯。亦见于两位智利艺术家——尤金尼奥·迪特波恩和阿尔弗雷多·加尔截然不同地运用“面孔”的方式。

3　见于辛迪·舍曼在 20 世纪 80 年代中期自己扮演模特的那些可怜、干瘪的女性形象，还有杰夫·沃尔的摆拍巨作《死兵谈话》。亦见于阿拉雅·拉斯扎莫仑苏克的录像作品《对话》（2005），在其中，艺术家在停尸房里与尸体进行咒语般的对话，产生一种自我指涉的、近乎受虐狂式的美学，为作为“能复活的实体”的“极其真实”提供证据，使其产生纯粹的影响。

真实与证据的踪迹。在艺术实践的布置之下，肉身的在场强化了奇诡的感觉；一些寓意在其中游走，惊扰整个世界不安的幽灵时时在我们眼前乍现，呼告着朱迪斯·巴特勒（Judith Butler）谈论新帝国主义时代的全球政治时用的词语：飘摇生活（precarious life）。[1]

通过呼告生活的飘摇，这种艺术实践继而向那些遭到威胁的身体提出重组的承诺，我们所见到的表现形式旨在通过对幸存者的"道德赋权"来将荣耀赋予那些被剥夺的生命。我所说的"表现行为"正如同有人会表现得赞同极端乐观主义；而我建议我们应该明确地认识那种能够使自治主体（现代主义艺术的存在主义前提）的脆弱"真值"与公民的"**证明需求**"合而为一的双重化身。如果我在当下的政治状态中借用悲剧的框架（比如，《安提戈涅》式的古典悲剧），便意味着我同时谈论着两种相互对立的存在状态——关乎放逐与中介。如今，死亡那惩戒性的修辞要求被历史化地阅读，作为幸存者的历史，作为他们在这个已变得"无家可归"（在物质和精神层面皆然）的世界中的全球空间的栖居。

自20世纪90年代起，印度的几位视觉艺术家（与作为/联合实验电影导演的纪实作者一道）已就"危机四伏的

1 朱迪斯·巴特勒，《飘摇生活：悲悼与暴力的力量》，伦敦与纽约，沃索出版社，2004。

公民社会中的公民身份”这一问题创作过出色的作品。[1]现在，我想讲讲其中的三位，维万·桑达拉姆（Vivan Sundaram），阿杜·多迪亚（Atul Dodiya）和娜乌乔特·阿塔夫（Navjot Altaf），看看他们如何使阴魂不散的统计数字（这些数字代表在国内冲突中遭遇袭击或“人间蒸发”的活生生的公民，相当于在印度的“民族-空间”中发生多次种族灭绝事件）转世投胎。通过向在“多数主义暴力”中被命名和破坏的社群、

1 这关乎被上层种姓有系统地压迫、并依然被印度全国（1991年以来，全球化的成功在印度一直被视作高于一切的事）漠视的贱民和原住民。也关乎20世纪90年代以来印度教右翼势力的崛起，见于1992年印度教徒拆毁北部城市阿约提亚建于16世纪的巴布里清真寺，引发暴乱、劫掠和对穆斯林的血腥屠杀，在孟买尤为严重。根据报道，1992—1993年的暴乱（最有名的一次暴乱，由受到政府指使的“奎师那会”发起）共导致900人死于军警枪弹、纵火、砍刺以及其他类型的群体暴力，2000余人受伤。其中60%至70%的死伤者为穆斯林，150000名逃离城市者、100000名到救济营寻求庇护者大多是穆斯林，近10亿卢比的财产损失也在很大程度上由穆斯林遭受。在近十年印度教的意识形态达到高潮，右翼势力“印度人民党”及其同盟组成中央政府（1998—2004），穆斯林群体遭遇了空前的暴力，尤其见于2002年古吉拉特邦的屠杀事件，背后有地方政府的主使。根据官方数据，1000余人被杀害，其中大多数是穆斯林。（在更常被援引的资料中，这个数据近于2000。）此外，报道称还有4000人下落不明、受伤、失去配偶或父母。同时，官方数字显示有超过98000人到古吉拉特全邦100余个新建的救济营中居住，其中绝大多数为穆斯林。有大量的著作致力于探讨这些我们眼见已深入印度基本政治结构的当代暴力事件。其中常被论及的情况是，作为1946至1948年之分水岭的“宗教大屠杀”极大地塑造了印度次大陆的社会想象，以至于反复爆发的暴力事件总是在一种复仇的修辞中达到顶点，就像成了一种例行之事，作为一种（乖张的）超自然的轮回。较为晚近的相关出版物如：维纳·达什，《生命与言词：暴力与落入平凡》，新德里：牛津出版社，2007；以及贾南德拉·潘迪，《例行暴力：国家，碎片，历史》，德里，恒黑出版社，2006。这些论点在艾玛尔·坎瓦尔的纪实作品中得到了极佳的表现（《季节在外》，1998，和《闪电证言》，2007）。

向遭受冷漠统治的群体表明他们的政治立场，这几位艺术家找到了指出“国家背弃了其宪法承诺”的方法。[1]社会性破裂需要有人对那些令人焦虑的地点提供一番全面导航，就像是要求一个高级符号学的、精密运行的“系统”（由异质**和**异端的符号组成）出现，这个系统使社会想象可以在“创造性详查”的过程中被组合和拆解。

纪 念

维万·桑达拉姆 1993 年创作的占据整个展厅的大型装置作品《纪念》（*Memorial*）以 1992—1993 间孟买街头印度教-穆斯林暴力冲突中被杀害的人（倒地的死者）的照片为素材。这张黑白照片曾刊于《印度时报》（*Times of India*），出自摄影记者霍西·贾尔（Hoshi Jal）之手。照片中人的身份明显可辨：一位穆斯林老者，方才还在逃跑，躲避着追袭他的暴徒，却最终被杀，倒地身亡，还紧紧地护着一个属于自己的包袱。[2]一个倾颓的垃圾箱映衬着他的身形，像个舞台道具（一个小型容器，有一根棍子翘出其中），将他框定在那里，使照

1 除去文中提到的几位艺术家，伦马娜·侯赛因（1949—1999）的地位非常重要：虽然癌症慢慢地蚕食着她的生命，她仍充满勇气地通过基于照片的装置作品、行为表演、录像作品来直面和表现印度穆斯林民众的政治变化之意义。纳里妮·马拉尼则通过以女性视角呈现历史暴力、社会创伤和生态灾难问题的绘画和影像而成为一位不可或缺的“对话者”和孜孜不倦的“编导者”。瓦苏妲·梭泽是一位女性主义活动家，她召集人们为 2002 年屠杀事件后阿莫达巴德穆斯林难民营中的女孩们提供医疗、经济和创造性援助。

2 对于死者的图像研究，类似的方法见于阿希什·拉贾德雅克萨《那些后死者之一》一文，见《维万·苏得拉玛：纪念，一件由照片和雕塑构成的装置作品》，新德里，AIFACS 画廊，1993，孟买，夏可喜画廊，1996。

片中的真相可以被当作（偶然的）建构来加以阐释。他双眼紧闭，面孔木然，意味深远，紧贴着满是垃圾的路面。这便是死亡的面容，死亡那张镇静的面容。然而，他的面孔上有年龄、种族、信仰、阶级，也有“摄影师—旁观者”对于恐惧的政治化理解（这种恐惧在历史框架中被阐释）。这是一幅“公共受害者”的经典影像：街头暴乱的碎片充当着布景，死者倒地的身姿有着完美表演的优雅。然而这绝不是表演；死者的影像早已浸满了我们的信任，这可以归因于摄影**先天的**“真实性”，得益于摄影“捕捉与证实”的技术特性——他**曾**在场 / 这**是**真的。[1]

摄影的存在主义状态基于一种悖论——它具有作为见证的道德力量，却也不免带着自身生产条件使然的冷漠性与偶然性。作为一幅关于“暴乱”的另一种受害者的新闻图片，霍西・贾尔的影像是逼真的，甚至可以说是赤裸裸的——这部分源于那个被他压在腹下的包袱，犹如流出的肠胃，为这张照片带来了“**刺点**”（*punctum*），[2] 一个出于偶然却无比强

1 “摄影之本体论的性质，源自其参与到指涉之物的**存在**之中，并由此参与到一种直接的、无中介之物的‘过去蕴于当下’的在场之中。”彼得・奥斯本《文化理论中的哲学》中《符号与影像》一章，第 35 页。

2 在罗兰・巴特关于摄影经验的现象学语汇中，“**刺点**”是一种在“编码”之外的细节，与“**知面**”（*studium*）相对立，“知面”指的是在全球的流通中已受到文化“编码”的摄影内容，“刺点”却能对观者进行猝不及防的刺痛或伤害，激起“一种微妙的超然”。在他常常被人引用的、1980 年有关摄影的出色“独白”中，这个概念成了典型的巴特式悖论：刺点，这小小的、隐秘的、“框架之外”的创伤，于照片之迟钝的“索引方式”已“无可表达”之处得之。罗兰・巴特，《明室：有关摄影的思考》，伦敦，经典书局，2000。

烈的细节，置于横陈的躯体旁，使得那躯体做了死亡本身的影像。

依照罗兰·巴特所言的摄影本质，“垂死”已被写入照片之中，即使尚未死去，亦被包含。我们便可以说，摄影影像令死亡如此具象化（可由此推想我的死亡，你的死亡），即使我们不过是将目光朝向一张**偶然的**死亡影像，我们（在照片中）也遭遇到了**死亡本身的目光**。“在照片中，时间的凝滞现出……一种过度的、畸异的形态：时间被充满，鼓胀着。”[1]然而，死者的照片并不是什么形而上主题，亦非不朽之保证。它只能是一种证据，用于最终的注目和恒久的审视；也就是说，用于鉴定、证明、记忆、复仇和纪念。在摄影机这一侧的我们不可避免地扮演了目击者的角色，表达着悲悼和责任感（情感与行动），而摄影反复无尽地表现死亡的被动、依从、隐忍，抑制了悲悼和责任感的表达。

死者的照片，特别是表现遭遇暴力（事故、屠杀、冲突、战争）身亡者的纪实影像有着自身的修辞学。桑达拉姆的《纪念》即是将这种修辞学推进，直至达到伤痛。他与这张黑白照片共处一年，而后开始通过为其中的死者制造一个物质化的纪念碑来开始一场“爱之劳作”。如果说这幅照片（或任何照片）首先处于一种“未编码的信息”（这是常常被援引的罗兰·巴特式术语）的索引化状态，桑达拉姆则是既通过编码又通过反对编码来进行创作，试图实现一种最大化的编

1 《明室》，第 91 页。

码——他对照片进行防腐、幽闭、埋藏、发掘和“复活”。甚至他对于这个“照片-身体”的扭曲（有种诡异的模仿感）也仿佛是在虐待自己的肉体。这又使我们想起巴特的话：“照片本质上是一种指涉之物的放射……有如脐带，将所拍摄之物的身体与我的注视相连接：光，虽不可见，却是一种肉体化的媒介，一层我与被拍摄者共有的皮肤。”[1] 桑达拉姆正是在这样一种基础之上拓展了摄影影像之本体论的可能，他提供的不止是一曲哀歌、一个补偿，同时也是“自我”和“他者”的一种肉体化的共生。由此，个人作为媒介来进行对于“公共屠杀”的复仇。

桑达拉姆的《纪念》采用一种葬仪般的形式。你走过铁管构成的界限（在材质和结构上都令人想起极少主义的雕塑作品，也构成一种仪式，一个设防的入口）进入巨大的展览空间；观者审慎的步伐产生一种缠结的现象学效果。然后，你站在狭长的道路一端，这道路由红色的砂岩铺就，你被邀请/被强迫走在其上。这其中又有一类极少主义的雄心——卡尔·安德烈（Carl Andre）在地面平铺的“远景雕塑”，桑达拉姆“擅自”将其用于极少主义美学：观者被置于一种形象关系和历史化的“此时此地”。在另一端，一个三角形的钢铁框架/平板玻璃《陵墓》(*Mausoleum*）挡在道路尽头。这透明的纪念碑上架设着大理石，作为墓石，镌刻着至上主义风格的符号，指向一个未知的未来。这种乌托邦风格的简洁与

1 《明室》，第80—81页。

抽象与《陵墓》的“内容”很不相谐。在其中的，是一具真人大小的石膏模型，表现的是一个侧卧的男人，作为那张黑白照片中受害者的肉身的粗糙复制品。这具石膏模型很像当代雕塑艺术家西格尔的作品。桑达拉姆故意曲解对艺术史规范的“逻辑”追求，由此使得更为主观的诠释成为可能。

你会看到，在道路与《陵墓》周围布置着这场“冷酷之旅”的基本“物体”，尸体的照片被分别放置在六个小型铁框玻璃展柜的底部，以《埋葬》(*Burial*）为共同的标题。这些展柜被置于地面，需要观者自上方俯视，由此，观者和观看对象的关系通过一种突兀的比例转换而产生了戏剧化的效果。数百枚钉子刺穿、装饰着照片的表面：有时，细小的、黑色的钉子组成网格、棺材或花环的形状，有时，长长的、生锈的钉子深深刺入，仿佛压迫着照片中的人形——如桩，如垛，如梁木，如弹片。这些钉子组成一个火葬柴堆，一副盔甲，一颗爆发的榴弹；“照片——身体”在其上被焚烧，被掩盖，被纸浆和石膏的寿衣包裹，面孔大多被遮蔽。如果说《陵墓》中的石膏模型是将真人大小的形体转化为一个死去的巨人；暴乱被杀者的“照片——身体”躺在展柜的摇篮之中，则是被微缩化得失去了自身的重力之累，像一个天使，凭借其“羽翼——寿衣”而优美地飞升。然而，其脆弱性已被历史化地证明，其复活则必须得自艺术家/观者的政治想象。

桑达拉姆扮演着多个角色：他是个谦逊、灵巧的手艺人，雕凿最简单的材料来保卫和埋葬一具用于仪式的人偶；他是个建筑师，为倒下的烈士建造陵墓，将缺席的“纪念碑”之功能、责任与光荣全部集于一张照片。桑达拉姆的“工艺/雕塑”干预使他自始至终被一种“恋物”所缠绕。他将照片大量洗印，由此使死亡主题大量增殖，以满足对“重复”的超自然需求。当然，我们知道，恋物是摄影自身的特点，而当指涉之物是一具尸体时，影像要求我们予以持久且私密的关注。他延伸了这种常规的恋物性，使其成为一种更具强迫性的行动——通过半是肉感的、半是病态的欲望注视着倒地的死者，他唤起离奇与诡异。

然而，通过（虽有）这五花八门的手段，桑达拉姆为这张照片、为这个身体创造了一种注视的方式，使悲惨得以超越“恋物”的诱惑。我们还记得切·格瓦拉，还记得帝国主义者如何（卑劣地）展示他们心目中的“惩戒性”死亡照片（这张照片在1967年10月10日传遍全球，当时距离切·格瓦拉在玻利维亚的丛林中遇害只有数日），也记得这如何使“暴乱分子”成为了革命偶像。[1]这张切·格瓦拉的照片就藏在苏得拉玛记忆档案的某处，使他能够借用那深深地嵌于照片、嵌于这张照片之中的死亡，来获得一种冷酷的注视，以渲染那极富表现力的图像。这令人想起皮尔斯（C.S. Pierce）的关键“公式”：照片的索引性与图像性是相互建构的，照片的索引性（物体与影像的因果关系）被视作基础或缘由，使“图像内涵”的“历史语法”得以叠加在对于任何一张照片的

1 见约翰·伯格关于这张照片之政治与符号学的名文《切·格瓦拉》，收于《文选：事物之容》，哈蒙斯沃兹，企鹅出版社，1972，第42—53页。

阐释之上。[1]

在此，我试图强调摄影（罗兰·巴特认为摄影本身便是一种原始剧场，一种“鲜活场面”[2]）如何在自身之中布置了一套敢于发出特殊要求的装置系统：它能使这个由模仿所驱动的世界暂停下来，能将索引性加入煽情的叙事之中，还能使那“将死”的符号在实践之域中复活。有了上述这一切，我再继续带领你们在苏得拉玛的装置作品中漫游。

沿着这条道路，跨过一条沟渠，可以见到许多铁皮箱高高地叠起，形成一道八英尺高的《门关》(*Gateway*)。这些铁皮箱被粗糙地涂成暗粉色，筑起一个拱，正像印度国内许多纪念碑的样式。当你穿过这道门关，回头望去，会发现门梁（一个细长的铁皮箱）的背面竟是一个没有侧边的棺材。棺材里面没有遗体，却有一段蓝色霓虹灯构成的文字：“堕落的肉身”(Fallen Mortal)。现在，你又一次面对着狭长的道路，但这次是从它的另一端观看，获得这透视法的定格图像：近代墓园的图景。然而，《门关》同时也是移民们的出口，流亡者的纪念，为那些逝去者绘制的熠熠生辉的祭坛画。桑达拉姆传承了波尔坦斯基那种源远流长的基于照片的装置作品，其中现出历史的“巧计”：其中的悲苦被排干、净化，却又被重新配置，成为纪念的档案，死者的庙宇，故意通过背离神明的怜悯来引导和戏仿“悲悼的仪式”。

---

1 见彼得·奥斯本《文化理论哲学》中《符号与影像》一章，第 27、29 页。

2 罗兰·巴特，《明室》，第 31—32 页。

几乎所有的装置作品都可以被视为对仪式或戏剧的模仿，所模仿的既可以是“叙述事件”的原始认知方式，也可以是通过策略性地“去叙事化”以突出创伤经验的方式。因为，当创伤性的死亡被当作一种景观来展示和演出，就几乎取代了现成的叙事，自创了一个基础。我们知道安提戈涅：并未凭借诸神的帮助，她敢于蔑视君主/国家的禁令。这禁令要求将她的哥哥（亦是统治者的宗族成员）暴尸在外，将这当作一种耗竭的仪式，将这身体当作“赤裸生命”（bare life）。[1] 通过掩埋死者，她公然反抗那总是与暴力共生的律法。在履行自己的责任的同时，安提戈涅使死亡戏剧化，也恢复了它人性的层面——不是面向赤裸的、神圣的、抑或是有最高权力的生命，而是如布莱希特指出的，面向人类的尊严与拒绝的“权利”，并由此面向世俗公民的权利。

桑达拉姆以自己的方式对作为典范的布莱希特剧场进行解读，他拒绝那些过分将人性局限在一种视界政体之中的表现方式。他通过对那个“照片——身体”进行钉刺、焚烧、擦除、损伤、保护，用纸浆和纱布进行包裹、覆盖，用石膏为其塑形等生猛、极端的行动来损坏现实主义的主张，他所做的远不止是纪念。如此一来，那个被杀害的人也残酷地，出色地，象征性地，做出了牺牲。

在《纪念》的结尾处，桑达拉姆安排了雕塑《炮车》

1 这个观点（在哲学上源于瓦尔特·本雅明）见于吉奥乔·阿甘本的《牲人：主权与赤裸生命》，斯坦福，加州，斯坦福大学出版社，1995。

（*Gun Carriage*）。这是一辆带金属轮子的平板推车，车上载着一副极简的铁棺，铁棺开裂，一头凹进，凹进的有机玻璃板上固定着那张死者的照片。《炮车》是一件极少主义的雕塑，一个微缩的剧场模型，同时也是一件仪式化的运输工具，有着一个体面的红白色把手，配得上一场大革命的葬礼仪仗。通过添上这"重要的一笔"，桑达拉姆拒绝了死亡的绝对特性，在本体论的范畴之外自立门户，试图实现一种在观念上独立于其自身及被杀害的"先人"的主观性的历史表现方式。这件独立的雕塑作为对《纪念》的补足，指出那个饱经悲悼的身体（如今已超越了现实主义的统治）如何有可能通过微缩的"棺材——送葬队伍"，穿过国家的门关。**由此，通过一套反讽地建立起来的"神圣仪式"的修辞，国家承认了自己死去公民们的世俗权利**。

断　枝

阿杜·多迪亚以作品《断枝》（*Broken Branches*）[1] 回应 2002 年发生在其故乡古吉拉特邦的屠杀事件，《断枝》是一件占据整个展厅的大型装置作品，由许多陈列柜组成，这件作品的灵感源于甘地的诞生地、沿海城市波尔班达尔的甘地

1　见盖亚特里·辛哈，《阿杜·多迪亚：艺术家 / 编排者》，及彼得·纳吉，《阿杜·多迪亚：巨大的责任》，见于《阿杜·多迪亚：断枝》展览图册，孟买，贾汗季·尼科尔森画廊，NCPA，1993。亦见兰吉特·霍斯科特，《重新想象父亲：对阿杜·多迪亚〈一位非暴力艺术家〉的回应》，见于《阿杜·多迪亚：一位非暴力艺术家》，孟买，切莫德画廊，1993。

纪念馆中的展览设计。作为20世纪“非暴力”的最伟大的倡导者，甘地也是古吉拉特邦生育和培养的一位殉道者，在印度独立斗争晚期被一名同是印度教徒的极端分子杀害，同时，他也是印度教至上主义（Hindutva）的源头所在，而印度教主义正是2002年古吉拉特邦大屠杀事件的元凶。[1] 多迪亚自小迷恋甘地的自传《我体验真理的故事》(*The Story of My Experiments with Truth*)。[2] 20世纪90年代起，他开始画甘地（一些题为《一位非暴力艺术家》的水彩作品，1999），还在《钢铁卷帘门》系列作品（2002）中加入甘地的影像，并通过各式各样的乔装改扮，继续与这位“父亲”(即使在他被尊为“圣雄”之后，印度人依然称他为“父亲”）进行“对弈”。多迪亚通过来自甘地之“大能”的寓言故事来充实自己的图像资源，由此以幽默、坦率的矛盾和道德上的不妥协来震惊自己的对手们。

2002年，古吉拉特邦：在一场针对穆斯林的种族屠杀中，

---

1 在印巴分治后的一系列暴乱中，有100万人死于近乎大屠杀的杀戮事件，穿越新设立的印度与东、西巴基斯坦边境的难民多达1500万人。即便有些死者曾赞同分治，甘地依旧满心悲苦地反对分治，号召印度教徒与穆斯林和平共处。当公共暴力事件在印度全境爆发，甘地去到偏远的地域，带着他关于和平的言论。1947年1月29日，他到达被印度教—穆斯林冲突割裂的诺阿加里省（原属东孟加拉，现属孟加拉国），而当加尔各答（当时印度最大的城市之一）爆发暴乱时，他绝食直至动乱结束。1948年1月13日，他在新德里又一次成功地绝食，却在12天后被“印度教大斋会”成员南度拉姆·高德西刺杀，此人痛恨甘地的“非暴力”及不同社群达成“兄弟般的和谐”的言论和观点。

2 M. K. 甘地，《自传：我体验真理的故事》，伦敦，乔纳森·开普出版社，1966。

数千人被杀害、伤害、强暴。[1]屠杀中幸免于死的人们如今也如惊弓之鸟，难逃恐惧的折磨；幸存者们依旧在运用法律手段进行抗争，指控古吉拉特邦和屠杀者们对于少数族群权益的践踏。请允许我回到那个一直在本文中萦绕不去的问题：面对文明瓦解，公众焦虑，社会创伤，以及充斥着媒体炒作的公共领域，艺术家何为？多迪亚的《断枝》简单利落，聚焦于两组主题：首先，这件作品涉及甘地其人以及“去神圣化”时代的公众偶像；其次，这件作品试图在种族屠杀、个体悔恨和集体赎罪的余波之中找到一种声音。

莫罕达斯·卡拉姆昌德·甘地（Mohandas Karamchand Gandhi）在印度永远是一个抽象理念。然而，在实质层面，他是两种重要理念的象征：对**作为**（特别是作为）一种想象的、生活着的共同体的“民族/国家”的同情与信任；此外，与此相反，他还象征着对印度次大陆诸民族未赎的罪——他以同等的方式提醒着每个国家、所有人民，去直面由英属印度帝国的分裂所引发、如今已嵌入主权之核心的公共屠杀事件。甘地是公共政治之祸的牺牲品；他是“（印度）民族的父亲”，他早早死去，**被谋杀**，未及等到国家主权能够以幽灵般的拥抱窒息他之时。

（旁白：我们记得甘地那微笑的面孔和瘦弱的身体，那就是他的“肉身自我”和“摄影造型”之光环。甘地与自己身

1　对于死者的图像研究，类似的方法见于阿希什·拉贾德雅克萨《那些后死者之一》一文，见《维万·桑达拉姆：纪念，一件由照片和雕塑构成的装置作品》，新德里，AIFACS画廊，1993，孟买，夏可喜画廊，1996。

体的关系是矛盾的，他对其施以诸般的贫困和匮乏，其实是诸般的自恋，同时也是牺牲之前的“自我净化”仪式。他强调身体“禁欲——肉欲”的方面，但这种强调是通过对身体赋予平衡感和紧迫感［两者合成为优美］来实现的：**他对作为“赤裸生命”的困境有着自然的控制**。常常无视主权的力量，体现着一种“原始贫困”的状态。甘地的思想结构是无政府主义化的，这使他能够成为一个阈限化的主体，从而成为“他者”的自我，抑或作为他的自我的“他者”。）

在多迪亚的《断枝》中，对于甘地的暗示其实是非常稀少的。陈列柜内的架上有几张模糊的报纸照片，比如，在一张照片里，他躺在一块基石上摆弄着泥瓦匠的工具。这使多迪亚想到自己的父亲。几十年前，他从索拉什特拉的乡下来到孟买，带着工匠用的工具，在这个大都市里当了个不入流的承包人。这些照片可以说是纪实的大杂烩（天灾人祸的影像、家庭照片，如此等等），辅以一些体现甘地艰苦朴素的“个人物品”的复制品（原物在印度全国许多座甘地纪念馆中展示）。比如代表“非礼勿言，非礼勿视，非礼勿听”的三个小猴子，以及他的**阿辛萨迦**（ahimsaka）皮凉鞋——他每天都穿着这种凉鞋，并曾穿着它走遍全印度。

陈列柜是一种经典的容器，其历史可溯源至16世纪的“珍宝馆”（wunderkammer），后来成为博物馆中最常规的陈列用具，用于展示馆藏的考古文物和手工器具。在我们的语境中则尤为注重展示与殖民人种学有关的物品，诸如异国的文化和可以收藏的“他者”。与这种人种学/考古学相辅相成的，是资产阶级家庭自己的珍玩陈列柜，其中放有琳琅满目的纪念品和小摆设，统统来自一种商品化的文化。更具戏剧性的是，陈列柜可以变成一个凝聚大千世界的微型舞台，也可以变成一个让死者在其中不朽的玻璃棺。多迪亚的展柜（具有地方性的、殖民化的设计）像极了那些作为“伟大生命的小型纪念”的、正面是玻璃的档案陈列柜。在作品里，这些陈列柜中堆放着废旧的“修补品”：木腿，人造的手和脚，拐杖，绷带。除此之外，还有一组标准化的骨骼，大小错落，全都展示得如同发愿的供品，象征着残疾、丧失，以及某种对于遗体的珍爱之愿。[1] 或许，所有的展柜，当然也包括多迪亚的展柜，都供奉着一种谜团：根据多迪亚自己宣称的主题，《断枝》本应盛放殉道者的纪念之物，实际呈现的却是一部由无价值之物拼凑而成的超现实档案，供人膜拜。

工匠的简易工具被巧妙地布置在其中，作为补充，各种各样的量具、砝码、天平、图表和建筑手册，令人想起逝去的劳动，甚至还有对诸般“人身损坏”的寓意进行简单修理的承诺。壁挂式的陈列柜的顶端是异国鸟类的图片（鸟类拼贴），来自自然史图册，这些画框“栖息”在展柜陡斜的“屋顶”，画中鸟类或可飞去，像是一种对于被拘束的“人类痛苦”的补偿。

1 盖亚特里·辛哈经艺术家本人的提示，指出了一个非常有趣的细节：多迪亚家的家神是科迪亚，据说她在战斗中跌倒成了跛足。如今，她被说成一个恐怖的凶神恶煞，其图像中有一条假腿。见盖亚特里·辛哈，《阿杜·多迪亚：艺术家 / 编排者》。

在陈列柜中，物品与影像如浮雕一般浅浅地凸起，晦暗难解的符号表示着远古的移民和生病的父辈，还有留念的照片，童年的奖品，以及艺术家心目中的英雄（亦是其自身秉性的写照），更有残疾的身体与毁坏的生命被零落地安置在陈列柜内。当多迪亚将身体拆解为义肢、辅助器具，以及简易的转喻，工匠的工具，他对人类的“功能 / 功能障碍”的幽灵赋予了各种各样的**性**内涵，以及将其惊醒的暴力梦魇。比如，在这份拼凑而成的档案中，有一幅影印的报纸图片让人无法释怀，照片中的小女孩在出生时就被人割去了眼角膜，拿到如今火爆异常的人体器官市场上去牟利。[1] 在超现实的想象中，有汉斯 · 贝尔默（Hans Bellmer）的玩偶，马塞尔 · 杜尚（Marcel Duchamp）的疯狂转喻，以及约瑟夫 · 康奈尔的“梦之陈列柜”，在这里，则是截肢者的一段假肢（多迪亚的“供品”）泛着沉闷的光泽，展示得中规中矩，好像一种可怜兮兮的治愈仪式。

然后，就像这样，被损坏、废弃、拼凑起来的物品超越了政治，成为一种**弥留**身体的永恒隐喻。《断枝》的布置方式既体现一种可怕的死，又是一种哲学教育。我们可以看出，多迪亚（痴迷于将这怪异的“遗物匣”转变成残存身体的辅助工具）是在向约瑟夫 · 博伊斯（Joseph Beuys）致敬。博伊斯是通过“濒临死亡”和“接近神秘复活”来处理死亡意象的当代大师，他使穷苦的圣徒值得拥有或（且容我们这样说）

1 在展柜中，色彩完全的物品只有涂绘得艳丽无比的五官残件——眼、唇、口、耳、鼻。

弃掷的光环的碎片档案化。

《断枝》的第二个主题关乎暴力，特别是关乎当代种族屠杀和身体损毁、身体政治、恶行等等的暴力。在现代，“被侵害的身体”之影像与幸存者“残余的自我”之主题不断重现，极尽频繁，在摄影档案中犹然。“人类残骸”的影像自有一套谱系，对这种材料的再现也自有一套约定俗成的方式。博物馆纪念暴力遇难者的方式借自自然史/考古学/人类学博物馆展示作为科学证据的生物标本的方式，常常屈服于一种欲望，这种欲望总是干扰着我们对于知识与补偿的高尚追求：人类对于我们自身物种的遗体的原始迷恋。身体处在恋物的情境之下，既是神圣的，又是无比猥亵的。艺术家拥有更加正当的理由唤起对于折磨、公共屠杀和群体死亡的记忆，寻求纪实手段的帮助，也寻求这些极为混乱的隐喻——这些隐喻使人们可以（怀着摆脱由极其“真实”的东西激起的疼痛和欲望）进行悲悼。遗体需要通过直截了当的、无法排解的处理方式来得到还原，正如其产生的艺术作品通过升华（正如博伊斯的方式）还原了艺术的**灵晕**（*auratic*）之能。

展柜占据了三面展墙。在第四面墙上，多迪亚（以少有的从容）呈现处在极端飘摇的情形中的特定“他者”：他将报纸上的29岁男子库伯丁·纳赛尔丁（Qutbuddin Nasseruddin）的照片装框并挂在墙上。此人是古吉拉特邦首府艾哈迈达巴德的一名裁缝，在照片中无比惊恐地哀求活命。在这间布置谨慎的展室中，这一部分的呈现可谓直接，虽说也难免会因为含有窥视癖的意味而遭到诟病，艺术家由此不断地向我们述说在2002年的屠杀事件中我们的邻人和与我们一样的公民们所蒙受的羞辱。三张照片，如同常见的装饰，被悬挂在一张桌子和两把殖民地风格的木椅上方的墙面：第一张是库伯丁·纳赛尔丁的照片，最后一张是艺术家本人的老父亲的照片，他赤裸着身体，展示着生病的、鼓胀的肚子（定期排出脓液，我们通过其生平得知此事）。在这件作品和其他许多作品之中，“生病的父亲”的形象一直困扰着多迪亚，作为一种双向的媒介，对个人的苦痛和社会的病症进行寓意化的解读，亦是我们所居住的社会和国家的不安境况之隐喻。我们的注视摇摆着，总是回到其中的重点：回到库伯丁·纳赛尔丁，他可怜的姿态有如一种公告，刺激着观者的心绪。青年的双手合十，浅灰色的双眼溢满泪水，他一定是面对着印度教主义的暴徒凶犯，哭泣着，乞求饶恕，渴望在屠杀中幸存下来，而这确实已成真。他只是幸存在此时此刻，暴露在整个国家（抑或整个世界）的观看之下。[1]

孟买街头死者的影像（有着穆斯林的特征，标题中却未明确提及其作为穆斯林的身份）在桑达拉姆以及在1993年的《印度时报》上看到霍西·贾尔这张照片的数千名读者的心头萦绕不去。它吸引着桑达拉姆去行动，以对这身体有所作为（虽然心怀惊恐），既遮蔽又揭开这张“死之面孔”，既覆盖又抚摸这颗“睡着的”头颅，既刺激又重组这个身体——直到它

---

1 他必须离开艾哈迈达巴德，到加尔各答去，在那里，没有人知道他是谁，便可以躲开那些掠夺成性的媒体，这些媒体对于自己给正常人的生活带去的耻辱和危险完全漠然。

生出更深的意义，**一种超越证据的意义**。库伯丁·纳赛尔丁的正面“大头照”（没有穆斯林的特征，标题中却明确地提及其作为穆斯林的身份）被多迪亚挂在墙上，全然**作为**证据来呈现。这张报纸上的照片代表着这个民族蒙羞的良心，多迪亚借用煽情剧的方式，将这张照片置入他的装置作品之中，有如一束精心编排的光线。由此，多迪亚在一封背叛的“公开信”上满满地写下一部寓意化的档案。如果我们相信那张照片，正如我们必须做的，便意味着对最后一位目击者的失信。

将库伯丁·纳赛尔丁的照片置入仿照甘地纪念馆布置的展室，无疑是为唤起和容纳个人的悔恨和集体的补赎。这张装框的照片使我们直面相对惊恐的弱者和人为的悲惨。同样，这种方式也指出其反面，其对于恐怖的呈现节制有加——在煞费苦心营造的博物馆化的空间中，记忆被按部就班地编排和上演，却并未被如此按部就班地破坏以展现集体恐惧的时刻，幽灵的出现因而有着双重的效果。[1] 如果目击某个他者的耻辱是对于赤裸生命的一种承认，那么，赤裸生命也使我们意识到他者亦存在于我们自身。如果他者可以因为种族、信仰、阶级、社群等理由被国家或暴民平白无故地杀死，那么，我们自身也可以因为主权的冷漠命令而被弱化和亵渎。于是，

---

1 “作为他者之极度飘摇性的面孔……”朱迪斯·巴特勒在《飘摇生活：悲悼与暴力的力量》书中引用列维纳斯的观点，她说，亦是引用：“……对待面孔的方式是责任的最基本形式。面孔是……死亡之前的他者，洞透并揭示着死亡……面孔是那个请求着不要让他独自赴死的人，仿佛这样做便会成为自身死亡的同谋。因此，面孔在对我说话：你不要杀死……”朱迪斯·巴特勒，《飘摇生活：悲悼与暴力的力量》，第 131—132、134 页。

如果多迪亚向我们展示赤裸生命的特质，为的便是不再去表现它，为的便是暗自使那些被无可挽回地损坏的东西神圣化，为的便是显现“荒废死亡”这需要获得解释的浓缩主题。

空 隙

在右翼势力掌权的社会危机年代，娜乌乔特·阿塔夫（一如她的同道艺术家们）通过彻底地变换媒介与形式，用一种截然不同的语言来诉说权力不为人知的命数，以及可能的恢复方式。[1] 从《破坏与重获的联系》(*Links Destroyed and*

---

1 另一方面，娜乌乔特与她的同辈及同道艺术家们不同的是，她一直在科帕维达 / 康德贾恩进行一个长期的公共项目，此地位于印度中部的巴斯塔，林木丛生，可以说，她有半个家安在那个地方（在孟买和康德贾恩两地平分秋色地度过了过去的十年）。他与原住民（部落 / 农人）社群中的艺术家 / 匠人进行合作，慢慢组建起一个团体（“Samvadh” / “对话”），如今，该团体已能做到自给自足，承担建筑规模的社区项目，建造一些实用性的场所，比如村庄水泵，村里的女人们每天要来这里很多次，清洗水壶并提取饮用水，由此，这一名为“*Nalpar*”的项目满足了女人们在生态学、人体工程学和美学层面的需求。他们还为村庄儿童建造作为非正式学校的游戏场地：“*Pilla Guddi*”，或称儿童“殿堂”。“Samvadh”中有该地区的官员，村镇的管理委员，以及当地的雇佣劳动力，共同参与讨论、活动和营造项目。团体中的当地艺术家拉吉库马尔，珊提拜和盖苏兰，以及娜乌乔特·阿塔夫本人，也都在创作个人的作品，所得收益中有一定的比例用于“Samvadh”的日常活动开销。当然，也必须指出，娜乌乔特有着“双重化身”，她同时创作原创性的作品，涉及多种媒介，以录像和装置为多，这些作品在都市化的全球语境中被展览。她曾以草根“艺术家—活动家”的身份介入有关“左倾世界主义艺术家之问题”的论战。其实，在与社区干预项目的支持者和批判者进行的讨论中，她既是讨论的参与者又是讨论的主题，此外，她还不断地追问：在已然扩张的当代艺术领域之中，“前卫”的伦理和内含定义该当如何？读者若想阅读对娜乌乔特的作品更全面的理论解读和独到分析，见格兰特·凯斯特，《康德贾恩的“Samvadh”：娜乌乔特·阿塔夫与原住民村庄中的集体实践》，2008。

Rediscovered，1994）开始，到《记忆与历史之间》(*Between Memory and History*，2001—2002)，娜乌乔特[1]一直致力于处理多数派暴力和国家恐怖（在印度和近期的世界历史中皆然）等问题，通过寻找物质化的手段、纪念碑化的结构和抽象化的语言来纪念社会苦难。[2]《破坏与重获的联系》是一件由许多浓黑色的PVC管组成的作品，这些管子穿过门框/门槛，像一头卷曲盘绕的庞然大物，既主动地蔓延入侵，又笨重地盘根错节（其中缠绕着一个显示屏，播放着孟买暴乱事件的纪实片段），这种过度生长的状态正是艺术家首次直接遭遇公共屠杀事件之后的表达。几年后，当暴力仿佛已深入城市（她的城市，孟买）的血脉，她也几乎在同时决定摒弃具象主义的表达方式。《记忆与历史之间》是一件凹形钢结构作品，如同一个凹陷的舞台。在作品洞开的网格结构中，捆扎、布置着数千张纸带——印有文字的纸张卷折而成的纸带，在其中，文字拼成图形，作为支离难辨的“信息”，都来自艺术家搜集的目击证言和文本断片。这些纸带被捆扎在钢结构的格栅上，要是有观众愿意承担“搜救记忆”之职，便可以将它们打开，破解，保存，抑或丢弃。还有些纸带被水平叠放或串联起来，形成“书册”，将“关闭文本”的悖谬作为更大的装置作品之注解。这面凹进的“墙体”围起一个光秃秃的空间，一张床垫铺在地上，反射着三个显示屏（排成一面）发

1 我在此用她的名而非姓，为的是与她姓“阿塔夫”的艺术家丈夫相区别。

2 《破坏与重获的联系》与孟买1992—1993年间的印度教—穆斯林冲突直接相关（请参看维万·苏得拉玛对这些公共敌对事件的回应），《记忆与历史之间》延续了对这一问题的关注，但将暴力和补偿的主题扩展到全球语境。

出的视频影像，这些小屏、低分辨率的模糊影像正刻意地提供（却也是隐瞒）对于真实事件的记录。这些作为“物”的显示屏被当作闪闪发光的“遗物匣”或外星机器人的闪光信号，抑或（我们可知的）“回忆圣地”之中的圣像。

娜乌乔特的三屏录像装置作品《证言中的空隙》(*Lacuna in Testimony*，2003—2006）以记录大海在一天之中的变化的连续影像为基础，创作的缘起也是我在前文中提及的事件——古吉拉特邦在 2002 年针对穆斯林的屠杀事件，背后有地方政府的主使。[1] 娜乌乔特运用在夏西博热和莎阿南的难民营中避难的数名女性的证言创造了一部声音档案。她们是受害者，避难者，目击者——这些自己的身体（或亲人的身体）被侵犯的女性，是遭受暴力、法律空子和政治诡计摧残的受辱公民。娜乌乔特记录了大量的证言，却又将“言语”的这点儿残存的“优势”抹去，不是以一种骄傲的方式，而是以一种同情的方式来表现，她希望通过“中性的”影像来更好地反映这些被过度曝光的身份的痛苦和迷乱，微光熠熠的大海上闪耀着一层灵晕，或许可使那些未被说出的叙事上升至天际。[2]

---

1 请参看阿杜·多迪亚的《断枝》。

2 在这件录像装置作品的有些版本中，娜乌乔特加入了一件补充性的、并不醒目的声音装置作品，使一些证言能够通过耳机被观众听见。对印度次大陆女性遭受的社会苦难有过精彩描述的维纳·达斯曾无比详细地指出我们需要重视受害者们的诉说，但甚至需要更加重视受害者们的沉默，重视他们没有说出的东西，倾听受苦受难者们的“内在话语”，因为并不是人们经历、目击的一切都是能够被说出的。达斯表达了她对于她所谓面对暴力时“过剩的诉说”和“满溢的词语”(在媒体、理论和文化过程中皆然）的厌烦之情，认为那些不过是对国家官方话语的麻木不仁（特别是对于女性）的一种附和。详见她的著作《生活与词语》。

在《证言中的空隙》中，一连串隐晦莫测的影像浮现在翻涌的海浪之上，变幻莫测的海，蓝色的海，灰色的海，泛着紫色的蓝色的海，阿拉伯海，拍击着孟买和西古吉拉特邦的海岸。我们看不到海岸，只有水沫纵横的海，天际线被置于高处，微妙的剪辑节奏完美地表现出大海的光彩壮丽。三面连续的屏幕展开一套“证据”仪式，视觉相互统一，时间却彼此错置：48 面方形数字化小窗口形成一种有条不紊的脉动，一面接着一面，在水面上构成许多网格。在三屏录像的下方，布置着三排、72 面镜子，映照着这些小窗口，熠熠地闪着光芒，而这双重的影像也创造了一个痛苦、恐惧、闪烁的空间。在每一面如同结霜的“窗格”中，你会看到黯淡、虚焦的影像，关于侵犯与袭击，命令与征服，以及艾哈迈达巴德的日常生活，还包括一座苏菲派道堂的模糊影像。在切实亦如虚幻的边界（大海尽头的天际）之内，在其无穷的单调呢喃之中，娜乌乔特置入了一部由潜隐和凝结镜头组成的“海洋档案”[1]。那些有关毁坏的场景如同幽灵，你还未及破译其中的纪实内容，它们便已消退，然而，它们在消退之前凝结，实实在在，凝结成模样相同的浮冰，崩解，漂流数秒，然后迅速有规则地消失，衰竭的过程在一屏中完结，又在第二、第三屏中进行，密码般的方块依次闪烁，直到完满。

当这些窗口消融，海再度出现，繁盛丰盈，涛声隆隆，

1 南希·阿达亚尼亚有数篇关于娜乌乔特的文章都富有洞见，见《幸存者的临时舞台：关于项目生命的思考》，“娜乌乔特”，孟买，夏可喜画廊，2004。

而后，三屏骤然变黑。在这间歇之时，“证言中的空隙”一字一字地出现，又一字一字地消失，而后是喧嚣、跃动的浪涛，变得绯红，又成为深红。这部大海的“录像——录音”以简约、极少的方式剪辑而成，作为一种隐喻，暗指那些无穷无尽的证言，与日俱增的创伤，拍击着大地之岸——现在又全被模糊难解的哀号声淹没。在这血腥的海景之上回荡着艾哈迈达巴德难民营中的一个孩子在游戏的声音。这尖锐刺耳的喊声产生回声，反反复复，不绝如缕。就像所有的重复，这成了一种征兆，通过难民营中的梦醒而成为实在，**难民营作为一个机构，被确定为现代国家的典范结构和赤裸生命之“倒错支撑”的典型模式**。

小男孩近乎疯狂的歌声充满这空隙（这空隙干扰着证言的搜集）。不仅充满（如作品标题所言）证言的空隙，也充满记忆自身的空隙，并使这小男孩成为治愈者，或许：小男孩的声音消逝了，大海平静了，这组镜头以浪涛回到安宁忧伤的节奏而告结束。事实告诉我们，难民营（在娜乌乔特的作品中从未出现或得到表现）从未如我们所愿地消失，正如由“公民”变为“难民”之事永无终止——然而，它指出的“全球流亡”事关重大，尽管我们只是在偶然的“邂逅”中匆匆一瞥。娜乌乔特那幽灵般的影像之中并无清晰的主体，只有尖锐的一呼，便是这所谓“邂逅”之一种。

娜乌乔特通过汇编一套影像档案（其符号随着指涉意义的浮动而发生变化）来测试自己与“失落”（loss）的密切关联。她甚至对符号也非常节省，只留给我们历史的残渣碎屑，如今已成为某种无效信号的电子沉淀。因此，她的录像成为一种流动的、模糊的空间残像，模糊加剧了不安，因为大海的“背景”足够生动，“前景”窗口中展开的真实影像却从未能够聚焦。然而，同样可见的是，娜乌乔特走得更远，为这“录像—影像”设置了明确的立场。通过录像带式的信号语言与层叠的半透明影像（在剪辑中做出水彩般的层叠效果），她确定了对于“**擦除美学**”的观念偏好。由此，影像的消失具有一种与其出现相得益彰的临时意义，并且只“存在”（如果真的存在）于回忆的空间——作为踪迹。这样一部影像的档案，作为“缺失”的索引，“失落”的仓库，忠于那些被遗忘之物。当其被观看，并获得与遗忘同等的感知，便会苍白失色。

娜乌乔特使回忆与遗忘、焦虑与冷漠、纪念与否认的时间波浪凝缩于此，因之发现一种“影子语言”，同时也是一种适于数字化媒介的精妙诗学：幽灵般的场景化作实体的文字，在历史之中，使超越记忆的（假想的）“再现”成为可能。如何恢复这种“幻觉材料”的活力仍旧是这个社会（受到失控的威胁，一如受到暴力的威胁）的一项任务。甚至，这个社会还有着通过某种方式挽回其自身遗产的任务，尽管这任务将伴随着痛苦与残酷。[1]

---

1 埃琳娜·贝尔纳蒂尼未发表的文章《空隙与神秘邂逅：娜乌乔特·阿塔夫与作为目击者的艺术家》恰切地讨论了娜乌乔特对于言语之难（其实是对于“目击痛苦”之不可能性）的专注，此文的观点正与吉奥乔·阿甘本那系统化的、微妙的预见相契合，尤其是与他在《奥斯维辛剩余物：目击者与档案》一书中所持的立场相契。（请参看尾注 36 中维纳·达斯的观点。）

娜乌乔特采用各种“减法”进行表现，这是否与它们所通往的激进目标相违背？这样做是否会使悲剧“去历史化”？其中没有图像，没有照片索引，甚至没有诉说证言的录音，如果这证言是一种祈求，那么，它终究得到了**呈现**，以她的方式言说，发出信号，超越了表现，以及在暴力的余波之中身体的失落。当我们试图去处理事件、记忆、纪实，以及有关社会苦难的档案，浮现而出的却是人类的飘摇状态：被剥夺了主体身份的普通公民，还因非法地投向新的全球主权而获罪。这些生命甚至不能被划归“受害者”之列，也不能在这个词的政治意义上得到表现，由此引出了一个问题：当“表现”作为艺术活动之核心，什么是“表现”之诚实？

苏得拉玛与多迪亚的作品（以及娜乌乔特的早期作品）通过明确“恋物的技艺”与“症候性的意义结构”之间错综复杂的关系来处理印度的社会暴力问题。与此相反，娜乌乔特的《证言中的空隙》依靠的却是含蓄，是一种“抽象/擦除”的美学。或许，她的海洋影像（构想为史诗般的规模）投出有形的灿烂光影，蕴含着历史的印迹，甚至或许是一些索引化的线索，使我们得以追溯那冷硬难解的“排除的现实”。

本文曾发表于《事后：艺术史之新视角》(*After the Event: New Perspectives on Art History*)，查尔斯·梅若威瑟（Charles Merewether）和约翰·波茨（John Potts）编，曼彻斯特：曼彻斯特大学出版社，2010。

（翻译：申舶良）

West Heavens: Readers of Current Indian Thought
Series initiated by: Chang Tsong-Zung, Kuan-Hsing Chen, Gao Shiming

When Was Modernism in Indian Art?

Geeta Kapur

Foreword: Passage to West Heavens

by Chang Tsong-Zung

WEST HEAVENS is an initiative for cultural exchange developed jointly by the Institute of Visual Culture of China Academy of Art and Hanart TZ Gallery, and is supported by the Moonchu Foundation. The aim is to foster closer understanding of India through contemporary art and scholarship, and develop cross-cultural dialogue based on visual culture and notions of Asian modernity. Scholars represented in this series of Readers have been invited to lecture at the 2010 8th Shanghai Biennale and they have specially selected this anthology of representative writings to introduce their thinking to the Chinese public.

Modern India is both near China and far away. Apart from vague generalizations and supposedly Indian-Chinese economic rivalry enthusiastically promoted by Western media, most Chinese people are unaware of India. Of course we are aware of India's rich history, but we are less familiar with its modern culture, in particular the significant role played by Indian thinkers in international academic circles. As China's neighbour and traditional ally, India has long been deserving of China's attention. As a large modern nation, India also has tremendous economic, cultural and technological potentials. But the most important reason for China to connect with India is to enlighten ourselves.

China has been possessed by the demon of modernization for over a century. From revolution to Cold War, and now capitalist globalism, China has been unable to shake off paradigms set by the West. Even Chinese discourse about modernity has so far been trapped by dichotomies of East/West and China/West. No wonder that efforts at developmental self-reliance have only led to increasingly Westernized economic and political institutions and lifestyles. Today the West that China emulates as the model of "advanced civilization" is no longer suitable for guidance, and yet access to China's own historical resource has been blocked by the framework of these models. To establish a position for itself outside the two Western Cold War ideological paradigms, to develop historical resources beyond Western ideals, China must make connections elsewhere. Among Asian countries that have struck off on different paths of modernization, but still successful by the parochial standards of "prosperity", India has much to offer its neighbours.

China's path to modernity has been moulded by a series of

revolutions, having overthrown shackles of the past to create new social forms. The damage of revolution is to become increasingly removed from our historical roots. India has adopted radically alternative ways. India overthrew colonial domination, but has uncharacteristically preserved colonial institutions after liberation. And yet, when China compares its post-revolutionary record with the postcolonial experience of India, we cannot help but be amazed by the prevalence of left wing politics in India. There are currently over forty major parties of Communism in India, engaged in varying forms of revolutionary tactic. At the same time India is also impressively the world's biggest democracy. China's encounter with India inadvertently raises the suspicion: whether China's revolution harbours a latent colonial gene? Conversely, whether the Indian version of postcolonialism is in fact another form of revolution? The singularity of purpose of the Chinese state has achieved the most daunting social engineering tasks in history, but in terms of diversity and richness of historical culture the result is no match for the treasure trove of India, where old and new traditions coexist on the level of daily life. Brahmins and Sadhus of ancient descent are integrated into the fabric of industrial urban life, and indigenous ways are brought into the grammar of modern practices. In the modern encounter of two ancient civlizations, an urgent issue is being raised for China: how do modernity and history coexist?

The modernities of both India and China have been shaped by Western imperialism and capitalist logic, so the modern meeting of India and China cannot but be under the auspices of the West. Asian modernity cannot be understood, no profound inter-Asian exchange is possible, outside of this context. And yet, to go beyond the experience of the modern West, to return to our own histories, a myopic obsession with the past is unrealistic. To truly open up the future, local history and reality must be shown to have global significance. For China this is perhaps the most valuable lesson of our Indian colleagues. The authors collected here are not only well versed in Western academic discourse, their own work have made major contributions worldwide. Indian scholarship in postcolonialism and urban theory, for example, has had major influence on the practice of international contemporary art in recent decades.

West Heavens is not the first effort of the organizers, it is preceded by a series of projects undertaken by the Institute of Visual Culture of China Academy of Art. In 2003, as celebration of the 75th anniversary of the Academy, Director Xu Jiang proposed an investigation into the internal boundaries of "Asia", and I was invited to join Gao Shiming and Wu Meichun in the project. We focused on the cultural political reality of a parallel system of native and Christian calendars at work within Asian countries, and took "Asia's Parallel Time" as the theme for the interdisciplinary investigations and exhibitions brought under the title, *Edges of the Earth: Migration of Contemporary Asian Art and Regional Politics*. In 2008, Gao Shiming, Sarat Maharaj and I co-curated the 3rd Guangzhou Triennial with the project *Farewell To Post-Colonialism*, which reviewed the pros and cons of an East/West bipolar framework. West Heavens is a continuation of this work and it represents an attempt at creating close encounter between Asian cultures. Professor Kuan-Hsing Chen has devoted many years of research to inter-Asian studies, and his participation is crucial for making this intellectual dialogue possible.

In 2010, we launched the first edition of this series to coincide with the opening of the West Heavens forum. This occasion marked the first time several of these important Indian scholars had their works published in Chinese. To meet scholarly demand, we further edited and re-translated six of these books for the second edition in 2012—2013 for Shanghai People's Publishing House. In 2017, with the support of Mr Tang Yunsong, the deputy editor-in-chief of Shanghai Academy of Social Sciences Press, wc invited the female authors, preeminent Indian art historian and critic Ms Geeta Kapur and renowned feminist scholar Ms Tejaswini Niranjana, to write new prefaces for their books and to revise the contents in discussion with editor Mr Liang Jie, who also supervised the translations.

For more than a century, challenges of imperialism and

capitalism have forced India and China to develop political strategies that have profoundly transformed both societies. To share this experience is valuable for Indians and Chinese alike. For China, long before the seismic cultural shift towards the West it had experienced one other profound cultural turn. The Buddhist tum did not bring comparable destructive fervour as the past century of revolutions, but its influence was just as far reaching. Buddhist learning took many centuries before it was fully absorbed into Confucian scholarship in the Song dynasty (960—1279). Today, after a century of revolutions, it is important to remember this history of cultural self-transformation. At this age of global change, it is critical for China to remind ourselves that in our imagination of the world there is not just the West, but also the "West Heavens".

August, 2012

Introduction: India as Method

by Kuan-Hsing Chen

It has been a pleasure to be asked by Mr Chang Tsong-zung and Mr Gao Shiming to help organizing *West Heavens: India-China Summit on Social Thought*. They invited me to participate because, in my role as an editor of the journal *Inter-Asia Cultural Studies, Movement* (IACS), over the last twelve years the journal has built a network of critical intellectuals across Asia, including those based in India. Of course, I was more than happy to take up their invitation, and one of the duties assigned to me was to write an introduction for the Readers introducing the distinguished scholars who will be visiting as part of this event. For me, it is a welcome opportunity to explain the driving ideas behind this dialogue between India and China.

When we founded *Inter-Asia Cultural Studies: Movements* twelve or so years ago, we wanted to make our contribution to change the condition of knowledge that existed then and this is still our goal today. We wanted to establish communication and integration among Asian countries, at least within our own circle of intellectuals. The editorial board was made up of over twenty scholars from every part of Asia, and we shared one important understanding of the current condition: throughout the twentieth century, the gaze of Asian thinkers was fixed on Europe and North America. For a hundred years, the basic frame of reference for knowledge revolved around the Euro-American experiences. This framework developed over the course of a century into a highly resilient knowledge structure that created enormous difficulties for Asian thought. It brought about a narrowing of critical perspectives, excluding diverse historical experiences, which should have provided alternative frames of reference. Even more worryingly, Western modes of knowledge became virtually the only paradigm for knowledge production. History has shown that this kind of knowledge is woefully inadequate as we try to comprehend, grasp and explain the living environments in which we exist. At IACS we wanted to generate exchanges between intellectuals from each Asian sub-region, make us see the existence of each other, turn the historical experience of each region into a potential point of reference for other Asian regions. To create new modes of knowledge and better explanations, we must transform and multiply the frames of reference that contain us. This shared understanding has driven us for more than a decade.

Seen retrospectively, we would find that our effort has not been in vain. There may not have been a revolution to radically transform the conditions, but the bonds of knowledge structures mentioned above have been loosened considerably. Changes over the last ten years are bringing about a world moving towards diversity and multiplicity. The shift towards the Left in South America, the forming of ASEAN 10+3, the rise of China and India, sustained economic growth in Africa, the handover from Bush to Obama and the expansion of the EU ... At the end of the 1980s, it felt as though "globalization" meant the collapse of Eastern Europe and the Soviet regime and the unchallengeable hegemony of the United States. But over the past decade the development of multiple political and economic centres seems to have brought an end to the unipolar age. Knowledge systems that were once undeniable and rigid are quickly falling apart, along with their deeply believed values. The highly confident explanatory framework based on the historical experiences of Europe and America faces unprecedented challenges. In this period of transformation, it is time to slow down and take stock, to reconnect with all our intellectual resources rooted in the modern historical experience, to create the pathways we need to new conditions of knowledge. Twelve years is very short. IACS has not yet constructed an alternative mode of knowledge ready for presentation, but we have at least made a start, made an attempt to make out the path of "Asia as method".

In Asia, as in other third world regions, responsibility for the long persistence of "Euro-America as method" must be ascribed to world history. Continually pushed out from the Western centre, China, India and other regions are cast in the permanent role of catch up/overtake (overtaking the UK; struggling to catch up to the US). We learn from Euro-America (including, of course, learning Euro-American values). Intellectual work, academia and the production of knowledge are therefore upheld as the key to the modernization of the nation and its people. Even if we set aside the inherent pitfalls in a knowledge structure predicated on catch up/overtake (does it not conflate normative goals with objective historical explanation?), we must at least start to ask this question: a century on, what exactly has the process of modernization turned these "latecomer" countries into? We learned democracy, we learned science, but what has the application of these concepts brought us? In other words, should we not pause and take a moment to share our experiences of catch up/overtake? Should non-Western regions not hold up a mirror to each other, uncover the routes they have taken to bring themselves to where they stand today? Moving forward depends on our ability to see, understand and fully explain what we have gone through. In this process, we may even find that the road of catch up/overtake has come to an end, and that it is time to change direction.

The goal of knowledge is not some kind of unsupported knowledge for its own sake (presupposing a Truth with a capital T which encompasses the whole world and yet lies outside the existence of history). Knowledge is for explaining the problems and situations of each region, within the context of world history, and from a diverse range of historical experience perspectives. Through a process of comparison and cross reference, we gradually distill knowledge propositions which are relevant to world history. If this is the assumption, then none of the theoretical propositions currently held to be universal are mature. Theories grounded in the reference system of the Euro-American experience can at best explain the histories of Europe and America. Expecting them to explain the historical condition of other regions is absurd. On the contrary: explanations in non-Western regions must be in terms of the region's own historical experiences. One cannot simplistically and improperly apply the Euro-American experience as the standard measurement against which to assess ourselves. I believe this is what subaltern studies scholar Dipesh Chakrabarty means by his project of "provincialising Europe" . It is also very much in the spirit of Professor Mizoguchi Yuzo, who passed away in July 2010, and his notion of "China as method, the world as end".

If the Euro-American historical experience is only one possible reference, and comparing it with the development experiences of latecomer countries, there must be a greater gap, then we must seek to transform our knowledge, by what feminist thinker Tejaswini Niranjana has proposed as the strategy of creating alternative frames of reference for third world regions. Through the change of reference, we can mobilize the differences among us to develop better explanations for our own historical environment. The assumption of the project is that nativist and nationalist tendency to "close off" the outside is unproductive and counter-productive. All they manage to achieve is to indulge in the smug satisfaction of basking in the glory of the past. But even if we are open to other countries, an openness oriented around the catch up/overtake of Euro-American has equally lost its meaning. We must find new reference systems, beyond the nativism (operating within the nation) and cosmopolitanism (hiding its unspoken Euro-America-centrism).

In this context, if "India as method" can be taken seriously, I believe, it would actively contribute to the Chinese intellectual circle to develop new modes of knowledge. However, a precondition for a productive dialogue between China and India to take place is that the "catch up/overtake" sentiment has to be abandoned. "Comparison" between India and China can no longer draw on familiar measures of how backward/advanced they are, on degree of modernization, or on pace of economic growth. To use my own language, we must first set aside normative comparison for the moment and start with analysis of existing realities. When differences emerge, we will then begin to search for explanations immanent in their own history.

India and China are big countries on the world scale and farmers make up the bulk of their populations. The latest data suggests that India is at present the second largest country by population, and by 2026 it will have overtaken China, with 1.5 billion people to China's 1.35 billion. By 2015, the growth rate of India is likely to equal China's. In other words, if historical and cultural issues are left aside, from a sociological point of view, of all the countries in the world, India is the most comparable to China and no other countries match these two.

But there are enormous differences between the two nations. India is a multilingual, multicultural nation, and it has no single unified language-deliberations in Congress are carried out through interpreters. Many important Indian thinkers, including Ashis Nandy, do not believe that India is a nation-state in the European sense at all. Rather, it is a "civilization". In 1947, India was decolonized and freed itself from the status of the colony. Before being taken over by the British Empire, India was not a united political entity. After independence, it struggled (with difficulties) to tell a single national history covering its thousands of years of civilization. It has had to understand its past in a more multiple and complex way. Among many Indians groups, the caste system, remains to be organizing principles, still operates today. The political system must deal with the existence of the caste order, which cannot simply be eradicated. So the polity creates mechanisms by which members of the lower castes can participate in the political process. Because of the many languages, cultural differences intersect with politics. There are "local" political parties and some local politicians (such as provincial governors) even win election by virtue of regional fame and pride, having been stars in films in their local dialects. In this sense, India is the world's largest democracy, and the operation of democracy is based in the local. In order to govern effectively, national political parties must find ways to ally with local political forces.

On my own visits to India over the last decade or so, I always have more questions than I have time to ask my Indian friends. The South Asian experience is very different to the East Asian, and comparing the two, the latter seems more unified because each country has the same national language (be it Mandarin, Korean or Japanese) and the appearance of nation-state seems to be clear; and it does not have a multiple political party system, these interesting differences could be the basis for comparative research. However, most of my Chinese friends, no matter mainland, Hong Kong or Taiwanese, are all stuck in the habit of competitive comparisons via the logic of catch up/overtake: India, they say, was a colony for too long, so China is in a better position (never mind that

Taiwan and Hong Kong were colonies, and Chairman Mao once said China was a "semi-colony", not even a whole colony). India's political system is a product of its colonial past, so China is better, because it was established through the revolutions of Sun Yat-sen and Mao Zedong (again discounting the experience of colonies, and ignoring postwar third worldism). India has the caste system, so China is better, for having eradicated its feudal systems (but never pursuing how elements of India's past are linked to the contemporary society, or looking back to see how their own society connects with the past and whether China or the Chinese is really no longer feudal). Less frequently, it is claimed that India's problem is its multi-party system, and Taiwanese who raise this point temporarily forget European multi-party systems and try to adopt the USA's two-party system, claiming it to be more progressive (but without the ability to ask the historical question: how did India's multi-party system and its regional political parties came into existence?). Some say that India has cows roaming the streets of its major cities, so it is not as advanced and modern as China, we can't possibly take India as a reference point. For those determined to apply the simple logic of catch up/overtake, the simple logic of modernization as defined by Euro-America, we will wait to see the economy of India overtake China's, for it to achieve global power status, before it is noticed by the Chinese. Until then, the future will tell!

In fact, communication and exchange must be two-way. And there will be many unavoidable misunderstandings along the way. For example, many of my Indian friends are interested in China not because of its economic rise, but for a variety of other reasons: The relationship between China's postwar socialism and its current economic development; the relationship between politics and long-term developments in peasant culture (this is a key concern of research into the working class, exemplified by the work of Partha Chatterjee); women's liberation and the socialist system and their interaction; how China understands the relationship between economic development and capitalist world systems; what new viewpoints China's greatly expanded academia will bring to the world; how China's scholars distil explanations of world history from their own historical practice. Third world scholars have a basic respect for China, and have certain expectations of Chinese intellectuals. Both respect and expectation are very much connected to China's socialist political tradition, not from whether China is now economically more advanced or whether it is modern. However, these issues are neither ones that interested Chinese intellectuals, nor ones on which they are prepared to carry out a dialogue. (Even more frustratingly, as the third world looks forward to establishing a dialogue with China, it often finds that Chiness intellectuals do not return the compliment. For the Chinese counterpart, in their eyes, there are only Euro-American and Chinese themselves. They would say: Don't play at political correctness! Asia does not exist, what value can there be in a dialogue with the third world?)

I hope that I have made clear the assumptions behind "India as Method". Understanding India is a way to understand oneself afresh including, China itself and the world. But our current condition of knowledge is enmeshed in a method of catch up/ overtake that is difficult to escape. Euro-American values permeate intellectual world. Even in socialist mainland China, intellectuals are following and even outdoing postwar Taiwan and Hong Kong in their eagerness to "escape Asia, join Euro-America". The speed at which Chinese thought is embracing Euro-American knowledge systems is shocking, far faster than our economic growth. So don't hold out great hopes for this attempt to start a dialogue between China and India. All we can hope for is that those friends who want to search for alternative mode of knowledge, and can begin to find India as a chance to imagine for the future.

Among the invited scholars, Prasenjit Duara is already familiar to many Chinese readers because the history of China is his field of study, and many of his works have been translated into Chinese. For the other invited friends, whether currently residing in India or not, the formations of their knowledge are rooted in Indian society and history. They represent three generations of Indian scholarship: Ashis Nandy, born in 1937, is already a thinker of global renown in the 1980s; Partha Chatterjee, just retired, widely respected in India and internationally; while cultural theorist Tejaswini Niranjana is in the prime of her career, having made major contributions to post-structural translation theory in the 1990s. The translation of these readers has been a major undertaking. We hope to give Chinese language readers an opportunity to understand the Indian society, history and culture that shaped these thinkers. According to my understanding, this is not the first time some of these scholars has visited mainland of China. Each of them has a level of understanding and insight into China. We hope that their visit will give Chinese intellectual circle the beginning of an equally deep knowledge of India. It will be an opportunity for us to practice the self-transformation.

Finally, I must thank personal friends for agreeing to participate: feminist theorist Tejaswini Niranjana leading art theorist Geeta Kapur, social thinker Ashis Nandy, subaltern studies political theorist Partha Chatterjee, subaltern studies historian Dipesh Chakrabarty, historian Duara Prasenjit who is already so well-known in China, art theorist Sarat Maharaj whom I have not had the pleasure to meet; and world-famous postcolonial theorist Professor Homi K. Bhabha, whom I met on one occasion in Taiwan. We appreciate them for making time to come to China and for granting us translation rights for the essays presented in these eight Readers.

I'd also like to give special thanks for the kind supports by my friends Wang Xiaoming and Wang Anyi, and for the generous help from President Xu Jiang and professor Lu Xinghua, they have been responsible for organizing the dialogues with our visitors. Thanks also to friends from Hong Kong, Taiwan and the mainland who have agreed to be interlocutors for the discussion sessions.

This has been my first opportunity to work with Chang Tsong-zung and Gao Shiming, and it has been a great experience. From them, I have been lucky enough to find linke-minded teammates with a common goal and I have treasured the opportunity. Their boldness, openness and wisdom have proved that so long as we can complement each other's strength and weakness to pool our efforts together, there's always a hope. My thanks to the two of you for yours trust!

August 20, 2010, Chiao Tung University, Hsinchu

Revised in July 2012

Geeta Kapur

Geeta Kapur is a Delhi-based critic and curator. Her essays are extensively anthologized; her books include *Contemporary Indian Artists* (1978); *K.G Subramanyan* (monograph, 1985); *When Was Modernism: Essays on Contemporary Cultural Practice in India* (2000); *Critic's Compass: Navigating Practice* (forthcoming). She was a founder-editor, *Journal of Arts & Ideas*; member, advisory council, *Third Text*. She is advisory editor (and trustee) of *Marg*, and *ARTMargins*. Her curatorial projects include survey exhibitions of modern and contemporary Indian art at Lalit Kala Akademi, National Gallery of Modern Art (Delhi and Mumbai), Royal Academy of Arts (London). Thematic exhibitions include: 'Dispossession', Johannesburg Biennale (1995); 'Bombay/Mumbai', Century City, Tate Modern (co-curation, 2001); 'subTerrain', House of World Cultures, Berlin (2003); 'Aesthetic Bind', Chemould, Mumbai (2013-14). She was Jury member for the Biennales of Venice (2005), Dakar (2006), Sharjah (2007). She was advisory member Asian Art Council, Guggenheim Museum, New York; and is now advisory board member of Asia Art Archive, Hong Kong; Tate Research Centre: Asia, London. She lectures internationally and has held Visiting Fellowships at the Institute of Advanced Study, Shimla; Nehru Memorial Museum and Library, Delhi; Clare Hall, University of Cambridge; Jawaharlal Nehru University, Delhi. She was awarded the Padma Shri in 2009.

Preface

The four essays selected for this *Reader* are intended to signpost the field I traverse as critic and curator. Glancing across the many decades of writing, I transpose certain key themes and provide the reader a compressed version of that traversal.

The first section is titled Field and it starts with "When was Modernism in Indian Art?" written in several versions over a half-decade to become the ruling proposition for my book, also titled *When Was Modernism: contemporary cultural practice in India* (2000). The essay and the book took long-standing debates on tradition and modernity, and set up a paradigm where the hyphenated concept of the national-modern stood centre stage. This vantage point was gained from postcolonial theorizing where both terms (separately and together) were ubiquitously present, endlessly discussed but variously valorised and critiqued. The term "global and local" was popular then in the 1990s, as was "centre and periphery". I kept these at bay, somewhat, and with intent—to resist the takeover of a century-long effort by colonized peoples to test the conjunction of the national and modern and to develop a dialectic that would contribute to the formation of a democratic nation state with a mandate that we now confirm and contest in postcolonial discourse. That is, to not forget the painful process of decolonization, to not accept the hegemony of a global regime that is clearly the triumph of global capital—and to definitely refuse the designation of the local and the periphery routinely assigned to non-Western societies. The argument, based on the claim of a *co-produced modernity*, also probed the question of self, identity, alterity—as positioned in postcolonial theory—and developed these into states of being with which the practice and language of art is imbricated.

The second essay in this section moves on (as did many other essays from the end of the 1990s) to engaging with the global—with the globalization of art—but with distinct qualifications. Entry into the global requires an agonistic position where friend and enemy are looped in a way that makes the global contract never less than problematic. In this phase of my writing I pushed forward the contemporary (where in the earlier essays the modern defined the contemporary). I allowed myself to ease the dictum to *always historicize*. I accepted the punctual moment as not limbo-time but as an interim that was sufficiently historicized yet imbued with the merit of spontaneity and in terms of art, some necessary recklessness. Also, I linked this global contemporary not so much to the resource and practice of art (where I continue to privilege situatedness; complex calibrations of the languages of modernity and their rich unravelling into the present and beyond), but to the exhibitory process, especially the ever-escalating biennale circuit. The foregrounding of the contemporary as transitive experience matches the exhibitory experience. In both cases there is a frisson produced by the event, the encounter and its cessation. And it is here that the global becomes a positive ground for visual and discursive exchange.

As the speed of finance capital, networks of communication and circuitries of individual travel accelerated all the way across from the first to the third world, the scope and style of dissemination in the art world changed dramatically. For example post-Mao Chinese art—in revolt and in connivance with the pragmatics of state capitalism invented by the Chinese communist regime—matched the quick of a globalized contemporary. Chinese artists made themselves omnipresent with the confidence that they *were* the new avant-garde. Art from all parts of the world gained audacity from this claim and western curators, overwhelmed by the curiosity of a global viewership, submitted to greater inclusiveness. This yielded something like a level playing field for many artists from around the world. More importantly it led in the best of such cases, to linguistic and cultural self-reflexivity that put spectacle and rhetoric in political, therefore critical, perspective.

My essay "Curating across Agonistic Worlds", written through the first decade of the twenty-first century (again in successive phases and continued since, in other iterations) records the many forms of the international exhibition but especially as an event-form—now ubiquitously referred to as the biennale. This apparatus of exhibition-making fulfils, at one level, the express purpose of feeding the "now" with grub and grit. The biennale, even if it comes with contrarian effects, is a curatorial coup. At its best, its iterative format produces centrifugal energy and a democratizing effect that could help build an agonistic stance towards the global. A curator such as Okwui Enwezor supports the biennale format precisely because he is able to wedge into the institution and its discourse the postcolonial contemporary, the call for a revised art history, and a critique of capital through an activated public sphere. The expository (if not the purely exhibitory) nature of the curatorial function can then be positioned to critique the devouring remit of the global contemporary.

I planned the first section of this *Reader* so that modernism as concept is temporalized and the contemporary, spatialized. Further, I tilt the temporal by interpellating "when" in the Modernism title and, in the "worlding" essay, lay out uneven terrain over mapped geographies.

Being a synoptic survey, this *Reader* is inevitably a disjointed structure, indexing but not explicating my intellectual journey. The second section of the *Reader*, titled "Body", is in a different register from the first, as indeed are the range of my preoccupations. Decoding configurations, rather than tracking a determinate "methodology", may be the more appropriate means to evaluate my writing.

The first essay of the second section, titled "Gender Mobility", moves into an altogether different set of considerations. Gender issues are addressed through perfomative stance and a gesture recorded—and conceptually refracted—through the lens of a still or video camera. I treat gender in terms of a projected interiority, not so as to arrive at exorcism and affect, but to lend regard to the body as an unstable yet "sane" signifier within the template of a readable universe. The essay proposes a deliberate double "alienation" that allows disassociation from essentialized identity, including any predetermined form of feminist ontology. The choice and reading of the artists is conducted by gathering the signs accreted by the constructed photo-image and plotted on to an imaginary graph: semiotic data that we as spectators can then elaborate, calibrate and interpolate into an already always gendered universe of meanings. To figure the body so that it is neither iconic nor symbolic but *rendered* so as to displace the gaze. And, further, to arrive at a precariously positioned inter-referentiality—*not* intersubjectivity—that relies more on a cognitive form of identification than benevolence or affection.

Gender, as performed before the lens, gains proximity or distance, and I do not mean close-up and long shot in any literal sense but, rather, focal adjustments that allow the body to breathe, expand, exhale, and pause. The second essay in this section titled, “Mortal Remains” works with an image that is not performative but is in fact emphatically *stilled*. An image that portrays the victim of public violence pleading or voiceless, erased or dead. Publically and demonstratively humiliated, *killed.*

This then is a petrifying pause. If there was a play of the focal within feminist art, there is no such manoeuvre here. A dead man on the street, a man weeping before his murderers, waves of blood in the ocean, and a distant wail. The spectator’s gaze locks in with the photographed subject recognizing it as the very subject of death and producing, even when the figure is anonymous, a reciprocal subjectivity, subjectivity in *extremis*.

“Mortal Remains”, is not a metaphysical reflection on death; it is not an ontological enquiry but social investigation. We carry terrible knowledge: that the minority figure may be a trope in discourse but becomes, at the flash point of a political juncture, the one to be hunted by the mob. When a communalized populace—a majoritarian community empowered to kill in the name of religion, nation and state—establishes a reality so gross as to permit wanton killing on public ground, artists often choose to work with abstraction. Following this inclination, I use the phrase "mortal remains" precisely to foreground such abstraction. To see the photographic image itself as "mortal remains" is to admit that there are moments that elude or exceed the resource of the image and rest with the task of mourning.

But there is another way to look at it. The *metaphor* of "mortal remains" serves as *material* residue here, in this essay. The photograph, the installation, the video are, as it were, the residue. Artists undertake to present testimonies, and they aspire to restore the poetics of reparation. But they also possess the insight to recognize and hold in their hands, the torn fabric of the social in present-day India. And seek the site and the means for indictment.

This spare and selective *Reader* does not ask to be concluded; even a note of summation would ring false. The advantage of netting certain texts into an eccentric weave is that you can leave loose threads. The reader will, I hope, take the format as text material punctuated by ellipses, dot-dots where, with some minor indulgence, even the need to fill the dots appears redundant. This introduction, then, is the *post facto* site for partial decoding and consequent critique.

Geeta Kapur

April, 2017

CONTENTS

Section I: Field

When Was Modernism in Indian Art?*

The innovations of what is called Modernism have become the new but fixed forms of our present moment. If we have to break out of the non-historical fixity of post-modernism, then we must search out and counterpose an alternative tradition taken from the neglected works left in the wide margin of the century, a tradition that may address itself not to this by now exploitable because inhuman rewriting of the past but, for all our sakes, to a modern future in which community may be imagined again.

Raymond Williams[1]

Material Conditions

Taking the cue from Raymond Williams's "When Was Modernism?", there is need to reiterate that we in the third world continue to commit ourselves to the immanent aspect of our complex cultures. We persist in trusting the material status of meaning manifest, in Williams's words, as a "structure of feeling".[2] We commit ourselves to relating forms of art with social

1 *The Politics of Modernism: Against the New Conformists*, London: Verso, 1989, p. 35.

2 See Raymond Williams, *Marxism and Literature*, New York: Verso, 1977, pp. 133–134.

formations, for this kind of a grounded relay of cultural history will help the process of survival within the new imperialism that the late capitalist/postmodern world sets up.

Whatever the chances of that survival, it may be worth mentioning that modernism as it develops in postcolonial cultures has the oddest retroactive trajectories, and that these make up a parallel aesthetics. It is crucial that we do not see the modern as a form of determinism to be followed, in the manner of the Stations of the Cross, to a logical end. We should see our trajectories crisscrossing the Western mainstream and, in their very disalignment from it, making up the ground that restructures the international. Similarly, before the West periodizes the postmodern entirely in its own terms and in that process also characterizes it, we have to introduce from the vantage point of the periphery the transgressions of uncategorized practice. We should reperiodize the modern in terms of our own historical experience of modernization and mark our modernisms so that we may enter the postmodern at least potentially on our own terms.

Modernization in India is a real if incomplete historical process. Dating from the British colonial enterprise, the process dovetails with the efforts of the post-independence Indian state to establish, through a large public sector and a planned economy, a balanced growth of industry. If, despite the nomination of postindustrial societies as global arbiters in the management of capital, the process of industrialization is still in progress in this predominantly agricultural country, it need hardly be said that class politics is still relevant in India. The communist movement in India supports the irreversible project of modernization with a reasonable, secular nationalism. It also supports the struggles of religious minorities and of women. The left fronts in India, given the growth of fundamentalist reaction, may now be the only organized movements to speak the language of modernity. To the first world this may seem paradoxical: in a postmodern world where not only cultural initiative but even the historical modern is taken out of the hands of Marxism, it may be worth recalling these forceful anomalies in the developmental process of the third world. Here indeed the modern continues to be placed nowhere more correctly than along visibly socialist trajectories.

Modernity is a way of relating the material and cultural worlds in a period of unprecedented change that we call the process of modernization. It is also an ontological quest with its particular forms of reflexivity, its acts of struggle. Modernity takes a precipitate historical form in the postcolonial world, while its praxis produces a cultural dynamic whereby questions of autonomy, identity and authenticity come to the fore. These are desired individually but are sought to be gained in collectivity. Even the tasks of subjectivity, so long as they are unresolved, require acts of allegorical exegesis—often via the nation. There is a chronological fix between nationhood and modernity so that both may stand in for a quest for selfhood. Ever challenged in the postcolonial world, modernity continues to provide a cutting edge; it marks necessary historical disjunctures in the larger discourse on sovereignty.

The characteristic feature of Indian modernism, as perhaps of many postcolonial modernisms, may be that it is manifestly social and historical. But Western modernism in its late phase is not the least interested in this diachronicity and opposes it in the name of a *sublimity of the new.* Or, to put it another way, by a hypostasis of the new. Consider the high modernist argument as it shifts from Clement Greenberg to the postmodernist Jean-Francois Lyotard. When late modernist art is not metaphysically inclined it is, as we know, absolutely formal. Late modernism finds in the work of Greenberg a peculiar cathexis in and through sheer opticality. Lyotard in turn prefers epiphany to materiality and process and thus leaves out historical representation, considered to be too grossly accountable within something so local and involute as national cultural identity.[1]

Given this obstacle race of history it is possible to argue that Indian artists have only now become fully modern—in what is characterized as the postmodern age. I mean this in the sense

---

1 See Clement Greenberg, *Art and Culture*, Boston: Beacon Press, 1965; and Jean-Francois Lyotard, *The Postmodern Condition: A Report on Knowledge*, Manchester: Manchester University Press, 1986.

of being able to confront the new without flying to the defense of tradition; of being able to cope with autonomy in the form of cultural atomization by invoking *and* inverting notions of romantic affiliation. That is to say, the mythology of an indigenous "community" and the lost continent of an "exile"—both alibis borrowed from the grander tradition of the romantic—are allowed to shade off into the current form of identity polemics. This already mature modernism means accepting the "dehumanization" and decentring of the image. It means being self-conscious through an art-historical reflexivity; that is, through overcoming the anxiety of influence by overcoming the problem of originality itself. It is not surprising that in a country like India with its cultural simultaneities, its contradictory modes of production, modernism should have been realized through the promptings of postmodernism. For, in economic terms, modernization declares its full import when it comes to be propelled by global capitalism.

This is not unrelated to the fact that India is now, after five decades of protective nationalism, opting for integration in the world economy via what is called liberalization—the stage and style of capitalism which the International Monetary Fund and the World Bank dictate to the developing world. It is an internationalism under duress in that its first condition is the delinking of growth from any form of nationalism. With this precipitate internationalism the Indian artist is now, for the first time, shocked out of the nationalist narrative of identity that makes certain overt demands for authenticity in the existential and indigenous sense. The very achievements of the modern Indian artist can begin to appear too conscientious: first, because they are secured by forms of realism instituted like a reverse mirror image within the modern; second, because this euphemistic modernism keeps in tow a notional ideal of a people's culture. Folk/tribal/popular art becomes a heritage that can stand in for, even usurp, the vanguard forms of the modern.

As the national/modern moves in tandem into the late capitalist age this double bind of authenticity is virtually abandoned. The grand narrative of civilizational transformation which haunts the progressive sections of the Indian modern now appears to the younger generation of Indian artists as simply anomalous. Not so surprisingly they echo Lyotard[1] who, in a rhetorical manner, designates realist criteria as pernicious. Even if Lyotard's moves are equally pernicious to our cultural considerations, it is possibly true that these older terminologies of representation and identity connected with the modernizing function have become seriously problematized. Moreover, by maintaining, even in rhetoric, the notion of a people's "authentic" culture, we may jeopardize

---

1 See Clement Greenberg, *Art and Culture*, Boston: Beacon Press, 1965; and Jean-Francois Lyotard, *The Postmodern Condition: A Report on Knowledge*, Manchester: Manchester University Press, 1986.

avantgarde interventions based on surreal and other subversions. So that indeed one might ask again, *when*, if the avantgarde has been thus blocked or deferred or deviated by what one may call the national cause, was modernism in Indian art?

The Politics of Modernism

The "when" in the title of this essay is of course polemically placed. It refers to a period of self-reckoning locked in with a commitment to collective social change. It refers to the project of figuring subjectivity as a locus of potential consciousness. The when is a site of vexed doubling within colonial/postcolonial identity and the permanent ambivalences that it launches.

The painful debate on identity, nowhere more viscerally handled than by Frantz Fanon,[1] is a debate within the modern consciousness at the last juncture of decolonization when the question of freedom is lifted out of an existential universalism and cathected upon the subordinated yet intrepid body-presence of the "other". A condensed unit of humanity drawn from an overwhelming demographical explosion caused by the emergence of the colonized people, this other displaces the safe space occupied by the pristine self in Western ontological discourse.

1 The following discussion takes off from Homi Bhabha, "Remembering Fanon: Self, Psyche, and the Colonial Condition", in *Remaking History*, eds. Barbara Kruger and Phil Mariani, Seattle: Bay Press, 1989.

The entire Western project for authentic being thus comes to be differently historicized in the moment of decolonization. Identity is seen not simply as a rational individuating project within the utopian plenitude of romantic community. It also involves reclaiming the ground lost (or never found) in history, the ground where the self may yet recognize itself in the form of a collective subject.

The debate on how to politicize one's otherness seems now to be given over to a politics of negotiation. It remains to be seen how a further project shall be set up to match that moment of modernity when a reflexive and revolutionary critique of its own deformities can still be mounted. The chips are down and there has to be some way, a political not a counter-metaphysical way; there has to be an alternative project whereby this nonidentity between the self and the other, which was once a call to rewrite history, has to be given a function larger than that of differential play. Or, that play itself has to gain a praxiological motive through a cultural avantgarde.

In the postcolonial dialectic of modernity the term avantgarde is often subsumed by the term progressive, which refers more properly to the debate on realism/modernism. That is why I begin with Raymond Williams. But when realism turns rigid it is worth recalling with Fredric Jameson that the modern itself had a politicality far greater than we are taught to recognize.[1] He notes the persistent use of the vocabulary of political revolution in the aesthetic avantgardes which complemented, perhaps even compensated for, the deep subjectivity to which modernist works were committed. That subjectivity itself prefigured a utopian sense of impending transformation where society was seen to be moving towards a greater democracy.

It is worth remembering this because there is a further case for reinforcing the fact in non-Western societies where the modern, occurring in tandem with anticolonial struggles, is deeply politicized and carries with it the potential for resistance. This is progressive as also polemical, so that there is a tendentious angle on modernity within our cultures whether they draw out theories of domination/subordination from the subaltern point of view (after Antonio Gramsci), or build a resistive politics in historical perspective (after Frantz Fanon). For Indians there is, besides, a profoundly paradoxical entry into the modern: the entire discourse against the modern (after Mohandas Karamchand Gandhi) gives us another utopian option to consider, one which is in its own way a negative commitment of tremendous force in the achievement of modern India.

---

1 Fredric Jameson, *Postmodernism, Or, The Cultural Logic of Late Capitalism*, Verso, London, 1991, p. 311.

The discrepancies in the stages of capitalist development in India remain so huge that the modern is charged with strong anomalies. Modernization, both desired and abhorred throughout the nationalist period, is continually contested even during the postindependence leadership of Jawarharlal Nehru. Indian modernity is often quite circumspect, mediated as it is to a point of handicap by negative evaluations of the very practice that it is evolving.

There is the further question as to what categories Indian modernism adopts. Is it the aristocratic/high art category or the more historicist one found in modernism's conjuncture with realism? Or does Indian modernism satisfy the condition of romantic radicalism in its bid to align with the "liberating vanguard of popular consciousness"?[1]

The moderns anyway stage a mock confrontation between the mandarins and the luddites, a tantalizing play between the classical and the popular, which is worth our while to consider. More specifically, the modern period cherishes great artists who, as Fredric Jameson suggests, are seen to be holding over some archaic notions of aesthetic production, a handcraft aesthetic within a modernizing economy, and in the process valorizing, perhaps for the last time, a utopian vision of a more human mode

1 Williams, *Politics of Modernism*, p. 35.

of production.[1] This is especially true for third world cultures. In India primitive techniques, artisanal skills, iconographic references are much valorized; and the modern, comprising the indigenous and the avantgarde, has a two-way relay and a paradoxical politics.

There is of course a strictly leftwing intervention in the process of defining Indian modernity. A movement charged with a radical popular consciousness provides, through the 1940s—a period when the communist movement poses a real alternative in political and cultural terms—the ground for a great many innovations in theatre, cinema, literature (and to a lesser extent the plastic arts). I am referring to the Indian Peoples' Theatre Association[2] (IPTA), which breaks away from the innate conservatism of a civilizational discourse. It breaks with the brahminical/sanskritized resources privileged as the Indian tradition and thereby gives the emerging *tradition of the modern* in India the possibility of *not* being trapped in the citadel of high art. It should however be mentioned that though "the people" are invoked in the discourse and practice of Indian leftwing movements in the arts through their very forms (especially in theatre) and through their participation as an alert audience, the Indian left produces its own conservatism, even an

---

1 Jameson, *Postmodernism*, p. 307.

2 Collated information on the IPTA is available in *Marxist Cultural Movement: Chronicles and Documents*, compiled and edited by Sudhi Pradhan, published by Mrs Pradhan and distributed by Pustak Bipani, Calcutta, 1985.

incipient Stalinism. Something like a slogan of national in form, socialist in content is built into the program. Thus while it is modern and in the Indian context also avantgarde, the movement represents itself as realist and progressive and tilts the definitional balance of Indian modernism. This obviously prevents it from trying out more daring formal innovations.

Caught in the cold-war division between freedom and commitment during the first decade of independence, the progressive movement tends, as it proceeds, to ground aesthetic discourse. For, if in the heyday of socialism we do not designate art practice in avantgarde terms, we cannot in postmodern times so readily invent a vanguard discourse that has an appropriate historical import. We should have to use the term radical rather than avantgarde, but do we thereby scuttle the diachronic model with free signifiers; do we beg the question of modernism itself?

Indian Modernism: A Brief Account

If Indian artists have often appeared to be hamstrung over the progressivist as against "correctly" modernist definition of modernism, if they have seemed to be stuck at the crossing-over, it is not so surprising. They are living out the actual material transition. Let me recall notationally the history of the modern in Indian art.

Indian artists have been tardy in making a direct avowal

of modernism. They have moved on from the sceptical position held by Ananda Coomaraswamy and Abanindranath Tagore through the first three decades of the twentieth century to a more complex engagement that was developed in Rabindranath Tagore's university at Santiniketan, and taken over at different levels of complexity by Nandalal Bose, Ramkinkar Baij and Benodebehari Mukherjee from the 1930s. It is precisely at this juncture that a modernist vocabulary (as against initiatives which laid down, for half a century before, propitious ground for modernization) was introduced in several brave gestures. A rural boy in Tagore's Santiniketan, Ramkinkar Baij, ventured to introduce, with reckless optimism, a postcubist expressionism and through that means to openly valorize primitive/peasant/proletarian bodies, to give them an axial dynamic. He thereby sought to bring through the ruse and reason of indigenous subject matter a methodological shift in constructing the image.

This was differently taken up by Jamini Roy in Calcutta during the 1930s. Roy "objectified" the tradition by bringing the question of folk iconicity and urban commodification face-to-face. Exactly at the same time there was an alternative in the form of the interwar realism initiated by the part-European, Paris-trained artist, Amrita Sher-Gil. With her intelligent masquerade as the oriental, native yer modern woman, she gave to this emerging modernism a reflexive turn. She died a sudden death in Lahore in 1941, the year of death of the octogenarian savant Rabindranath Tagore. By then Indian art had begun to pose considerable formulations on modernism.

A flamboyant form of cultural symbiosis was enacted by the Bombay-based artists in the late 1940s. The Progressive Artists' Group, initiated in 1947 by the Goan-born Francis Newton Souza, brought Maqbool Fida Husain, Sayed Haider Raza, Krishnaji Howlaji Ara and, of course, Souza himself into quick prominence. Alike in their youthful poverty they represented, quite significantly, a cross-section of religious, class and caste backgrounds, and they offered distinct motifs to designate their sense of identity and dispossession. As a group they pitched into the heroic narrative of modern art and produced a formalist manifesto that was to help the first generation of artists in independent India to position themselves internationally. Several artists' groups claiming modernism came into existence during the 1940s and 1950s in Calcutta, Bombay and Madras. Of these the Bombay Progressives achieved, in the first decade of independence, a "properly" *modernist* stance.

The two enactments of modernism are seen developing together in India. In the romantic antecedents of that term the heralds and witnesses to social change ought to be carrying the flag of modernization (and thus also of modernism), which includes expressionist realisms of different shades. Thus in India, Maqbool

Fida Husain, K. C. S. Paniker, the Mexico-trained Satish Gujral and Ram Kumar, briefly inspired by the French left, held that position until the early 1960s. Just as artists with a commitment to social transformation set the terms of revolt each in his/her context of community or nation, the outriders created the necessary disjuncture: the artists who established themselves in India became cultural emblems within a progressive national state, and those who left for Paris and London became equally emblematic outsiders of modern fiction. They embodied the modernist impulse of choosing metropolitan "exile"—the first criterion of modernity, according to Raymond Williams.[1]

Like hundreds of struggling artists in Paris and in London, these early "settlers"—prominent among them Souza and Tyeb Mehta in London, Raza, Akbar Padamsee and Krishna Reddy in Paris—celebrated their solitude, their radical estrangement and the immanent "truth" of art language, to become the first heralds of internationalism in India. The premise of international art was not of course innocent of ideology. Even as it led the nonaligned movement, India stood closer to the second world than to the first and the West continued to be marked as imperialist, however alluring its cities, its citadels of modernism, may have been for Indian (and myriad other) artists. The older imperialist markings

1 Williams, *Politics of Modernism*, p. 34.

were transferred to postwar USA where, as we know, it had become ideology proper. The American cultural establishment elicited from the boldly original and freedom-loving artists grouped together as Abstract Expressionists, the slogan of cultural "freedom" vis-à-vis the socialist bloc. In the bargain, New York with its immense energy won the day even over the erstwhile Parisian fix. Those who had been part of the School of Paris, among them some of the best Indian artists of the 1950s, turned sympathetically to New York in the 1960s. They gained a fresh painterly ground and the poetics of an authorial gesture.

At the ideological level one may add that the US agenda to export cultural freedom came to India late. Fellowships for artists' residencies in New York were made available in the 1960s and 1970s to well-known Indian artists by the J. R. D. Rockefeller III Fund as a kind of postscript to its blatant strategies of intervention in Latin America; and the American side was highlighted by Clement Greenberg's visit to India in 1967 when he accompanied a large official exhibition of modern American painting sent by the Museum of Modern Art, New York. But the ideology as such did not make headway because of the nationalist self-regard persistent among even the most international of Indian artists.

Meanwhile there was a divergence in the Indian art scene itself. A generation of Indian modernists came to be attracted once again to a European, more precisely Italian and Spanish, rather than an American aesthetic. Artists like Jeram Patel, J. Swaminathan, Jyoti Bhatt, Himmat Shah and Ambadas responded to the informal aesthetic (of Antoni Tapies, Lucio Fontana, Alberto Burri, for example) and this showed up in the Group 1890 exhibition of 1963. The exhibition manifesto was written by Swaminathan and the catalogue was introduced by the then Mexican ambassador to India, Octavio Paz. The attraction of the eleven-member Group 1890 to material/ritual/occult signs reissued the modernist enterprise in the coming years. It came to be situated with peculiar aptness in a visual culture of iconic forms still extant in India. This indigenism produced a playful modernist vocabulary replete with metaphorical allusions. Nagji Patel is an example. But the surrounding rhetoric of Indianness also grew apace in the 1970s and 1980s. It acquired official support both in the National Gallery of Modern Art and the Lalit Kala Akademi with artists like Gulam Rasool Santosh gaining national status. This institutional aesthetic tended to short-circuit some part of this enterprise, leaving a pastiche in the form of an overtly symbolic art proffered as "neotantrism".

One is tempted to plot a tendentious narrative of oriental transmutation during the decades 1960–1980: to show how the Parisian aesthetic was surmounted by the hegemonic American notions of freedom in the matter of world culture, how this was questioned by the liberationist rhetoric of the Latin world, and how all this contributed to form a distinct (rather than derivative) entity called modern Indian art. And how it acquired a national seal. For at the level of painterly practice many tendencies were recycled within the Indian sensibility. Exuberant forms of abstraction blazoned forth in Raza, Ram Kumar, Padamsee, V.S. Gaitonde. Abstract artists of the erstwhile Group 1890 and the so-called neotantrics held sway, especially the freer among them like K.C.S. Paniker and Biren De, who contributed a subliminal, even ironic symbolism. At the same time, the work of artists with an informal sensibility, like Mohan Samant and Bal Chhabda, surfaced. Finally, artists with an indelible *écriture* shone out: I am referring to Somnath Hore's inscription in paper pulp of the social *wound* and Nasreen Mohamedi's capture of private grace in her ink and pencil grids.

These complex developments are only signposted here to fill out the contours of the larger narrative of the modern. By 1978, when the relatively old-style modernist Harold Rosenberg was invited by India to sit on the jury of the Fourth Triennale India, the more strictly modernist style in Indian art, especially abstraction, was on the wane. Rosenberg saw what he was to describe in his generously mocking manner as a "much of a muchness" of representation by younger artists. He was referring to artists positioned against modernist formalism: late expressionists with a social message and artists trying to tackle the problem of reification in art language and the objects/icons of late modernism who had moved into popular modes and narratives, turning objects into fiction, icons into discourse.

Narrative Extensions

Noting that an interest in allegory had developed across the board but especially in the third world—from Gabriel García Márquez to Salman Rushdie—Fredric Jameson provides an ideological twist to the impulse:

> *Fabulation—or if you prefer, mythomania and outright tall tales—is no doubt a sign of social and historical impotence, of the blocking of possibilities that leaves little option but the imaginary. Yet its very invention and inventiveness endorses a creative freedom ... agency here steps out of the historical record ... and new multiple or alternate strings of events rattle the bars of the national tradition and the history manuals whose very constraints and necessities their parodic force indicts.*[1]

During the 1970s not only third world writers but also filmmakers and artists moved into magical realism, courting

---

1 Jameson, *Postmodernism,* p. 369.

narrative abundance for deterministically motivating desire. In India this form of quasi-historical representational practice led equally deterministically to a variety of social realisms featuring artists as varied as Krishen Khanna, A. Ramachandran, Gieve Patel and Bikash Bhattacharjee. By the end of the 1970s an affiliation was formed with what was at the time the School of London after R. B. Kitaj—anathema indeed to Paris and New York but seen by several Indian artists of this generation as an antidote to the formalist impasse of late modernist art. This move also tried to take into account the lost phases of twentieth-century art: Mexican muralism, German new objectivity, American regionalism. That is to say, all those artists left in the wide margins of the twentieth century that a too-narrow definition of modernism ignores. This was the virtual manifesto of the 1981 exhibition *Place for People*, featuring Bhupen Khakhar, Gulammohammed Sheikh, Jogen Chowdhury, Vivan Sundaram, Nalini Malani and Sudhir Patwardhan.

The narrative move activated the strong traditions in Indian art itself, including its revived version in the nationalist period. At this juncture K.G. Subramanyan, the wise and witty father figure linking Santiniketan with Baroda, took up genre painting (on glass) as a form of parody of the high modern. Parodying as well the ideologies of the popular, he slipped over the cusp—beyond modernism—and made a decisive new space for Indian art. This was extended by subversive tugs in social and sexual directions in the hands of an artist like Bhupen Khakhar. A regionalism developed in Baroda and it combined with the urban realism of Bombay. A representational schema for cross-referencing the social ground was realized. A reconfiguration also took place of the realist, the naive and the putatively postmodernist forms of figuration. Indian art, even as it ideologized itself along older progressivist terms, came in line with a self-consciously eclectic and annotated pictorial vocabulary.

If we argue that Indian efforts at finding an identity were reinforced by a kind of ethnographic overspill into fabulous narratives and new ideologies of narration, it can also help position the interest in pictorial narration in Indian contemporary art during the 1970s and 1980s in a more provocative stance. To the traditions of K.G. Subramanyan and Bhupen Khakhar add Gulammohammed Sheikh, and we can see how these artists moved via pop art into a representational excess of signs to renegotiate several traditions at once. The intertextuality of their images, the art-historical references, the popular idiom serve as a more confident avowal of a regional and properly differentiated national aesthetic. Art language now affirms its multivalence, opening up the ideology of modernism to the possibility of alternative realities. By its transgressions what is retroactively called the postmodern impulse opens up the structure of the artwork, too-neatly placed within the high culture of modern India. The new narrators rattle the bars of national tradition and let out the parodic force suppressed within it.

During the 1980s a number of Indian artists assume the authorial confidence to handle multifarious references, to deliberately disrupt the convergent philosophy and language of Indian modernism. Prominent among them are women artists of a figurative turn. Arpita Singh, Nalini Malani, Madhvi Parekh and Nilima Sheikh are active in the 1980s. Anupam Sud, Arpana Caur and Rekha Rodwittiya reinforce the turn. These artists introject a subjectivity that is existentially pitched but does not devolve into the currently celebrated schizophrenic freedoms. Gender interventions come to mean that the narrated self is inscribed into the social body through allegorical means with a secret intent that exceeds its textual character. For there is always in our unresolved modernity and in our postmodern retroaction the haunting need to release a repressed consciousness, and in the case of the more politically inclined artists, to introduce a mode of intervention.

Postmodern Pros and Cons

The adventures of the aesthetic make up one of the great narratives of modernity; from the time of its autonomy through art for art's sake to its status as a necessary negative category, a critique of the world as it is. It is this last moment (figured brilliantly in the writings of Theodor Adorno) that is hard to relinquish: the notion of the aesthetic as subversive, a critical interest in an otherwise instrumental world. Now, however, we have to consider that this aesthetic space too is eclipsed—or rather that its criticality is largely illusory (and so instrumental). In such an event, the strategy of an Adorno, of "negative commitment" might have to be revised or rejected, and a new strategy of interference (associated with Gramsci) devised.[1]

Apropos forms of interference, the Indian Radical Painters' and Sculptors' Association (1987–1989) most nearly attempted such an avantgarde function within the Indian context. It was constituted by young Kerala artists like Alex Mathew, and the charismatic K.P. Krishnakumar who committed suicide in 1989. Its members were affiliated for the most part to ultra-left groups in a province of India frequently governed and consistently influenced by the communist movement. Their mode of intervention and how they pitch themselves into the practice and discourse of radicalism make an exemplary story terminally situated in the project of modernism.

It is often argued that the anti-aesthetic in the modern–postmodern conjuncture suits the third world very well. This is the

---

1 *The Anti-Aesthetic: Essays on Postmodern Culture*, ed. Hal Foster, Port Townsend, WA: Bay Press, 1983, pp. xv–xvi.

position of the third cinema protagonists, the crisis in modernism itself being attributed to revolt by cultures outside the West. We also know for a fact that black ideologues and feminists have found the possibility of conceptualizing a far greater degree of freedom through an understanding of postmodernism, through an understanding of the operations of power in relation to which their own art activity is inevitably positioned. It is precisely the task of the politically inclined artist to make this conjunctural moment more profoundly ironic; to once again question the existential status, the indexical ramifications of signs in the politics of our times. This has to do, as Hal Foster points out, with a critical deconstruction of tradition, not an instrumental pastiche of pop or pseudo-historical forms, with a critique of origins, not a return to them. In short it [postmodernism] seeks to question rather than exploit cultural codes, to explore rather than conceal social and political affiliations.[1]

At this point it becomes more than a polemical strategy to say that with the advent of the postmodern there is a release of new productivity in India and that it provides a relief from Indian modernism developing according to its so-called inner logic. It is worth noting, therefore, that this entire discourse might mean

---

1 *The Anti-Aesthetic: Essays on Postmodern Culture*, ed. Hal Foster, Port Townsend, WA: Bay Press, 1983, p. xii.

something quite precise within a continuum of Indian art: strongly imagist and almost always covertly symbolic, Indian art may have already come into crisis through the too-easily assimilated modernist principle of metaphoricity. Since the pop divide took in surrealism and dada—specifically their critique of representation and reification—the image has been persistently questioned (by the forms of theatricality in minimal art for example, and by the "idea" in conceptual art) in the West. Not so in India. It is worth asking if our own fixation with the past as image, with the heavy claims for cultural condensation, does not now require an urgent sorting out of the over-signified image. This is where N. N. Rimzon, a sculptor who has positioned an iconic image that is in its contemplative mode *reflexive* rather than contestatory in relation to India's "high" culture, may offer a relevant hermeneutic.

But the postmodern aesthetic now plays with the image of images, the simulacrum—it plays through parody and pastiche. With the market entering Indian art practice on an institutional plane the factor of commodification is firmly on hand. In fact Indian artists may be nearer than they know or acknowledge to postmodernist kitsch through "instrumental pastiche" and exploitation of "cultural codes". In India, now, one may find a mock-surreal confrontation between the protagonists of the real as against those of the simulacra over the live body of the modern—a confrontation to claim the very sublime that Lyotard attributes to the postmodern avantgarde.[1] All avantgardes have to take account of the market now; all art practice has to reckon with forces that sully the sublime. Which is why, in place of Lyotard's illusory account of transcendence, the term "interference" may be more correct.

For myself I hope to find affinities for Indian art beyond the simulacra and towards a historically positioned aesthetic. There is a strong glimpse of this possibility: if postmodern art, preferring the spatial over the temporal dimension, produces a flattened version of time and narrative, a cut-out image of the contemporary without its historical referent, there is already in Indian art an appreciation of these problems by artists like Nalini Malani and Vivan Sundaram. There is an attempt at a radically different structuring of the part to the whole so that the different ordering of the relationship between metaphor and metonymy is worked out as a form of "cognitive mapping".[2] A utopian vision is sought to be articulated and critiqued by allegories that go beyond the overworked ground of mytho–poetic symbolisms favoured in indigenist versions of modern art. The immense imaginary, always seductive to the Indian psyche, is now consciously transfigured into open structures, paradoxical signs.

---

1 Lyotard, *Postmodern Condition*, p. 77.

2 Jameson, *Postmodernism*, pp. 417–418.

The cue for a complex handling of the postmodern may come, more than anywhere else, from cinema. The cinema of Kumar Shahani, for example, uses the fictive device of epic narration not only to keep a hold on history, on the dimension of time and memory which the postmodern age is determined to displace; it also poses the question of aesthetics and reification within the narrative itself. The conditions of hypostasis are staged precisely to resist the unadmitted stasis of the commodified image. Thus the image that Shahani so sumptuously nurtures as a cinematic privilege, or rather as cinema's privileging of the imagist realm that constitutes the unconscious itself, this image is made profoundly ironic in its very beauty in films such as *Tarang* (1984) and *Kasba* (1990).

Ground Realities

At this juncture I would like to *reverse the argument*. Having gone through the logic of art history in an optimistic mode—anticipating further complexities within what I called the modern–postmodern conjuncture—it is worth asking if all questions of aesthetics might not be mocked out of discussion at the level of ground realities and in the current play on lifestyles as differential culture. The postmodern has as many cosmopolitan conceits as the modern ever had and requires over and above that a command of technology and media and of international market transactions far exceeding the modern. We do not, in the third world, have command of the mechanisms that may be used to undo the terms of this reified culture which offers so many seductions. We do not even have the backing of the historical avantgarde that Europe conceived as its dialectical method for battling reification and other vagaries of capitalist culture.

The political discourse of the postmodern promises to undo the totalizing vision of the historical universe and with that the institutionalizing of the modern. But it subsumes nevertheless the politics of actual difference based on class, race, gender into a metadiscourse of the one world order rivalling, despite its protestations to the contrary, any global hegemony sought or established by the modern. This postmodernism supersedes the kinds of cultural praxis historically possible in different parts of the world to such an extent that one might say that *our* cultures in the third world do not at the moment stand a chance. Thus the cultural manifestations of the postmodern may be something of a false gloss on the hard facts of the political economy to which these are related.

All this is further contextualized by the fact that India has now been pulled into the logic of multinational capitalism, a fact only lately declared and now openly celebrated. The Indian government now puts out posters showing a great elephant breaking free of his chains. It is not clear whether the elephant is the people, the nation, the state, or the big bourgeoisie, but perhaps that is the whole point. There is this deliberately conflated representation of an Indian identity hitherto signified entirely, even defensively, in nationalist terms, terms that are now seen as fetters.

The Government of India has accepted "solutions" for its economic crises in full accord with global prescriptions for "stabilizing" the less developed countries, when in fact the experience of a majority of the countries that have accepted "structural adjustment" packages has been disastrous.

> *What metropolitan capital demands via the IMF and the World Bank ... [is] an "open-door policy", namely that it be treated on a par with domestic capital itself, which inevitably entails encroaching upon the latter's extant economic territory. The transition demanded and enforced is not one from Nehruvian state intervention to an alternative regime of state intervention in favour of domestic monopoly capital, as in the case of the metropolitan economies, but to a regime of state intervention in favour of monopoly capital in general, both domestic as well as foreign, in which the foreign element inevitably constitutes the dominant component.*
>
> *We thus have a switch: of the state acting as a bulwark against metropolitan capital ... getting transformed into*

a defender of its interests against the domestic working masses.[1]

What we are doing under the tutelage of IMF and the World Bank involves not only anti-poor, proconsumption policies but also the virtual surrender of national sovereignty—operable only on the basis of a welfare state. It predicates surrender on all fronts including the basic right inscribed in every anti-imperialist and nationalist agenda: the right to make our own economic laws. The specific pressure by the USA (via GATT and Intellectual Property Rights legislation) commoditizes all knowledge. Discussion of the cultural logic of late capitalism thus has to be contextualized so that the new imperialisms are kept fully in sight. For whether or not nationalism as such can any longer be upheld, the new globalism has to be seen for what it does. It seeks the disintegration not only of socialism but also of postcolonial national formations.

Ironically, even contemporary radicals will say that what is happening to the Indian nation is what ought to happen to national formations in good time: they must break up to give long-needed space to new social movements, to subaltern groups and their struggles. The entire discourse from the liberal democratic

1 Prabhat Patnaik, "A Note on the Political Economy of the 'Retreat of the State'", in *Whatever Happened to Imperialism and other essays*, New Delhi: Tulika, 1995, p. 206.

to the radical is now, especially after the defeat of socialism, arraigned against large collectives, against the national, against the nation-state. It is as if the nation-state presents an even greater danger than imperialism as such. This, however, is far from the historically experienced truth of colonial/postcolonial nations. Especially as the neo-imperialism of the West is happy to let reactionary nationalisms thrive—on the basis of fundamentalism, violence, territorial fracture.

Even as all categorization is now ranged on the level of majority and minority communities, all discourse proceeds thereon—as a politics of communitarian difference. Within the first world plurality is nothing more than liberal tolerance and neo-ethnicity is another face of anti-socialism. It needs to be said that painfully wrought nations in the third world cannot be subsumed in that discourse. We are beginning to be taught the lesson that religion and its call for difference, even in a democratic country like India, can quickly bring us to the brink of fascism—precisely perhaps if we capitulate on the national. Whatever else it may have failed to achieve, the national is still constitutionally (and experientially) predicated on modern, secular values and produces, therefore, a democratic polity.

Metaphoric Recall

Not so long ago socialism, its history interwoven with that

of bourgeois culture and therefore with modernity, transmitted strength and hope from its different registers of radical opposition. Without the socialist narrative and without national allegories, what is it that will sustain a symbolic order of collectivities in our imagination? And how shall we oppose the collectivities forged in the name of the holy by the religious bigots of the day? Nationalism along with socialism may for the moment be a lost cause, but as for the more dangerous forms of totalization—racism, religious fundamentalism—these grow apace and will not be contained by postmodernism's preferred metaphors of schizophrenia, the unassimilable feature of nihilist freedom. The terror of religious revivalism is very real. However, when the East is demonized it should be placed face-to-face with the rise of reactionary conservatism, indeed of neo-fascism in the West and the terror that it spells. With the politics of emergent ethnicities, with the non-contextual appropriation of traditions and the obscurantism of religious militancy, we are increasingly held to ransom by a fundamentalist or racial consciousness.

In an age of political retrenchment it may be useful to place nostalgia for socialism to the fore and designate it as properly symbolic. There is good reason to recall that the modernist project was engaged in an affirmative act of desacralization; it was engaged in a decoding and a secularization of works of the past and the present. This is of the greatest importance in evaluating today the significance of that modernism.[1]

In India for the moment it looks as though there is a modernism that almost never was. The more political among Indian artists may be right after all in believing that the as yet unresolved national questions may account for an incomplete modernism that still possesses the radical power it has lost elsewhere. Positioned as an intrepid form of the human, signified in an order of verticality, thus John Berger introduced Picasso into the arena of the modern: as a vertical man.[2] Despite this male imagining of the modern it may be useful to place, like an archimedean point, a stake on an anthropomorphic truth of the modern revolution. For the Indian artist this stake is beyond irony and beyond also the proclaimed death of the subject. Mapping the chronological scale of realism/modernism/postmodernism on to the lived history of our own deeply ambivalent passage through this century, it may be useful to situate modernity itself like an elegiac metaphor in the "new world order".

This essay was first presented as the Ashby Lecture, "When was Modernism in Indian/Third world Art?", at Clare Hall, University of Cambridge, in 1992; and at the conference Theories of the Visual Arts,

---

1 See Jürgen Habermas, "Modernity—An Incomplete Project", in *The Anti-Aesthetic*, ed. Hal Foster.

2 John Berger, *Success and Failure of Picasso*, Harmondsworth: Penguin, 1965.

organized by the Institute of Higher Studies in Art, Caracas, in 1992. Earlier published versions appeared in *South Atlantic Quarterly,* Vol. 92, No. 3, Summer 1993; and in *Journal of Arts & Ideas,* Nos. 27–28, May 1995. The present version is taken from Geeta Kapur, *When was Modernism: Contemporary Cultural Practice in India,* New Delhi: Tulika, 2000. It was re-printed in *Over Here: International Perspectives on Art and Culture,* eds. Gerardo Mosquera and Jean Fisher, New York: New Museum of Contemporary Art and Boston: MIT press, 2004.

Curating across Agonistic Worlds

In the Wake of the 1960s: Curators and Avantgarde Practice

A curated show may render an individual artwork less “itself”, less than it is in the studio or within the more dedicated aesthetic framework of a monographic show or in the discreet display of an art-historical museum. More controversially, the curator may deliberately render the artwork incomplete and construct (deconstruct) meanings with reference to a conceptual paradigm, or, on the other hand, a spectatorial schema in which it is seen as only an instance. In this case, the curator can be said to be acting against the interest of the artist in order to act in favour of some new relational premise between works and with the beholders. I favour looking at an exhibition as an expositional *argument*, staged by the curator within a supporting mise-en-scène; as a curatorially determined *itinerary* that unfolds within the synchronous structure of the installed exhibition, setting it apace into the temporal dimension.

The role of the curator as the creative director of an exhibition emerged in the late 1960s. [1]It developed rapidly by incorporating the artistic and intellectual preoccupations of the time. A glance at

---

1 See Teresa Gleadowe, “Artist and Curator: Some Questions About Contemporary Curatorial Practice”, *Visual Arts and Culture*, Volume 2, Part 1, 2000.

some examples of the 1960s art movements shows how changed art forms demand a corresponding style of exposition within the gallery, how curatorial innovations occur with reference to structures, models, ideologies devised for specific tendencies. Minimalism, for example, suggested that the spectatorial body has an axial privilege, that it provides a phenomenological understanding of the artwork. Translated into curatorial practice, it required an astute positioning of the artwork in the spatial parameters of the exhibition, and it required that the curator find ways to restrain the exhibition process at the very point where the controlled theatre of the encounter turns into spectacle.

The 1960s critique of the consumer society in postwar capitalism—Guy Debord's "society of the spectacle"—translated into a renewed understanding of historical materialism with direct bearing on the discourse of art, in that the growing reification of the art object was put under scrutiny. The Fluxus movement swept away standard taxonomies and value hierarchies in art, upturning exhibition procedures right down to the scale, devices and containers for display. At the same time, "happenings" (already preceded by the action-oriented art of the Gutai artists in 1950s Japan) erupted on the art scene, privileging improvisation and transience, followed in the 1970s by a more structured performance art led by feminists. Arte Povera offered new forms of material investment in objects that were then outside of the exchange nexus and signalled subversive messages in favour of inversion and redundancy.

The 1960s breakthrough was crucial in reintroducing into radical art, material chaos along with symbolic *entropy*. Exhibition-making canons were destabilized, and democratic initiatives put pressure on the very institution of art. The landmark exhibition of that period, by the "master" curator Harald Szeemann, took place in 1969. It was tellingly called: *Live in Your Head: When Attitudes Become Form: Works–Concepts–Processes–Situations–Information.*[1] Szeemann favoured flux, ferment and a process-oriented sociability rather than an object fixation in the making and showing of artworks. He emphasized a radical individualism ("inner bearing") and a utopian romance by and on behalf of the artist. He set the stage for the curator as collaborator and co-producer of artworks and exhibitions alike, and he would be, for decades to come, an avantgarde figure in his own right.

The following decades saw the rise of architectural-scale installations, site-specific projects, interactive community workshops and an anarchic spillage into social spaces by artists and curators

1 *When Attitudes Become Form* showed the work of 69 artists belonging to diverse tendencies, including Conceptualism, Arte Povera, Land Art, Anti-Form, etc.: tendencies that had an avantgarde status at the time. It opened in the Bern Kunsthalle in 1969 and was later shown at the Institute of Contemporary Art in London. For Szeemann's introduction, see exhibition catalogue, *When Attitudes Become Form*, London: ICA, 1969.

working to build an alternative infrastructure to the gallery system.[1] The idea of the art laboratory was afloat, and the ideological issue of art in the public domain became prominent in the discourse.

The democratic impulse also took another route precisely in the late 1960s,[2] extending the emerging practice of Conceptualism through a corresponding curatorial reflexivity. Conceptual art, intent on *un*making the art object, privileged intellectual economy and an almost unprecedented form of austerity regarding the means and ends of art. The white cube was emptied out and made neutral, even at times redundant for and by Conceptual art. This discrete, deliberately anti-experiential space served paradoxical ends: to permit commonplace access to esoteric messages; to inscribe documentary texts in clinical conditions. This double encounter was designated as "art" that has finally done away with aura and can propose an indeterminate aesthetic.

The developments sketched briefly above are condensed in my example of Catherine David's Documenta X at Kassel

1 In 1986, Jan Hoet curated a landmark exhibition (under the auspices of the Ghent Museum van Hedendaagse) called *Chambres d'Amis*; it spread across fifty private homes made available by the citizens to artists and visitors, in what became a transformative act for both the production and the reception of art.

2 Seth Siegelaub, a New York gallery owner and "exhibition organizer", took the lead from the mid-1960s until 1971 with a series of exhibitions, like *The January Show* (1969). His publications–exhibitions presented Conceptual art in ways that actively supported the dematerialization of the art object and privileged the free exchange of information.

(1997). David created a new discursive space for curatorship in which the more informal model was reshaped by a form of curatorial command—for example, in the way she laid out what she called the *parcours*, the itinerary, and through it an argument for the exposition, using the city as the mise-en-scène. A selection of key avantgarde moves from the 1960s to the present were restaged to testify for what she saw as *critical* art practice with a corresponding poetics and a related, politically inspired discourse.[1] David's range of choices first defined her position within the contemporary; then, deploying the privilege of curatorial detachment, she "exceeded" the artists' intent. Arching over the actual artworks on display was something like a problematic, a metadiscourse on what critical contemporaneity in art might mean today. This made the exhibition a philosophic case in point, an exegesis as much as a phenomenological experience—and the 100 Days 100 Guests programme of lectures, which drew in multidisciplinary and worldwide extrapolation on contemporary forms of criticality, was part of that exegesis.

The *Magiciens*

I now step out of the Euroamerican zone and into a world

---

1 See *Poetics-Politics: Documenta X—the Book*, Ostfildern-Ruit: Cantz Verlag, 1997, for a multi-authored textual compilation that complements and vastly elaborates on the premise of the curator Catherine David.

where curatorial practices have developed contingent, even exigent styles, often in contrast to those sanctioned by (Western) art history. The rise of the curator as a key category in the exposition of art happens, coincidentally, in tandem with the third world assertions of alterity, including a revolutionary passage in the 1960s and a more conciliatory multiculturalism in the 1980s and 1990s. Standard discourse on contemporary art was destabilized by the redoubled exposition of postcolonial postmodernism, and relativized for good by the very scale of twenty-first-century globalization. Consequently, the curatorial project entails today an almost mandatory inclusiveness based on *difference* and indeed on decentralization of cultural power—in discourse as in practice.

But let us for a moment step back to Jean-Hubert Martin's controversial exhibition *Magiciens de la Terre* at the Centre Georges Pompidou (Paris, 1989).[1] It serves perfectly for situating Europe's perennial interest in the exotic within the new transculturist permissiveness of the postmodern. An inaugural transcultural mission in the field of contemporary curation, wittily researched and outrageously bold, *Magiciens* claimed the democratic value of attributing both spiritual *and* conceptual parity

---

1 The exhibition *Magiciens de la Terre* was curated by Jean-Hubert Martin for the Centre Georges Pompidou and the Musée national d'art moderne, Paris, in 1989. See exhibition catalogue, *Magiciens de la Terre*, Paris: Editions du Centre Pompidou, 1989.

to a myriad of cultural-creative acts. With *Magiciens*, Martin gave something like a ritual status to contemporary avantgarde art of the West, relating this to the allegedly magic-driven artworks from "other" cultures. Correspondingly, he contemporanized the "sacred" works from the margins in conjunction with the declaredly secular works from the West. This relativizing exercise, meant to revise the debate about the "primitive" and the modern, was also intended, presumably, to produce a conviviality between races and genres. The exhibition carried above all a desire to recall, and even restore, the lost aura in Western art.

The curatorial premise of *Magiciens* was both anticipated and followed by intense debate. I refer to a set of articles published by *Le cahiers du Musée national d'art moderne* and reprinted in English in *Third Text*, where a range of perspectives was offered.[1] In an interview with Jean-Hubert Martin, Benjamin Buchloh placed his questions precisely *between* the modern and postmodern art-historical assumptions about the aesthetic of the "other" within twentieth-century art, and used the edge to cut through

1 All the articles referred to here, including the ones mentioned in the notes before, were originally published in *Le cahiers du Musée national d'art moderne,* No. 28, 1989, on the occasion of the exhibition *Magiciens de la Terre*. They were published in English in *Third Text*, No. 6, Spring 1989. See, Benjamin Buchloh and Jean-Hubert Martin, "Interview"; Rasheed Araeen, "Our Bauhaus Others' Mudhouse"; Jean Fisher, "Other Cartographies"; Guy Brett, "Earth & Museum: Local or Global?"

both the hegemonic (humanist/modernist) and the gratuitous (empiricist/postmodernist) use of criteria in a project so imbued with a redemptive agenda as *Magiciens*. Based on the principle of the carnivalesque, this proposition was already too complicit with the capitalist consumption characterizing the era. Given that the spectacle is now the overwhelming strategy for global merchandizing of commodities and culture, art's redemption would perhaps have to come from a different, decidedly more critical approach.

A third world framework spelt out by Rasheed Araeen challenged the continuing disavowal by Western aesthetic regimes, modern and postmodern, of a historically undeniable plurality of the modernity project in the world.[1] The *Magiciens* agenda did admit the modernizing process in the rest of the world, but within an anthropological paradigm of tradition-and-change. It obfuscated the actual anticolonial/postcolonial discourse of democracy, civil and political rights that takes place with it and gives corresponding cultural transformations an edge. Nor was the terrain (*terre* in the

---

1 All the articles referred to here, including the one mentioned in note 1 above, were originally published in *Le cahiers du Musée national d'art moderne,* No. 28, 1989, on the occasion of the exhibition *Magiciens de la Terre*. They were published in English in *Third Text*, No. 6, Spring 1989. See, Benjamin Buchloh and Jean-Hubert Martin, "Interview"; Rasheed Araeen, "Our Bauhaus Others' Mudhouse"; Jean Fisher, "Other Cartographies"; Guy Brett, "Earth & Museum: Local or Global?"

title) anywhere mapped by people's *living* struggles, as Jean Fisher and Guy Brett pointed out, even a conceptual recognition of which would have led to other choices than what the trope of *Magiciens* provided.[1]

In a subsequent issue of *Third Text,* Cesare Poppi argued that we ought to be warned against both "produced authenticity" and an a-dialectical celebration of difference. " 'Cultures' are permitted to take off at dusk... when history has been made and the subsumption of diversity under the umbrella of World System is a *fait accompli.* Postmodernism, in one sense at least, is ancillary to that process. It rounds up and closes the circle by setting the exchange rate of cultures—their common denominations as 'art'."[2] Poppi argued the continued reading of difference—the interval, the hiatus—as what exists between the dominant and the dominated, the hegemonic and the hegemonized; implying that we read it not as a polemical exercise but as a dialectical device *into* the very paradigm we set for art.

---

1 All the articles referred to here, including the one mentioned in note 1 above, were originally published in *Le cahiers du Musée national d'art moderne,* No. 28, 1989, on the occasion of the exhibition *Magiciens de la Terre*. They were published in English in *Third Text*, No. 6, Spring 1989. See, Benjamin Buchloh and Jean-Hubert Martin, "Interview"; Rasheed Araeen, "Our Bauhaus Others' Mudhouse"; Jean Fisher, "Other Cartographies"; Guy Brett, "Earth & Museum: Local or Global?"

2 Cesare Poppi, "From the Suburbs of the Global Village: Afterthoughts on *Magiciens de la Terre*", *Third Text*, No. 14, Spring 1991.

Magiciens was based on an (ethnographic) anachronism, where the diachronic tension between primitive and modern, the folk and urban, traditional and avantgarde, centre and periphery—an *important* tension—would be fudged by the generous aesthetic and supposed equation in synchronous viewing, only to resurface as other (objectionable) criteria.

My own criticism is focused on the way this curatorial paradigm for contemporary art set up a binary of the *indigenous* and the *avantgarde*; mapped it over swathes of the globe in geographical terms; then weighed the balance of potentialities between *individual agency* (of northern artists) and *timeless consanguinity* (of artists from the south). The crossovers were designated as hybrids, inevitably exotic in the way hybrids are. And the preferred hybrid was barely seen as a site of dense cultural collision, more like an end product of some natural mutation, replete in its full-hearted exhalation. In a carefully constructed phenomenology of the exhibition, the presence of the hybrid would confirm, paradoxically enough, the principle of hypostasis rather than of disruption or change. Predictably, therefore, examples of demonstrably metropolitan art practices in non-Western societies, transformative practices of long standing, were barely included. Few protagonists were located within these highly differentiated societies outside the West that could be shown to have agency that is properly historical—where a self-conscious breakthrough in language and politics takes place, and where that is seen to make a conceptual contribution to the Western claim on the avantgarde.

Heterogeneous Worlds

And yet, *Magiciens* was a provocation worth its while. With time we can see that it had the gumption to test the models of Western art history, including theories of the avantgarde; and it offered an anarchic spill in taste and ideology that knocked the notion of the curatorially well-made exhibition. Certainly, credit must go to the *Magiciens*' bold topography for the way these ideas have been thrashed out in discourse ever since.[1] To

---

1 The definition of a polyvocal contemporaneity has been debated in India for several decades with reference to the dense ethnic stratifications replete with still-living traditions, multiple religious communities each with their own "modernizing" cultures, and a rapidly growing metropolitan society competing its way into global capitalism. Thus contemporaneity is discussed in terms of the reach and consequence of modernity going back to the colonial period; it is now debated in terms of a globalized postmodernity that is becoming transnational in its very infrastructure. Correspondingly, exhibitions with "India" in the title have attempted to address these questions. In certain cases they have foregrounded all the difficulties of category, intent, meaning, by presenting precisely those stratified layers of cultures—from the tribal, folk and popular to the metropolitan modern—asking that we learn to read and interpret the contemporary in polyvocal terms similar to the way it is lived to this day in the subcontinent of India. After Victoria Lynn's *India Songs, Multiple Streams in Contemporary Indian Art* at the Art Gallery of New South Wales, Sydney, 1993, two important international exhibitions have brought the issues curatorially up-to-date logic. I refer to the exhibition curated by artist–art historian Gulammohammed Sheikh in 2002,

gauge the waters that have flooded curatorial practices since the *Magiciens*, one may ask a variety of questions. Is the binary of the primitive and modern, so hotly debated even until the 1980s, now properly deconstructed?[1] Is a universal aesthetic based on a humanist premise or, on the other hand, the formal self-sufficiency of art forms—the two ruling ideologies of modernism—

---

titled *New Indian Art: Home–Street–Shrine–Bazaar–Museum*, and to the young art historian Chaitanya Sambrani's exhibition titled *Edge of Desire: Recent Art in India*. (Sheikh's exhibition was one among a series showing visual culture from Bangladesh, India, Pakistan, Sri Lanka; the Indian exhibition was held at the Manchester Art Gallery. See, Gulammohammed Sheikh, "New Indian Art: Home–Street-Shrine-Bazaar-Museum", in exhibition catalogue, *ArtSouthAsia*, Manchester: Shisha, 2002. Sambrani's exhibition, organized by Asia Society, New York, and the Art Gallery of Western Australia, Perth, travelled to museums in Australia, USA and Mexico, then India in 2004–2006. See, Chaitanya Sambrani, "On the Double Edge of Desire", in exhibition catalogue, *Edge of Desire: Recent Art in India*, New York: Asia Society and Perth: Art Gallery of Western Australia, 2004.) These have not only proposed the phenomenological experience in simultaneous viewing of different linguistic regimes, but also argued for a structural relationship between image-cultures. By calibrating practices within the contemporary in terms of loci, means and relations of production, as well as materials and genres, the difference between the image-cultures is first signalled, and then described, along a continuous arc—from the artisanal to the conceptual—making space for the language of art to do its work within a viable semiotic dimension. The textual apparatus of the exhibition raises larger questions of community and nation, of the disenfranchisement of populations in the modernizing process, and, very simply, the uneasy exchange between art, living cultures and market economics.

1 I refer specifically to the controversial exhibition, *"Primitivism" in Twentieth Century Art*, organized by William Rubin at the Museum of Modern Art, New York, in 1984.

finally terminated?[1] But also, has the hybrid trope valorized in early postmodernism already collapsed? Is the new sublime that came with it valid within the much more aggressive global? The important thing is that these questions now come from sites where the conjunctural urgency defining the political is fully visible. I speak of sites where the pressure of alien temporalities from the colonial past are so heavily historicized that curators are forced to convey the exhibitory aesthetic of synchronicity into a diachronic dimension, and thence into the future.

In 1996, the Asia Society in New York invited the young Thai art historian, Apinan Poshyananda, to mount a major exhibition, titled *Contemporary Art of Asia: Tradition/Tensions.*[2] In his debut as a cutting-edge Asian curator, he presented a wide range of artworks, prominent among which were installations with an explicit materiality, site-specific and performative interventions, and documentary inputs with political annotations. The exhibition was premised on works that were explicitly located—an important

---

1 Parallels between the *Magiciens* agenda and the humanist mission of Andre Malraux's aesthetic were perceptively brought up by Yves Michaud, along with a canny suggestion that the *Magiciens*' premise included something of the formalist extension of this aesthetic as propagated by Clement Greenberg. See, "Doctor Explorer Chief Curator", *Third Text*, No. 6, Spring 1989.

2 The exhibition, curated by Apinan Poshyananda for the Asia Society in New York, was shown in several cities. See exhibition catalogue, *Contemporary Art of Asia: Tradition/Tensions*, New York: Asia Society Galleries, 1996.

concept at the time—and where signs and meanings could be *shown* to be embedded in the material conditions of their production. It presented artists with a rich understanding of a situational phenomenology, which in turn demanded spectatorial comprehension of how these artworks navigated between ritual protocol and political transgression. Indeed *Tradition/Tensions* had a built-in pedagogy with regard to types of viewing protocol. It proposed, for example, that the sacred, even when placed in parenthesis, sets up a customary etiquette whereby the phenomenology of the exhibition is restructured: notions of invocation/circumambulation, of intimacy/distance, replace the "detached" encounter of Western aesthetics.

This culturally replete aesthetic, this experiential rendering of the esoteric *and* the political privileged by the first phase of Asian art exhibitions, was upturned by a way-out and widely toured exhibition, *Cities on the Move* (1997–1999).[1] The curators, China-born Hou Hanru and the Swiss *enfant terrible*, Hans-Ulrich Obrist, took as a starting point the capitalist globalization furiously under way in Asian countries, producing an intelligent parody of tradition as also its conversion into commodity. Imitating in style the accelerated market economies of East and Southeast Asia, the

1 The exhibition travelled extensively through the world. See exhibition catalogue, *Cities on the Move*, Ostfildern-Ruit: Verlag Gerd Hatje, 1997.

exhibition was excessive, noisy, unruly; it abandoned the viewer to an array of volatile signs that put entire cultures on display and encouraged a surfeit of visual consumption. Indeed, each of the two curators has continued to map the world differently and many times over, catching artists and artworks on the run in hectically executed, marathon-scale projects.

These two exhibitions, *Magiciens de la Terre* and *Cities on the Move*, staged a rupture where the spectator entered a swirling sea of free-floating signifiers that the curator had configured, extrapolated on and spectacularized in such a way as to cast the regime of meaning all-asunder. Such extravagance can be said to have the backing of new art history/visual culture studies, where a "deconstructionist" methodology takes its cue not from high art but from the survival tactics of popular art. The tactic is that of continual hybridization, and this aesthetic, with delirious exhibition-effects, has become a favoured curatorial approach. But let us take pause. Bracketed by *Magiciens* and *Cities on the Move* was *Tradition/Tensions*, the first rigorous manifestation of the manifold languages ("tongues") at work in Asian art through the 1990s. Apinan Poshyananda presented the exhibition as both contrastive and complementary to Western "models". While the linguistic component was brought to the fore, the standard categories of art history were problematized. The virtues of "tradition" were put to work in favour of the *new*, whereby the monopoly of the West on the modern-as-new was undermined—but subtly, in that Asiatic/ironic mode of which Poshyananda is master.

Since the 1980s some key curatorial initiatives have come from exhibitions in and of the South, highlighting the fact that artworks from a consciously mapped region illuminate internal difference as they also, simultaneously, redefine received categories of ethnography and art history, ritual and theatre, material, object and concept. Overtly national–regional frames of exposition and enquiry have had a responsibility to fulfil and this, I believe, has helped (rather than negated) a reckoning of the aesthetic presumed in Western discourse to be autonomous.[1]

Southern Biennales: 1990s Count up

Extending the discussion on new forums for exhibition outside the Western academy and museums of modern art, I now refer to the exponential growth of the biennales/triennales located in the South–South circuit, some of which have developed their

1 The multiple presentations of Chinese avantgarde art (at home and abroad) made it necessary to read the avantgarde intent as an extrapolation worked out in alternative artistic domains, and inscribed not simply in art history but in highly differentiated political–cultural contexts. After the first phase of bemused euphoria, there have been trenchant interpretations of the 1990s Chinese avantgarde referencing radical aspects of Chinese philosophy, history and, not least, the political "aesthetic" of Mao's Cultural Revolution.

own ideology and agenda, as also quite heterodox curatorial ideas. I take three of the pioneering examples: the Havana Biennale, begun in 1984; the Asia-Pacific Triennial, begun in 1993; and the Johannesburg Biennale, inaugurated in 1995 (and discontinued after the second edition in 1997).

Given the grand status achieved by the primary third world exposition, the São Paulo Biennale (begun in 1951), the wager for another alternative site was placed in the Havana Biennale that forthrightly dedicated itself to third world art (including, especially, South and Central America, the Caribbean, Africa and, to a lesser extent, Asia). Bienal de La Habana, staged by Centro Wifredo Lam, with the firebrand Lillian Llanes several times director/curator (followed by a sequence of dedicated curators *always from Cuba*), projected the promise of an art that was politically and formally radical, and it did so from within a modest cultural infrastructure and very meagre resources. The international context was unsympathetic: in the mid-1980s, third world unity and socialism itself were already headed toward final dissolution. Cuba was no longer secure in its revolutionary optimism; it was systematically impoverished by US sanctions; its aesthetics lay outside the citadels of academic art history and beyond the hub of the Euroamerican art market. Yet: the intransigent faith of Cuban curators was honoured by countries and artists who participated in the Havana Biennale, and the lost agenda of radicalism gained new provocations in the decade ahead. More specifically, the Havana Biennale took on a vanguard role on behalf of contemporary (third world) art. To this day, all biennales form the South, each with a different agenda, owe a debt to Havana for advancing the potential of a decentralized art world; for proposing that alternative avantgardes do not need to affix a "neo" to gain acceptance in the canon; for demonstrating that contemporary art activity placed off-centre in respect to the West becomes, by design, default and cultural exigency, acutely *tendentious*.

Curatorially, the configuration of artworks in, for example, the third edition of the Havana Biennale in 1989,[1] tended to be theatrical, given that these works often came from cultures (Caribbean, Mexican, Brazilian and African, for instance)

---

1 It is a striking fact that the southern initiative on the biennale front went all the way across from Sao Paulo to India (Triennale-India, started 1968; continuing on an occasional basis), followed by Asian Art Biennale, Bangladesh (started 1981; continuing more regularly). The story of Triennale-India's inspiring inaugural concept, and then its irreversible decline, needs telling in a separate exposition.

The 1989 Havana Biennale has gained the reputation of being one of the most important exhibition projects of contemporary times. On a personal note, I was invited to speak at this event by Gerardo Mosquera from the curatorial team as also convenor of the Biennale conference. Here, I made my first direct acquaintance with the Latin American art as also with radical intellectuals on the scene, like Gerardo Mosquera and Desidario Navarro (Cuba), Nelly Richard (Chile), Luis Camnitzer (Uruguay/USA), Gustave Buntix (Peru). I also met a number of African and Asian diasporic artist-interlocuters like Gavin Jantjes and Shaheen Merali. Many of these figures have gone on to change the lineaments of contemporary art history.

with an aesthetic derived from magic, ritual, performance. This characteristic was put into play by the spatialization of the event: besides the Wifredo Lam Centre that hosted the exhibition, Havana's castles, fortresses, plazas, streets opened up to contemporary art. The installations were manifestly public, sometimes eccentric and secreted into gardens and palm-filled courtyards. As much as the spirit of the event was carnivalesque, the material presence of the works was foregrounded, as was their didactic élan. The exhibition bristled with works annotating actual politics in the complex terrain of South American societies, with pointed reference to national dictatorships and subaltern movements of dissent and insurgency. Cuba was (and is) a country under seige, and its stake in cultural manifestations can be nothing less than contestatory. Artworks installed by Cubans/in Havana refract art's mainstream dialogue from the prism of the Cuban crisis.

Across the globe to Australia: when the Asia-Pacific Triennial was inaugurated in 1993[1] by the Queensland Art Gallery in Brisbane, the calibrated range of works coming out of this region—from ritual to environmental to political—was revelatory, and required strategies of signification and display where not only

1 The Biennale of Sydney, started in 1973, placed its bets on connecting Australia directly to the Euroamerican artworld.

ethnic but even religious vulnerabilities had to be accounted for. The exhibition followed a principle already in place with Australian museums and with institutional and independent curators, who consider it mandatory to conscientiously annotate objects of a mixed white and aboriginal society. Consequently, in the intellectual and curatorial exercise of the Triennial, categories of the secular and the sacred had to be rethought—not with the André Malraux–*Magiciens* kind of assumption of aesthetic immanence, but in terms of the way the societies in question face these issues within a democratically organized polity; or, the other way round, how the secularization of tradition impinges on the question of citizenship in the politics of a nation. In exhibitory terms, the secular-hybrid, addressing the particular politics of a named nation, requires keen curatorial strategies. While the general public is enabled to read the social problematic underlying distinct cultural iconographies, the artwork also asks to be placed in coeval terms with other, more familiar, international art forms in the contemporary.

Mooted in 1994 and held in 1995 at the very instance of South Africa's liberation from the apartheid regime, the initiative for *Africus: The Johannesburg Biennale*, came from the white establishment in the arts, but the imperatives of the historical moment were paramount. A range of African and collaborating guest curators from across the world travelled together in

South Africa, and their selection, at once regional, "national" and transcultural, included contemporary black African art (a compound of tribal and urban–popular art), overtly political anti-apartheid artworks of white South Africans, as well as international artists seen to work in correspondence with the poetics, the allegories, the present political, of the country and region.[1] One of the locations, an old power house, provided quite monumental proportions to the curatorial exercise. By the time of the second edition of the Johannesburg Biennale in 1997, South Africa's Truth and Reconciliation Commission was at work; the new nation was struggling to find a democratic state apparatus commensurate with its long struggle; and it was also eager to enter the world as an (already) mature player in global matters, political and economic. If South Africa heralded a signal instance of postracial contemporaneity, the choice of the Nigerian-born, American-emigré curator, Okwui Enwezor, showed appropriate ambition. He led the second Johannesburg Biennale, seeing the African

---

1 Knowing that the cultural challenge in Africa is complex, coming as it does from the constituted "difference" of disparate tribes, and almost irredeemable divides of race and class; and that the art scene enacts corresponding modes of representation/contestation that must be upfronted, there was a conscious effort to open out and relay art practices from several loci. As one of the multiple co-curators for *Africus*, I got first-hand experience of this optimistic event; after travelling and conferencing with other international curators, I showed the work of four women artists: Nalini Malani, Nilima Sheikh, Pushpamala N. and Sheela Gowda, titled *Dispossession*.

challenge from the standpoint of his black-African origins, his militant postcolonial ideology and his diasporic vision. Enwezor titled his Biennale *Trade Routes: History and Geography*, where, using the trope of mapping, he shifted the discourse via the voice of the African diaspora to the global, thus advancing the discourse of African art into transcultural dimensions of the contemporary. As is the case with Enwezor's curatorial work, the framing had a definite politics; that it nevertheless generated a sense of locational alienation within the African art world is another, longer debate, but the consequences were unfortunate: curatorial "hubris" appeared to bring the Johannesburg Biennale to a premature end.

In the last two decades there has been an enormous proliferation of the biennale phenomenon in the South and in the East.[1] These biennales meet with a high-handed critique from

---

1 Beginning with Sao Paulo, biennales outside the West have existed since the 1950s. Since the 1990s, there has been an unprecedented multiplication, especially in East Asia and, at a slower pace, in West Asia, Africa and South America. To name some biennales (and triennales) that began in the 1990s in the broad region of the South: Dak'Art Biennale of Contemporary African Art, in Dakar (started 1992); Taipei Biennale (started 1992); Johannesburg Biennale (started 1995, discontinued after 1997); Kwangju/Gwangju Biennale (started 1995); Shanghai Biennale (started 1996/became international 2000); Fukuoka Asian Art Triennale (started 1998).

Ten years down the line, in the year 2005, there were, besides, the much talked about Moscow Biennale of Contemporary Art, the second Yokohama International Triennale of Contemporary Art, the second Beijing International Art Biennale, the third Fukuoka Asian Art Triennale, the seventh Sharjah Biennale, the eighth

Western curators. Flaunting institutional fastidiousness, quality control, cultural snobbery, even open mockery, they nevertheless conduct curatorial activities at these new sites, claiming with impunity that an international high-profile curator—read Western hegemony—is essential to put the city and region on the international art map. In response, the first strategic point I make here is this. In pragmatic terms, the benefit from a biennale is especially evident in countries that have no museum practice worth the name when it comes to modern and contemporary art, where the opportunities to engage with international art are scarce, and where the only "institutions" developing at breakneck pace are the art market and the auction house. Such biennales have sometimes been called the poor man's museum (so is the Venice Biennale the rich man's casino?), and there is some truth here. The biennale phenomenon, never beyond serving vested interests (biennales

---

Yogyakarta Biennale, the ninth International Istanbul Biennale, the 10th Cairo International Biennale. And so on. The Singapore Biennale and Luanda Biennale in Angola emerged in 2006, and in the same year the long-standing Sydney Biennale changed course to dwell in detail on *Zones of Contact* outside the West—especially along Eastern Europe, Central and West Asia. This complemented the mature vision of the (fifth) Asia-Pacific Triennial in 2007; and anticipated the year 2008 when major curators were invited to lead older and newer Asian biennales: Okwui Enwezor for the Gwangju Biennale in Korea; Vasif Kortun and Manray Hsu for the Taipei Biennale; Gao Shiming, Sarat Maharaj and Chang Tsong-zung for the third Guangzhou Triennial in China. Indeed this regional efflorescence was seen to "compete" with the grand tour of Europe in the summer 2007, when Documenta 12, the 52nd Venice Biennale and the Munster sculpture shows ran together.

being a mixture of state spectacle, cultural hegemony, market interests and tourist commerce), is at the same time a means of creating, through a form of provisional institutionalization, professional conduits of communication in the cities and countries where biennales occur: erecting bridges between the state and private finance, between public spaces and elite enclaves, between artists and other practitioners—including dedicated young cadres in the cultural community. The second strategic point is that the new biennales can be seen to radicalize the discourse on contemporary art towards a more investigative, more critical position, by constantly revising our understanding of the very "institution of art".[1] Thus, while these multiplying biennales

---

1 Alongside the listings, take the nature of the *biennale discourse* in just the one year: 2005. Charles Merewether, art historian and curator, spoke in January 2005 at a New Delhi conference (titled "The Making of International Exhibitions: Siting Biennales") about biennales as sites where experiments with unlikely simultaneities in cross-cultural artworks are presented, and also where an interrogation of contemporaneity, as such, is conducted using a methodology drawn from advanced cultural theory in tune with the rapidly changing political contexts around the globe. Museums of modern and contemporary art, on the other hand, are bound by still conservative frames of institutionalized Western art history. He proved the efficacy of his own position as artistic director of the 2006 Biennale of Sydney (*Zones of Contact*). Charles Esche, co-curator of the ninth Istanbul Biennale (2005), speaking at a conference (titled "Biennalicity") at the time of the seventh Sharjah Biennale, stressed the need to challenge the bourgeois public sphere, and quoted Chantal Mouffe (*The Democratic Paradox*) to speak about the *spirit of agonism*—a relation between adversaries, friendly enemies, who share a common symbolic space and contest different forms of its organization.

sometimes seem like reckless initiatives, they should be seriously scrutinized for their ironies, their follies *and* their worth. Glossing the more facile scepticism that the new biennales invoke, I would like to insert the problematic into a larger polemical field, asking that we examine not just this or that biennale for its immediate certificate of excellence, but the entire relay of *site, production and discourse* in contemporary art from various vantage points on the globe.[2]

He suggested that the emerging series of "planetary" biennales can contribute to a reciprocal critique of the two institutions—the museum framed by the (Western) bourgeois public sphere, and the biennale, a spectacular event-like manifestation within transcultural exchange, or what other curators, like Okwui Enwezor, consider to be the public sphere "defined" by a postcolonial ethos to a democratic rather than a hegemonic form of transnationalism. That such forms of radical discourse penetrate the exhibitory circuits in the citadels of Europe, such as Venice, is telling: Rob Storr, director of the 52nd edition of the Venice Biennale (2007), anticipated the event with a conference in 2005, bringing together some of the major art historians and critics and especially curators of the more radical biennales around the globe to discuss this proliferating phenomenon in the present day. See conference proceedings: *Where Art Worlds Meet: Multiple Modernities and the Global Salon,* Biennale di Venezia International Symposium, 2005, Venezia: Instituto veneto di scienze, lettere ed arti, Marsilio, 2007.

2 The biennale can be an occasion to engage in a cognitive mapping of complex cultures and distinct *regions*: curators like Gerardo Mosquera (Cuba) and Paulo Herkenhoff (Brazil) have shaped vision and discourse for the highly heterogeneous southern region; much later, Jack Persekian (Palestine) does this for the Arab art world from Sharjah/UAE. And while Brisbane's Queensland Art Gallery keeps the

I suggest, further, that the edifice of Euroamerican art is now faced with what amounts to other forms of knowledge, other forms of agency, other ideological configurations, as well as other imperatives for art-making. It is in relation to the fraught nature of art and culture in the contemporary that the unprecedented multiplication of biennales in the South and the East and, relatedly, of theme-and-issue-based exhibitions ought to be examined. These are no arbitrary outcrop, they are a sign and consequence of historical circumstances.

---

curatorial course of the Asia-Pacific Triennial a museum affair, it draws on wide-ranging expertise from the region. The focus on the host *city* has been among the most important features of the biennale phenomenon; a key example is the 2005 Istanbul Biennale with co-curators Vasif Kortun and Charles Esche exploring with artists the interstices of the city to "hide" as much as to reveal art works to an inadvertent public. Contrariwise, the straitened city/state of Singapore becomes a veritable garden of delights under the curatorship of Fumio Nanjo (2006–2008). These exhibitions also turn to more *project-oriented*, more *discursive*, more *activist* forms. The Yokohama Triennale of Contemporary Art, 2005, was almost entirely collectivist and project-based. The curators (Gao Shiming, Sarat Maharaj and Chang Tsong-zung) of the third Guangzhou Triennale in China, 2007, provoked a discourse on an entire era with the title *Farewell to Post-colonialism*. In 2007, the second Riwaq Biennale (stemming from the Centre for Architectural Conservation, Ramallah, and curated by Khalil Rabah) brought together local and international architects, artists, conservationists, planners, curators and theorists, with the aim of protecting and promoting cultural heritage in Palestine; while for the third Riwaq Biennale, curators Charles Esche and Reem Fadda chose venues and platforms in the historic centre, and in villages, to present temporary interventions, gatherings and constructions of possible scenarios for the future of a fatally fractured region, polity, and culture.

Transnational Public Spheres

The first, second and third worlds that defined the historical battles of the mid-twentieth century are now, since 1989, condensed into what has been called the new Empire. Alternatively, the interdependence of regions, nations, cities; the imbrication of "local" cultures within global capitalism; the deterritorialization of peoples/cultures through mass migrations; the miracles of electronic communication, bring into full play the (ironically transcendent) nomenclature: *transnational transculturalism.*

Transculturalism is not, however, a matter of free choice; it is a condition of global exchange that is materially and politically coercive, if also potentially liberatory. It is necessary, therefore, to embed the debate in what political theorists call transnational *public spheres*—the product of contrary developments such as the emergence of postcolonial civil societies on the one hand, and of capitalist globalization on the other. In this contested space, critical dialogue centres around issues of violence, power, governance and citizenship. Where a large part of the world populace now exists outside communities and nations, citizenship includes the experience of exile, raising the question: how is the ethical and the aesthetic implicated in the exilic condition?

At the simplest level, there is a statistical response: there is an exponential increase in numbers of third world (and now also second/socialist-world) artists in international exhibitions. Appointing *translation* as a key term for transcultural aesthetic, cultural criticism appoints the diasporic artist as a trope and a norm—the one who constructs both the grammar and the discourse of global contemporaneity, and conducts the process of negotiation/confrontation to this purpose.

Closely mapped and variously configured, international art relies no more on a central perspective or on now-meaningless binaries such as centre–periphery, global–local. These changes in ideological orientation have been addressed in some thoughtful exhibitions, as for example, *Unpacking Europe.*[1] On a more dramatic scale, it was Documenta 11 (Kassel, 2002), curated by Okwui Enzewor, that established, through the prism of the postcolonial global, a new pedagogy for mapping the world. Indeed if Catherine David's Documenta X reinscribed the Western avantgarde's agenda of disruptionist criticality into the present, Enwezor's postcolonial politics introduced a documentary turn and a political/discursive (rather than aesthetic/avantgarde)

1 See, *Unpacking Europe: Towards a Critical Reading*, eds. Salah Hasan and Iftikhar Dadi, Rotterdam: Museum Boijmans Van Beuningen and Nai Publishers, 2001.

criticality.[1] Building on a premise he had already established in his previous exhibitions (the second Johannesburg Biennale, 1997, *Trade Routes: History and Geography*; and a widely toured exhibition in 2001–2002, titled *The Short Century: Independence and Liberation Movements in Africa, 1945–1994*), he proposed that no discussion of radical art can take place without reference to the political parameters of antagonism and redemption that come out of the decolonization process. Thus Enwezor draws on postcolonial cultural theory (in turn drawing on elements from anthropology, psychoanalysis and a much-transformed Marxism) to set up new paradigms for examining representational ethics, in particular its documentary component. If the aesthetic engages the aspect of the representational that abuts the imaginary, the writer–curator expands the representational further into the symbolic: this double movement allows the emergence of new subjectivities with audacious claims to a new "sovereignty". It is, then, Enwezor's project to determine a vantage point from

1 See introduction by Enwezor and texts by the Documenta team and other authors, in *Documenta 11_Platform 5: Exhibition Catalogue*, Ostfildern-Ruit: Hatje Cantz Publishers, 2002. Preceding the exhibition, the Documenta 11 team conducted a set of symposia (Platforms 1–4) in Vienna, New Delhi, St. Lucia/Caribbean and Lagos, each published as a book (Ostfildern-Ruit: Hatje Cantz Publishers, 2002): *Democracy Unrealized*; *Experiments with Truth: Transitional Justice and the Processes of Truth and Reconciliation*, *Creolité and Creolization* and *Under Siege: Four African Cities, Freetown, Johannesburg, Kinshasa, and Lagos.*

which to project the subject-position of the formerly colonized who is now the postcolonial citizen empowered through struggle. It is also his wager that the discourse now exists outside the national—the "original" ground where the struggle is in actual fact waged. Indeed his engagement rests on the formation of a global citizenry with a voice in the matter of governance precisely through transnational public spheres that nurture a human and civil rights discourse against state power. This, in Enwezor's belief, forms the utopian potential that emerges from and confronts the new Empire. It is with Documenta 11 that he set up a new curatorial proposition: a worldwide itinerary and a cross-disciplinary argument through a series of four ideologically conceived "platforms" that were translocated to the fifth platform, the exhibition at Kassel. Together these platforms staged widely varying, visually sequenced worldviews that spelt political change.

The National (as Interregnum)

My inclination is to deflect this argument[1] back to the geography and politics of region and nation; for even as diasporic dilemmas

1 See Geeta Kapur, *When Was Modernism: Essays on Contemporary Cultural Practice in India,* New Delhi: Tulika Books, 2000, in which I deal with the uneven/anomalous nature of third world modernisms, and how this leads on to differently periodized, differently theorized, variously located avantgarde moments, and thence to styles and strategies of expository presentation.

widen the political base of global issues tackled by art, they tend to produce, within the transnational space, a glib convergence. If the form of address of an artwork is coextensive with the site of production, even confrontational work addressed to the first world or, shall we say, to the centripetal heart of capitalism, marginalizes region and nation, societies and living communities, into the category of *geopolitical context*—no more. These imponderables of identity and address require the interlocutors to assume a multiplicity of agential roles so as to move back and forth between a speculative transculturalism and a declared partisanship. It is still necessary to ask how art situates itself in the highly differentiated national economies/political societies that bear the name of countries; and how, from those sites, it reckons with divergent forces at work within globalization. More pointedly, what are the countercultural tendencies generated in the contested sites of the nation-state itself? With what strategies are a neoliberal, anti-poor developmental agenda and/or a (covertly) authoritarian state opposed? What political positions are upheld by the recognizable protagonists of radical change? Further, how, in the broad attempt to build and sustain democratic structures of governance, institutions for a functioning civil society and a post-bourgeois public sphere, does the cultural vanguard in its more anarchist gestures come to be positioned? And, indeed, what strategies are available to these societies to oppose the treacherous rule of capital and its US-driven agenda executed through monstrous wars and consumerist dystopias?

Billed under a country banner, the aura of national affiliation still survives.[1] A critic–curator from India will have to go beyond sentiment to claim that a selection of artists from a particular country/context, properly conceptualized under a theme and a problematic, can, in the consequent exposition, address "universal" issues of global contemporaneity. This, incidentally, is assumed to have been the case with selections of Euroamerican artists throughout the twentieth century. A substantial partisanship from the South should add both to art-historical knowledge and to political agendas that go beyond a mere counterbalancing polemic against the transnational/global.

I take the liberty of self-referencing to highlight my argument. At the turn of the twenty-first century, I was asked by the Tate Modern, London, to conceptualize and curate an exposition

---

1 Incidentally, Szeemann was led to say about national pavilions, in an interview with Jan Winkelmann titled "Failure as a Poetic Dimension. A Conversation with Harald Szeemann" (published in *Metropolis M. Tijdschrift over hedendaagse kunst*, No. 3, June 2001): "And of course you had the eternal discussion again about whether to abolish the national pavilions or not. I find these national presentations of utmost importance. The outstanding chance for Biennales like those of Venice and São Paulo is that they have these two foundations, the national and the international. Precisely through this combination you can then build bridges, and that's where the challenge of the Biennale model lies." As it happens, the national sections have been abolished from the São Paulo Biennale of 2006.

referring to the visual culture of an Indian city, for what was to become its inaugural, multipart exhibition, *Century City: Art and Culture in Modern Metropolis* (2001). The dynamic of art and visual culture at specific points in the twentieth century was sought to be brought into focus by nine city-sections—Paris, Vienna, Moscow, Rio de Janeiro, Lagos, Tokyo, New York, Bombay and London. This involved not simply a choice of a decade or of a political moment, but of a historical conjuncture in the twentieth century. Working with the film theorist Ashish Rajadhyaksha as co-curator, I selected Bombay in the 1990s as a signature twentieth-century metropolis.[1] We focused on its peculiar dynamic, pitching it not simply as a local cultural variation on the theme of the modern, but a demonstration of the co-production of modernities at different sites, national and metropolitan. We looked for the consequences of these processes as they force their way into contemporary history: from policy-driven economic choices to forms (and distortions) in the democratic functioning of urban space, to the peculiar characteristics of its multiregional, multireligious citizenry and the public sphere it evolves (and too often fails to sustain before neofascist vandals). Indeed, far from being merely a case study of *difference*, we proposed that

1 See Geeta Kapur and Ashish Rajadhyaksha, "Bombay/Mumbai: 1992–2001", *Century City: Art and Culture in the Modern Metropolis*, exhibition catalogue, ed. Iwona Blazwick, London: Tate Publishing, 2001.

historicization of this kind constitutes the very definition of the twentieth century, from which neither the cultural nor the political imaginary of the white-Western, First-World citizen can escape. As for the artworks in "Bombay/Mumbai", some were specially produced, others selected for the exhibition with the hope of achieving a spectatorial extrapolation on the peculiar form of the Indian metropolis. What guided the curatorial approach and the exhibition itinerary was elicited from the spatialization of the project in the famous Turbine Hall of the Tate Modern where London and Bombay of the 1990s were mounted face to face—becoming, as it were, the most recent, thus precipitate "claimants" to the status of Century City. My next curatorial project in 2003 was an exhibition at the House of World Cultures, called *subTerrain: artworks in the cityfold*, and it was part of a project titled *body.city*, wherein a set of Indian curators conducted expositions of the Indian urban deploying visual, theatric, filmic and discursive spaces, and made them available for interlocution. This suggested the metaphor of digging the contemporary, or, shall we say, turning out its folds and exposing such artworks that inhabit the "subterrain".

India-based exhibitions mounted in the last few years (and more and more by overseas curators of considerable fame and skill) grow ever more competent, but having succumbed to the dubious glamour of the *India* banner, they gain ground in lieu of the globalizing euphoria of fast-developing/near-"developed" countries—like China, of course, and now India![1] This euphoria has

---

1 Up until the 1980s there were very few high-profile exhibitions of Indian art in the West, of them, George M. Butcher's *Art Now from India* shown at the Commonwealth Centre, London, 1965, was a cutting-edge statement for the time. During the 1980s, the Festivals of India enterprise of the Government of India undertook an elaborate manifestation of Indian culture in many countries in the world; modern and contemporary art (in conjunction with the classical arts and living crafts) was programmed into these elaborate expositions. Among these exhibitions were: C*ontemporary Indian Art,* shown at the Royal Academy of Arts, London, 1982; *India: myth & reality, aspects of modern Indian art*, Museum of Modern Art Oxford, 1982; *Six Indian Artists*, Tate, London, 1982; *Contemporary Neo-Tantra Art: A Perspective,* The Hirschorn Museum, Washington DC, 1985; Gulammohammed Sheikh's *Returning Home: A Retrospective of work from 1968–1985* shown at Centre Georges Pompidou, Musée National d'Art Moderne, Paris, in 1985; *Contemporary Indian Art: from the Chester and Davida Herwitz Family Collection,* shown at Grey Art Gallery And Study Center, New York University, New York, 1985–1986.

During the 1990s, the number of Indian exhibitions abroad began to accelerate with international curators taking the initiative to mount what were often museum level shows: *India Songs, Multiple Streams in Contemporary Indian Art,* Art Gallery of New South Wales, Sydney, 1993; *Private Mythology: Contemporary Art from India,* Japan Foundation, Tokyo, 1998; *Out of India: Contemporary Art of the South Asian Diaspora,* Queens Museum, New York, 1998.

Starting with "*Bombay/Mumbai*" in *Century City: Art and Culture in the Modern Metropolis*, Tate Modern, London, 2001, the twenty-first century has seen an unprecedented increase in exhibitions of contemporary Indian art. These include, *Kapital and Karma*, Kunsthalle, Vienna, 2002; *NEW INDIAN ART: home-street-shrine-bazaar-museum,* Manchester Art Gallery, 2002; the magnificently mounted Bhupen Khakhar retrospective at Museo Centro de Arte Reina Sofía, Madrid, 2002; *The Tree from the Seed*, Henie Onstad Kunstsenter, Oslo, 2003; *subTerrain: artworks in the cityfold*, Haus der Kulturen der Welt, Berlin, 2003; *Zoom! Art in Contemporary India*, O Museo Temporario/Culturgest, Edifcio Sede do Caixa de Depositos, Lisbon, 2004; *Indian Summer*, Ecole des Beaux Arts, Paris, also produced its own travesties. If we must work our way back from an exhibition from the Saatchi Collection titled *The Empire*

2005; *Edge of Desire*, an Asia Society inititave, shown across continents, at the Art Gallery of Western Australia, Perth, Asia Society and The Queens Museum, New York, Museo Tamayo de Arte Contemporaneo, Mexico City, University of California, Berkeley Art Museum/Pacific Film Archive and National Gallery of Modern Art, New Delhi, 2005–2006; *subContingent: The Indian Subcontinent in Contemporary Art*, Fondazione Sandretto Re Rebaudengo, Turin, 2006; *Lille 3000,* "Bombaysers de Lille", 2006; *Hungry God: Indian Contemporary Art*, Arario Art Gallery, Beijing, 2006; *New Narratives: Contemporary Art from India*, Chicago Cultural Center, 2007 (travelled in the USA); Nalini Malani Retrospectives at Irish Museum of Modern Art (IMMA), Dublin, and Musée cantonal des Beaux-Arts, Laussane, 2010; *Horn Please: Narratives in Contemporary Indian Art*, Kunstmuseum Bern, 2007–2008; *Chalo India! A New Era of Indian Art,* Mori Art Museum, Tokyo (travelled to the National Museum of Contemporary Art, Seoul, and Essl Museum,Vienna) 2008–2009; *India: Public Places, Private Spaces Contemporary Photography and Video Art*, Newark Museum, (travelled in the USA), 2008–2009; *Urban Manners: 15 Contemporary Artists from India,* Hangar Bicocca: spazio d'arte contemporanea, Milan (travelled to Sao Paulo, 2010); *Indian Highway*, Serpentine Gallery, London, 2008–2009 (travelling widely thereafter); *India Moderna*, IVAM, Valencia, 2008–2009; *Panorama: India at the 28th International Contemporary Art Fair,* ARCO Madrid, 2009; *The Self and the Other: Portraiture in Indian Contemporary Photography*, Instituto de Cultura del Ayuntamiento de Barcelona, ARTIUM, Centro-Museo Vasca de Arte Contemporaneo, Vitoria-Gasteiz Agrodecimientos, La Virreina Centre de la Imatge, Barcelona, 2009–2010; *Where Three Dreams Cross: 150 Years of Photography from India, Pakistan and Bangladesh,* Whitechapel Gallery, London, and Fotomuseum Winterthur, Switzerland, 2010; *Paris, Delhi, Bombay*, Centre Georges Pompidou, Musée National d'Art Moderne, Paris, 2011.

This value-free listing, masks many important questions; not only are more and more of these exhibitions curated by important international curators, they project global curators' new compulsions (and desires) including curiosity, fetishism and the staging of new spectacles. Much of this is reflected in the choice of exhibition titles, artist selection and actual displays. This requires separate investigation.

Strikes Back: Indian Art Today (London, 2010), then it is indeed a cheapening of history and such discourse that art can offer today. The easy route to spectacle puts in place a new imagist aesthetic complemented by a range of fetishist toys that further commodify already reified objects, replacing whatever conceptual and critical terms of reference Indian artists are struggling to develop. These seductions are encouraged by the fact that there is no institutional infrastructure, too-few independent forums of dissenting practice, and scarcely any curatorially astute exhibitions on home ground whereby contemporary artists may confront, confound, dodge and rebut the art market/art fair bonanza sweeping the global art world before everyone's bedazzled eyes.

I would like to close this curatorial account by referring to a recent, major exhibition of Indian art that has gone by unremarked in the Indian and international media. Dedicatedly researched, designed and displayed, and extensively annotated with a magnificent catalogue, the exhibition was curated by Juan Guardiola for Casa Asia and IVAM, Institut Valencià d'Art Modern, Spain (December 2008–Febuarary 2009).[1] Called, simply and correctly, *India Moderna* (spanning the nineteenth and twentieth centuries with documents and artworks from the

1 See exhibition-book, *India Moderna*, ed. Juan Guardiola, Valencia: IVAM, Institut Valencia d'Art Modern, 2009.

eighteenth and twenty-first centuries bracketing the period of *the modern*), the first part of the exhibition was expectedly configured by a superb selection of (colonial) photographic representations. Then, moving across to the struggles for independence and the new republic, it displayed an unexpected, indeed unprecedented range of materials, including photography and artworks, films, texts and installations. Fragments were converted into documentary evidence by subtle imbrication but that these adhered to a clearcut timeline. This chronological insistence offered the viewer a strong narrative of a determinate modernity; and it offered a walk-through in the symbolic domain of the nation. Laid out within the compound trope of the national–modern, the exposition made simultaneous use of iconography and morphology, representation and form, anthropology and art history, indigenist and statist ideologies of art—whereby it circumvented the problem of overdetermination and gained a degree of reflexivity. In addition, and this is crucial, *India Moderna* offered a curatorial itinerary of signs that were put out on a plane that allowed slippages into forms of eccentricity. Guardiola, a modest, brilliant curator, configured this itinerary to play out an elusive discourse of "sovereignty" within a maze of detours.

Nonetheless, it *was* precisely the historicity of *India Moderna* that appeared to set it back as an anachronism. Its partisan viewpoint shunted it out from the shallow ambit of the contemporary that flourishes on the smartly exotic "take" on India—where India as a global player suffices, as it were, the demands of its modernity. More broadly, that it suffices for curators/museums to respond to the hectic demands of the current time even when that diminishes the hermeneutic function of historical knowledge and undermines the temporal dimension of the present itself. [1]

In Conclusion

While working our way from within a specific historical trajectory towards a cultural/aesthetic vantage point—and all the way across to the raw edges of the political in India, one also understands that location cannot be isolated and valorized within what is an irreversibly globalized world. And to understand how *other* postcolonial (now putatively transnational) public spheres are structured, we must declare: first, that contemporaneity is continually co-produced across cultures; second, that place, region, nation, state and the politics of all these substantive categories of history (proper) are in a condition of flux everywhere in the

---

1 It is not surprising that with the power of international curators and a corresponding institutional outreach, exhibitions concurrent with *India Moderna* (such as *Indian Highway,* curated by Hans Ulrich Obrist et al., at the Serpentine Gallery, London, 2009–2010, and at Tokyo's Mori Museum, *Chalo India!* curated by Akiko Miki in collaboration with Fumio Nanjo, 2009–2010), received much greater media attention; so even did the India Focus at Madrid's Art Fair, ARCO (2009), next door to Valencia.

world; and, third, we can presume past universals to have been superseded, exposing major, often lethal, tensions between peoples and regions.

My argument weaves through a series of instances to suggest how the contemporary curator's approach varies from being a collaborator, co-producing the artwork via the medium of the exhibition, to being a cultural critic, contextualizing the work through textual/visual annotation, and, further, the semiotic base for transcultural translation in the practice of art has to be nothing less than critical on site. That is to say, at the site of its production, and has to be mediated without compromise to a precise historicity within the global. These alternatives will develop *agonistic* sets of relationships, where the curator stages the contradictions of the global contemporary and, acting in the manner of a friendly "enemy", make the symbolic space that artworks inhabit more adversarial.

Thus, from within the full sphere of manifold art practices, I elicit a *critical calling* interpellated into art in the form of curatorship. Critical art itself privileges theory/ideology of the aesthetic; what needs to be reiterated is that the *imaginary is not suspended in such practice.* The structural relationship of the imaginary and the symbolic may be weighted in favour of an interrogative mode in critical art, but the unexpected subversions nurtured in the imaginary are fully at play if we mean by critical art something distinct from plain discourse or polemics. How, then, shall critics and curators present contemporary art so as to redeem both internal and contextual meanings on behalf of the artist—who is always *situated*, but also always *liminal* to the established order of things, both at once, and thus peculiarly placed to question the hegemonic tendencies of national and global, ethnic and imperialist ideologies?

Meanwhile, contemporary art, including much of the new work of Indian artists, offers perhaps a more playful "*indirection*".[1] Skimming history and geography, younger artists everywhere draw circles around questions of location and use shifting signifiers—systems of signs that are programmed to be mutational. Are they the worldwide nomads—or *magiciens* after all, indulgent towards the fetish and inclined towards masquerade? Diversifying art production, they ask that we use differentiated frames but work, nonetheless, towards imaginary universes where a shared possibility of unsolicited pleasures, of *jouissance*, can still be

1 Artists from India are literally everywhere. In addition to numerous "India" shows, there is an ever-wider circuit of paths traversed by individual artists: this includes solos in museums and galleries, participation in artist residencies and networks, as well as in numerous international biennales, and in major exhibitions like the Documenta. Indeed, artists from India *are* everywhere, and punning on their nomadism, a recent, imaginatively curated exhibition in New Delhi, titled *Where in the World*, used this exuberant "indirection" as both theme and display strategy of the show. See catalogue, *Where in the World*, Delhi: Devi Art Foundation, School of Arts and Aesthetics, Jawaharlal Nehru University, 2009.

encountered. So the work in today's accelerated international exhibition circuits is hectic, but it is also leisurely with its rules of conduct. In a continual process of recoding itself as object, sign and conceptual equation, it privileges only the contemporary and requires that theory annotate it as it will into the historical paradigm. We are then asked to devise a relay of translation modes for the (sub)liminal politics of youthful artworks adrift in the world like never before.

It used to be said that knowledge is produced in the West, and that cultural artefacts abound in the non-West. I am inclined to invert this with a degree of caprice necessary for bold prognostications. The site for fresh discourse on the problematic of contemporaneity may be elsewhere/now, here. But before this starts to sound like a familiar polemic of "us and them", I want to restore the picture of art's sovereignty within and without the institution of art, and thereby also the degree of entropy that makes the creative process and the sites of its occurrence unpredictable.

* This essay has been published in shorter versions and under different titles: "Curating: in the public sphere" in *Cautionary Tales: Critical Curating*, eds. Steven Rand and Heather Kouris, New York: Apexart, 2007; "After the Magiciens", in exhibition catalogue, *Indian Summer*, Paris: Ecole des Beaux Artes, 2006. It is published in this present, longer version in, *InFlux: Contemporary Art in Asia*, eds. Parul Dave Mukherji, Kavita Singh and Naman Ahuja, Delhi: Sage, 2011.

Section II: Body

Gender Mobility: Through the Lens of Five Women Artists

Feminist practice is, in its radical definition, provocative; in its more reflexive aspect it complicates the otherness of gendered sexuality, taking it beyond the narrow historicity of sexual antinomies—and toward a calibrated and critical account of "difference." Female artists have devised means to materially transfigure sanctioned notions of identity, to push corporeality into interpretative possibilities at once nurturing and uncanny, to test the paradox of "mimesis and alterity"[1] by a theatrical rendering of gender. Often compelled by the lure (and revulsion) of beauty, these artists play on the polyvalence of masquerade—from a wounding narcissism to fetishist forms of cross-gender sexuality, to a performativity that mocks the politics of representation.

If we understand that art and culture in the cosmopolitan contemporary are driven by forms of representation that are as often simulacral as they are authentic, then feminists are often the ones to read either aspect of representation against the grain. Working against or beyond the universality presumed by phallocentric authority, they bring to the condition of oppression something more than ideological identification based on binary

---

1 This phrase derives from Michael Taussig's *Mimesis and Alterity: A Particular History of the Senses*, New York and London: Routledge, 1993, and refers to an anthropological view of performativity in the semiotics of a given culture.

categories. The battle against binaries is above all against the primal binary of male and female (man and woman), the premise of which must be questioned in order to demolish the metaphysics that surmounts it and dominates all existential questions. Feminist consciousness reduplicates the experience of loss in order to gain a contrary mandate: for a promise of survival incarnating, in the form of a witness, the pain and desire, the abjection and refusal, of otherness.

Feminism is a discourse against power; feminist artists, refusing to accept the formal closure of (late) modernist art, translate feminism's deconstructive "genius" along an itinerary of subversions; along such reconstitutive hypotheses that address the issue of power conceptually, retroactively. The questions investigated by the vast body of feminist literature rotate around representation as a psychosocial act. However, it is by complicating these into semiotic conundrums that meaning is elicited. Rosalind Krauss's warning, not to take the signified as a given, not to lunge for it in an interpretative overkill,[1] is crucial in understanding the strategy and ethics of representation. It is not enough to work a critique of "woman as image"; we should have to chase after the signifiers and arrive at indirect

---

1 See Rosalind Krauss, "Cindy Sherman: Untitled", in her *Bachelors*, Cambridge, Mass.: MIT Press, 1999.

(allegorical?) reconfigurations that lead beyond the image to the limit of formlessness. Further, the very category of woman and, therefore, of sex and gender, suggests a juridical redefinition such as Judith Butler offers and contests. Asking for a deconstruction of the very terms of discourse on which gendered existence is premised, Butler promotes the ironies at play in the *performance* of gender.[1]

With the sign—visual, performative, discursive[2]—under scrutiny, the questions relevant to aesthetics come to the fore: fetishism[3] in the exchange-driven economies of commodity and spectacle; contrariwise, the restorative possibilities of beauty and also those of mourning.[4] Some of these modalities within feminism are direct provocations for the practice of art. In the present essay, I take the example of five women artists working

---

1 See Judith Butler, "Subjects of Sex/Gender/Desire" and "Subversive Bodily Acts", in *Gender Trouble: Feminism and the Subversion of Identity*, New York and London: Routledge, 1990.

2 Among the avantgarde (now canonical) conveyors of these signs are artists Frida Kahlo, Lygia Clark, Mary Kelly, Cindy Sherman.

3 See Laura Mulvey, "Introduction: Fetishisms", in *Fetishism and Curiosity*, Bloomington: Indiana University Press and London: British Film Institute, 1996.

4 The "structure of feeling" embedded in female genealogies has been foregrounded especially by French feminists; see, for example, Julia Kristeva, "Beauty: The Depressive's Other Realm", in *Black Sun: Depression and Melancholia*, New York: Columbia University Press, 1989; and Luce Irigaray, "How Can We Create Our Beauty?", in *Je, tu, nous: Towards a Culture of Difference*, New York and London: Routledge, 1993.

in India with lens-based images (Nalini Malani, Pushpamala N., Dayanita Singh, Sonia Khurana, Tejal Shah), seeing how each of them addresses core questions about gender and representation, and how they open up detours specific to the Indian context. For this purpose, the framework implies cultural configurations that articulate gender according to certain customs and protocols. But the detours also crisscross into more individual versions where artists with distinct sexual attitudes can inscribe their practice, tendentiously, within the ongoing movement of global feminisms.

Remythologizing

How shall we conduct a transaction between the *victim* and the *witness*, between these two key signs, where the one verges on mortality and the other serves for a living testimony, and both together establish a large part of the iconography of twentieth-century art? The two designations have been especially important within feminist and postcolonial discourses and, in both cases, the stereotype has been activated to conduct that transaction. There is the stereotype imposed in the act of othering; there is also the stereotype construed like an artifice by the subject herself, garnering attributes, mimicking the iconic—and averting the temptation to cast these ironies into instrumentalized iconographies. This opens up a debate on what an ethics of self-representation might be; specifically, on how the female "self", identified in all its contestations, might be figured within the extended discourse of representational politics.[1]

Both Nalini Malani and Pushpamala, borrowing stereotypes of Indian women from the nineteenth and twentieth centuries and bringing them up-to-date, prod the questions posed above. Believing themselves to inhabit what is now called a postnational society, they address the national nevertheless. On site in the painting or photograph or video are female preceptors who act out meek or divine stereotypes, or stereotypes of the female grotesque; but who can, on reflection, be recast as the (dissembling) interlocutors of those more grand identities that characterize the national.

Malani's video-narratives are frequently based on well-known

---

1 The political implications of this debate are well developed by Indian feminists. Here I simply notate some important authors and texts: Gayatri Chakravorty Spivak, "A Literary Representation of the Subaltern: A Woman's Text from the Third World", in *In Other Worlds: Essays in Cultural Politics*, New York and London: Methuen, 1987; Susie Tharu and Tejaswini Niranjana, "Problems for a Contemporary Theory of Gender", in eds. Shahid Amin and Dipesh Chakrabarty, *Subaltern Studies 9: Writings on South Asian History and Society*, Delhi: Oxford University Press, 1996; Veena Das, "National Honour and Practical Kinship: Of Unwanted Women and Children", in *Critical Events: An Anthropological Perspective on Contemporary India*, Delhi: Oxford University Press, 1995; and Kumkum Sangari, "Consent, Agency, and Rhetorics of Incitement", in *Politics of the Possible: Essays on Gender, History, Narrative, Colonial English*, Delhi: Tulika Books, 1999.

plays, stories and social critiques.[1] She chooses texts that embody dispossession, that allegorize the nation's betrayal of its citizenry, that index the level of loss entailed by the populace in relation to the state. In inverse proportion to the developmental ambitions of the nation-state, Malani tries to materialize through image what Veena Das calls *social suffering*,[2] and her choice of mode for this purpose is almost always tragic.

In the single-channel video installation titled *Unity in Diversity*, Nalini Malani animates a nineteenth-century oil painting (Ravi Varma's *Galaxy of Musicians,* c. 1889)[3] in which a tiered group portrait of Indian women, holding musical instruments and costumed according to ethnic type and region, serves as a tableau allegorizing the diverse and unified nation, the civilizational slogan Indians repeat in the hope of sustaining a secular, multireligious,

---

1 In 1993, Nalini Malani produced a theatrical mise-en-scène for Heiner Müller's *Medeamaterial*; in 1996, she installed a set for the enactment of Brecht's story "The Job", and made a video titled *Memory: Record/Erase*; in 1998, she mounted an elaborate video installation, *Remembering Toba Tek Singh*, based on Sa'adat Hasan Manto's famous story "Toba Tek Singh", set during the Partition of India; and in 2000 she worked on a multiscreen video installation based on Heiner Müller's *Hamletmachine.*

2 See Veena Das, "Language and Body: Transactions in the Construction of Pain", *Daedalus* 125, Winter 1996, pp. 67–92.

3 Ravi Varma painted in a style that may be called, in shorthand, a colonially derived salon-realism. See Geeta Kapur, "Representational Dilemmas of a Nineteenth-Century Painter: Raja Ravi Varma", in *When Was Modernism: Essays in Contemporary Cultural Practice in India*, Delhi: Tulika Books, 2000.

multiethnic and democratically structured polity. Malani's galaxy mutates through a painterly rendering of video animation: a flesh-and-blood actor underwrites the images of her painted sisters, and the surface shudders with the uncanny overlapping of dead and alive women. The screen replicates an "Old Master" painting encased in a frame, and the pleasure of its pictorial imagery—blooming, twitching, dissolving—is shot through with omens. A gunshot causes us to regain consciousness in an India rent by religious violence.[1] The screen breaks into palpitating viscera—an intrusion, a probing that might, in a Surrealist take on body metaphors, stand for rape. The short narrative closes with insurgent women wearing head scarves and carrying guns; a voiceover sees the transfiguration support the *right of representation*—urging us to name by whom, and how, this right may be elaborated.

Malani has always worked through certain psychoanalytic tropes: with neurosis that virtually forms the iconography of "woman"; and with the wounded female body—a personification of "lack", fetishized through the masculinist gaze. Staking her artist's chance on finding a way out of a corrupted condition, Malani messes with the glutinous accretions that adhere to the "real", and melds into this matter her painter's voracity for

1 The video installation was made in response to the 2002 massacre of Muslims in Gujarat, India.

blood and gore from the victim's body. In the very process, her female figures, mutilated by war and violation and other, more invisible metonymies of patriarchal violence, take repossession of themselves and, grabbing what is not yet language, work with gestures that are at once raw and reparative, and always also cathartic, in the expressionist sense of that word.[1]

Her multiscreen video installations are directly political and even topical, elaborately narrativizing war, bombings, ethnic cleansing, civil conflict, public murder;[2] her "shadow-plays" are, on the other hand, sublimated into room-size chimeras echoing with cosmic demonology, human desire.[3] Hosts of "figures" (shot, scribbled, animated) pass through the world as through scrims (screens, Mylar, walls) and crowd the threshold in surreal mutations. With these veiled icons, reality cedes to a charade of representation. Shadows and echoes, a chorus of lament rewinds itself again and again as in her early rendition of the Medea myth.[4] Meanings chase themselves into an abyss, and Malani plucks out

---

1 See Geeta Kapur, "Body as Gesture: Women Artists at Work", in *When Was Modernism*.

2 See Ashish Rajadhyaksha, "Spilling Out: Nalini's Recent Video Installations", *Third Text* 17, March 2003, pp. 53–61.

3 See Rhana Davernport, "Phantasmagoria and the Lanternist: The Video/Shadow Plays of Nalini Malani", in exhibition catalogue *Nalini Malani: Stories Retold*, New York: BosePacia, 2004.

4 See eds. Kamala Kapoor and Amita Desai, *Nalini Malani: Medeaprojekt*, Mumbai: Max Mueller Bhavan, 1996.

female stereotypes, shattered and bereft, pleading the need for a definitive *dis*-closure. In continuing to offer tales of terror and pity, her work becomes complicit with fate: Her manoeuvres already, as it were, cursed, gain uneasy closure.

Malani belongs to a generation, and a tradition, that does not shy away from producing replete imagery that still seeks to enrich secular culture with an image-code. And so it may be correct to say that Malani's iconographical aim is to remythologize representation.[1] Seeing the mythical figure as a powerful precursor of the abject stereotype, she makes a bid for recycling this hybrid, high/low resource into a cunning redeployment of the symbolic. She takes recourse to the (anti)canons that feminist investigation of representational norms continues to yield, and these help her achieve her sustained project: to condense social suffering into the task of mourning, into that particular form of expressivity attributable to women where the process of healing, of bringing back a sense of belonging—to family and community and even perhaps to the nation—is simultaneously prefigured and critiqued.

Grounded in this aesthetic of expressivity, Malani projects the sense of oppression outward, into a pyramidal structure,

---

1 See Chaitanya Sambrani, "Apocalypse Recalled: The Historical Discourse of Nalini Malani", in *Nalini Malani: Stories Retold*.

where power is homogenized and hierarchical and within which the female subject is, as it were, incarcerated. At the same time, like her feminist counterparts all over the world, she understands the need to lever this pyramid, to destabilize it and open up the established institutions of which it is composed—not least, nation, culture, art—that pass too easily as benign.

Mimesis

Pushpamala both "directs" and acts as the principal protagonist in the several sets of photographs she has co-produced with professional photographers. There is the kitsch elegance of melodrama in the cinematic mise-en-scène of *Phantom Lady or Kismet* (1996–1998).[1] This was followed, among other smaller sets of photographs, by the *Navarasa Suite* (2000), in which the artist depicts "moods" and emotions enshrined in Indian aesthetics through pictures composed in the manner of stills from Indian film "classics", her images suitably shot in black and white at the vintage India Photo Studio, Mumbai.[2] With the more recent series, titled *Native Women of South India: Customs and Manners*, she

1 A photoromance directed and acted by Pushpamala, *Phantom Lady or Kismet* is a set of black-and-white images photographed by Meenal Agarwal. Pushpamala plays twin roles, costuming herself after the 1930s Anglo-Indian actress "Fearless" Nadia.

2 See M. Madhava Prasad, "The Last Remake of Indian Modernity?", in exhibition catalogue *Pushpamala N.: Indian Lady*, New York: BosePacia, 2004.

works through a set of stereotypes depicting South Indian women in the national imagination, where she brings into play an excess, a surfeit of representation in what otherwise appears to be an exercise in plain mimesis.[1]

Proffered with obliging intensity by the self-same performer, the serial account of feminine images is based on a popular rendition of Indian aesthetics; on variable rules of ethnographic conduct (from brahmin "belle" to a "primitive type", from medieval sorceress to a black nun); and, more elaborately, on shifting codes of iconography. Indian culture is notated in full irony through art-historical and popular typologies of female images, and it is through this classificatory game that she touches certain nodes within the social contemporary. To put it differently, it is through an indulgent iconophilia that she acquires the sanction for a conceptually iconoclastic—and political—form of alterity.[2]

By tarrying with the commonplace, Pushpamala displaces

---

1 Ten female stereotypes, enacted by herself (and supporting characters), make up the core of the project. Carried out in collaboration with the photographer Clare Arni, the four thousand photographs, edited down to two hundred prints, are divided, in a faux-ethonographic mode, into *The Native Types*, *The Ethnographic Series*, *The Process Photographs*, *The Popular Series*. The last, spoofing Bombay film stars, are framed like cheap penny-prints available in the bazaars. The entire project is consolidated in the manner of an anthropological record, tabulating research, preparation and the fourteen "shoots" into a Report (unpublished).

2 See Christopher Pinney, *Photos of the Gods: The Printed Image and Political Struggle in India,* Delhi: Oxford University Press, 2004.

the privileged position of individuality assumed by elite selves; she covers over the existential resource and elaborates instead on the body-surface. That is to say, she "writes" the body with a readily available visual language and turns this scripted body into a performative agent. In her many capricious avatars, Pushpamala performs a cultural act: with fetishistic care for detail (involving elaborate costuming, stage props, accessories, and painted backdrops exactly matching the popular sources), she creates before our very eyes the object she wishes to investigate. The referents are largely popular images of sacred and profane icons, interspersed with stock audacities hawked in the way of penny-prints. The overall project has to do with an artisan-like preparation of the complete artifice, and the vivid photographic outcome approximates to an archive of images annotated in the manner of an anthropological study.

The artifice that accrues—the photo-image—offers an amiable aspect of what may be designated as "cheaply" negotiated selves that serious representation disdains. Selves that are inside/outside anthropology and well as inside/outside modernity, and which, in our quest for authoritative identities, we designate as banal and fabulous—both at once. This makes kitsch suitable for appropriation by an artist wanting to deflate foresworn commitments to selfhood. Indeed, the key to Pushpamala's irony lies in that these elaborate image-suites lead not to a plenitude of presence but to a disorienting negation, even, arguably, to a virtual ciphering of the artist's self-identity.

Based on masquerade, Pushpamala's images are conceived and presented to be definitely counter-substantive and do not follow the anguished course of (female) de-selfing. An ontological (originary) paradigm of "being" is not offered by Pushpamala; not even in the subversive manner of Cindy Sherman, who, even in a purely semiotic reading, will be seen to invoke forebodings of violence and entropy. I refer to the way Sherman moves from images of cinematic melodrama—such as the melancholic beloved—to hideous impersonations quoting canonical art history, to enactments of self-destruction where a body fitted with prosthetics, a puppet recalling Surrealist misogyny, generates and then dumps the fetishist pact of pleasure and death. By courting states of formlessness, Sherman takes her images (as if) beyond representation, beyond mourning.

Unlike Sherman, Pushpamala's choice appears as flat as the image-sign she produces to "win" the identity of, say, a mother goddess, who rules the imaginary in her plenary form but shares the score with film star, circus girl, housewife and artist, all returned to the zero-sum of representational meaning. Yet there are similarities. Like Cindy Sherman, the question of indexicality, and of the original as referent, is posed in every which way by Pushpamala—as in the staging of an abandoned heroine in a film-noir narrative who is herself part of a generic fantasy. There is, similarly, an ambivalence about whether, indeed, the image is only a simulacral "presence" with no signified: a copy of that which is and that which is not, since in some cases there is no earlier representation at all but only the desire for it.

An obsessive mimesis can render the repetition in mimicry a measure of calibrated *difference*—visual, cultural, anthropological—mocking yet enhancing representation. Not based on existential intransigence, or on sexual difference alone, Pushpamala's cultural stretch yields other kinds of alterity: of class, caste, sexuality, gender and other more clearly socialized categories. Pushpamala uses the woman's image as a handy excuse for studio frolic, for acting out, but equally for a visual transcription of critical clues on identity formation.

Semiotic queries on the business of identity, followed by a mocking investigation of "woman-as-image", leads Pushpamala to an unrelenting irony of "being". On the other hand, the continually processed "becoming" yielded by this hyper-representation mounts up a sense of absence, as if every new artifice, meticulously crafted, reproduced and performed, was an index of loss rather than of iconic gain. I glean this from the actual phenomenology that Pushpamala's exhibited work creates: a diffuse emptiness produced by mimetic enervation condenses into a reified image at certain points in the semiotic grid. Does she suggest that the existential equation of "being and becoming" is now wholly exhausted? Did it, perchance, abide in a male-identified "soul" now up for scrutiny? Is it fear, is it disregard, or is it liberation from a unitary axis of self that prods her to circumvent the dire test of representational veracity?

What is gained by the female subject through this (de) legitimization of type/stereotype, and of all such classificatory forms of identity that Pushpamala impersonates/investigates—including that curiously de-gendered "dummy" costumed to kill? By filling out the contours of an anthropological cartography and ever-wider options for "otherness", she can be said to infiltrate the symbolic domain. She undermines the sign as linguistically structured within the phallocentric/identitarian/aggrandized domain of the symbolic; she also, therefore, undermines the (perverse) logic of the "feminine as masquerade", based as that is on a fetishistic displacement of the phallus. Indeed, Pushpamala is a feminist almost entirely to the extent that she produces a mimesis wherein desire is not cathected onto the object (of desire) but persistently prodded. We know that if desire is conventionally conveyed as pleasure culled from the "depths" of a replete sexuality, then the feminist critique of desire downsizes the integral subject and sees gender as a go-between for negotiating the terms of becoming.

Once the (infantile) narcissism that fixates the artist to

her image is transcended, a critique of representational politics surfaces in Pushpamala's oeuvre. And transcendence occurs through a mobility offered by the contract of performance, by the almost fatal attraction of *body* to *farce*. Pushpamala's work—sculptural, photographic, performance and video—is hinged on the high key of farce. And the feminist angle on this is poignant: it springs from self-doubt and anxiety, from a desublimated form of mimesis, a rude stance on existence that covers over the vulnerabilities entailed when she "becomes a woman"—in Simone de Beauvoir's sense of that phrase.[1] And when she becomes, in addition, an artist, mandating herself to transfigure the confounding domain of the symbolic.

Sex, Gender, Abjection

I move on to the encounter between a female photographer and a self-castrated eunuch, Mona Ahmad. The scopic narrative begins with Dayanita Singh entering a life-world removed from her own by class, gender, religion, age, circumstance and *destiny*—to use a metaphysical term peculiarly suited to Mona Ahmad's condition of being/not-being a woman and, even more, the mother

1 See Simone de Beauvoir, "Introduction to *The Second Sex*" (1952), in eds. Anne E. Cudd and Robin O. Andreasen, *Feminist Theory: A Philosophic Anthology*, Oxford: Blackwell, 2005, p. 35. Reprinted from Simone de Beauvoir, *The Second Sex*, New York: Vintage Books, 1952 and New York: Alfred A. Knopf, 1980.

that she so decidedly wants to become. Predicated on a classically voyeuristic set-up, the terms are, however, repudiated in the extended suite of black-and-white images taken over ten long years: the photographer's awe, compassion, enchantment provide a foil for the photographic subject's profound passion, the sequenced images recalling as if the Stations of the Cross.

Overlaid with performative excess, the images ask to be viewed as a charade in which this paradoxical protagonist, Mona Ahmad, mired in the gender dilemma, takes centre stage; a dilemma that is, for the eunuch, "absolute" in that s/he must live with a gender that is materially overdetermined by the act of castration (figuratively speaking, the wound inflicted by the act never ceases to bleed) and, yet existentially unresolved in that s/he never achieves relational ease within any social order.

It is in such a context that the two persons involved, Dayanita Singh and Mona Ahmad, insist that we recognize the existential bind in their collaborative project.[1] Not only are we led to regard (literally, see and respect) a friendship between the photographer

1 The level of Dayanita Singh's collaboration in her other sets of photographs is of variable intensity: she has photographed metropolitan sex workers, the Bollywood choreographer Saroj Khan in rehearsal with stars, the Parsi bourgeoisie of Bombay and western India, the quasi-feudal generation in Calcutta, and, more broadly, upper-middle-class families in contemporary India, most of which require a degree of trust but not the sustained intersubjectivity that characterizes the Mona Ahmad project.

and her subject; in addition, the indexical record of a *life* materializes through the photographer's lens (*object if* in French), and the protagonist (providing an epistolary text) claims it as a mock-autobiography tellingly titled *Myself Mona Ahmad.*[1]

In the early part of the story, Mona Ahmad enjoys glory as a powerful eunuch in a tight-knit and hierarchical community of eunuchs. Singh photographs Mona in celebrative sequences, her audacious body along with those of her companions virtually pressed against the surface and filling the picture-frame with frontal close-ups. The photo-narrative of Mona with the beautiful Ayesha, her adopted baby-daughter, is different; during Mona's ecstatic years of motherhood, Singh enters the bedroom like an auntie with a magic lens breaking the seduction-and-voyeurism lock. With mid-shot realism, the photographs achieve a degree of objectivity depictive of a familiar, familial relationship, as also the subsequent estrangement, when the miasma of sentiment ruptures and the mother-daughter relationship falls apart.

While Mona is bringing up Ayesha, she is expelled from the eunuch community and from her home for "insubordination" of various kinds—among other things, she drinks too much. Mona

---

1 *Myself Mona Ahmad—Dayanita Singh*, Zurich, Berlin and New York: Scalo, 2001. The book of photographs contains a series of letters emailed by Mona Ahmad to Walter Keller, Singh's friend and publisher; the letters are an (auto)biographical artifice and, like Mona, vulnerable, true and dissembling at once.

squats in a graveyard in defiance and is further ostracized. The punishment is nearly fatal; the daughter is taken away by her eunuch gurus. She begs and connives for the return of the child, fails, and accepts her loss as part of the affliction she believes God confers upon those born as a third sex. Marked by the unremitting sorrow of unbelonging, her heavy face crumbles into ruin before the camera's increasingly compassionate gaze. She slowly sets up home among the graves of her dead ancestors, as illegal occupant, as exile, and, by the mercy of Allah, as a reigning eccentric in her new domain. She starts a menagerie and lavishes her animal companions with love.

With clues drawn from the compact of friendship, Singh takes her now like a Becketian figure at home in desolation, now again like a Brechtian character who never loses the power of irony, the force of a performative gesture, and the affirmative cunning whereby she survives, at once devastated and grand. In the carefully composed pictures of Mona-in-wilderness, the stance and style are theatrical but the spatialization is spare, the photographer having pulled back to a long shot in order to amplify her protagonist's solitude. Singh frames her—rough and misshapen—in that still-baffling ability to seduce, in her gracious ability to reflect and to dream—and then she "leaves" her, judiciously, letting be the old actor in a mise-en-scène that both have together constructed for the purpose of a lived narrative over those ten years.

Throughout, the protagonist offers herself as a unique person, even already a developed persona, elaborated in and through a series of well-appointed tableaux of home, street, graveyard. But we also know that this persona can only ever have been developed through the pursuit of *this* photographer, by Singh's selection of the near-cinematographic mise-en-scène, the lensing, framing and stylistics matching this passionate poseur.

As recipients of this life-through-image, we need to come to terms with the deep sensuousness encoded in the encounter. Mona Ahmad displays what one may call the plenitude of "perversion", in the sense that the eunuch suffers a double castration: a possible hermaphrodite endowed with an undeveloped or incomplete penis, s/he is castrated by choice to assume a female body that is already always seen, in psychoanalytic terms, to be characterized by "lack". Based on an exaggerated and "unnatural" vulnerability, the capture of Mona Ahmad's performative skills become crucial. When her fetishized body takes on aspects of (self) flagellation, as in the picture wherein Mona displays the bruises from the beating she receives from the police, the lens becomes the mirror, and the very ontology of the photographic image, its irreducible "realism", becomes available. But the eunuch teases the other's desire for a sexuality that is at the same time ostentatious and ambivalent—so also Mona: because she acts out an erotic fantasy from within a double and indeterminate gender, the image swells into a melodramatic mode and becomes larger than life.[1]

In performing gender or what she calls the third sex, Mona subverts the camera's claim of *vérité* in favour of a symbolic self endowed with the significance of deep affinities (not least between a eunuch mother and an adopted daughter, as also between herself and her photographer-friend). The actual photographs raise further questions. Is Mona Ahmad given over to a mortal foreboding that needs to be masked, if not also shrouded? Is there a point at which too much knowing supplants representational "veracity"; where the unrepresentable "real" is glimpsed through a form of abomination or, indeed, of the "obscene"?[2] Is it this photographer's task to *not* allow a farce to develop within the drama enacted by a person/performer valorized but also a priori abused? Is there in the personification of the third sex an obdurate metaphor for transgression that it is the photographer's task to both expose and veil?

If the narrative build-up on an intersubjective basis between the biographer and the subject is the only true exchange, it is a

---

1 See Shohini Ghosh, "The Sameness of Queer" (review of *Myself Mona Ahmad—Dayanita Singh*), in *Biblio* 7 (May-June 2002), for a filmmaker's view of the indexical image and the framing of subjectivity.

2 Abomination and obscenity can, like the taboo, act as sublimating strategies, as precursors of ecstasy; Nan Goldin's photographs, for example, exhibit the affiliational impulses nurtured in the libidinal economy of the body. In sharp contrast to Goldin, Dayanita Singh's images of Mona Ahmad signal an erotics of mortality grounded in the "real", and the more inexorable for it.

fact that no criterion of truth about the subject, let us say this subject, can actually ever suffice. This paradox is fully played out as theatre between the photographer and protagonist, and in a manner similar to the transactions around the body that an actor and a director will conduct in full protocol. The actor will offer the gesture on a sliding scale of performative uncertainties, but even while the material (and phantasmal) body of the actor mimics the self *in extremis*, the director will know how to subvert unwanted identification and thwart the seeming fullness of representation.[1]

The photo-narrative starts with the friend–photographer's awe for an outcast life that is pre-scripted according to the belief that unresolved gender is tragic. The photographic act, addressed with full mannerist excess and then flipped to a monumental emptiness, recuperates—as in projective mourning—the majesty of the *tragédienne.* A deeply cathected image is elicited by Dayanita Singh from the materiality associated with such grossly social (and oddly sovereign) abjection, and it is an image of Mona Ahmad that overwhelmingly transcends the routine round of issues about sex, gender and identity.

---

1 Anuradha Kapur's plays (and director's texts) on the theme of female impersonation in Indian theatrical traditions are important; also her dramaturgical expositions on the compelling androgyny of the actor's body, and the stakes placed on transgender "grace" at the heart of performance. See her "Actors Prepare", in *body.city: Siting Contemporary Culture in India*, Delhi: Tulika Books and Berlin: Haus der Kulturen der Welt, 2003.

“Trans”

Transgender enactments can be differently pitched: they lean toward the fulfillment of some immanent (though contradictory) desire, or, on the other hand, privilege a deconstruction that almost certainly leads to an anti-aesthetic.

Conducted in a minor key, Tejal Shah’s work hinges on the mobilizing prefix “trans”. The term swivels to engage several concerns, notably, the cross-gender wager from a lesbian vantage point, positioning itself against all monological identifications within the social. When Tejal Shah performs gender, aggressively, as in *Stinging Kiss* (*Chungari Chumma*, 2000), she takes you over and across (and even, maybe, beyond) the binaries of male and female.

Assuming that the (easy) answer to metaphysics is masquerade, we must see the mutational aspect involved. In the two-channel video titled *Trans-* , Tejal Shah and the Brazilian performance artist Marco Paulo Rolla stage a makeover by (simply) looking into the video camera: they *mutate* from girl to boy (with a magical appearance of beard) and from boy to girl (with cosmetic care), and they claim thereby the (non)identity of a “mutant”. Because the camera is directly the mirror into which each of them looks, all the associations with the mirror are invoked: from mortal attraction to the tropes of (mis) recognition, identification and alienation, to the responsibility that is locked in the bond between mimicry and representation.

Unlike the frisson created by the drag queen strolling in public spaces, a transgender enactment within a gallery, a performance video (or theatric impersonation) is likely to meet spectators already prepared to gloss the effect. What does the preparedness of the spectator do? It drains the provocation, but signifies the act and turns it into a readable text that is, in one way or another, *about* the aesthetic. When, for example, Tejal Shah and Marco Paulo Rolla invent styles of adornment that are outcrops of the body (hair) or instruments of abuse (whip) or trinkets to attract (nail polish, jewellery), the mannerist excess shifts from the domain of transvestite erotics to that of the object fetish. This is like a compact with alienated beauty, found to be part of all aesthetics; an obsessional pursuit that takes on a strangely sanguine effect whereby the act of looking is somehow redeemed of the gross bits of curiosity. A transgender performance, acutely fascinating as it is, helps in fact to defetishize the gaze and to make transgressive sexuality accessible, the larger feminist meanings of which are in continual interpretation. Among other things, it leads one to surrender the tension of maintaining binaries, and opens out multifocal apprehensions of subjectivity.

This brings me to Tejal Shah's performance (at a Khoj workshop in Delhi), titled *Sleep* (2004), in which she strings herself on a hammock outside the window of a two-storey building and "sleeps" into the twilight, only half-visible and misrecognized, as to gender, by the crowd in the street below. The body slung at a height of about twelve feet is "secured" by the set-up inside the room, where a twin hammock swings empty, invites a "partner" to come and lie down, to come and rock the body lying out in the cold with a cord that attaches the two swings. Offering a statement about singularity, liminality and the (im)possibility of companionship, Shah becomes, in a way, an outsider to the art community; she becomes something like a homeless street urchin, closer to the strangely sympathetic, near-lumpen crowd below. In a Brechtian act, she offers a lesson about the more public forms of transfiguration—to degender and declass(ify) herself—whereby the social or, even more specifically, the *egalitarian* consequences of performance begin to be tested.

Performing Selves

The long history of moulding the "base" material of one's own body to make art took a definite turn in the 1970s when feminism, breaking taboos about the female body, produced cutting-edge work through performance art.[1] Regarding body

1 As a quick reminder: breakthrough performances by Carolee Schneemann and Hannah Wilke, and the dancers Yvonne Rainer, Trisha Brown and Pina Bausch, enriched the vocabulary of performance art; Laurie Anderson's music and multimedia performances became legend; Bobby Baker revisited the absurd as female comic; Marina Abramovic's conceptually framed performance projects brought extraordinary courage and endurance to the performance act.

and self, subjectivity and desire, from outside the conventions of metaphysics, outside the canons of beauty as these have been received and renewed in (Western) aesthetics, and outside also the fixed definitions of gender, female performance is often out on a limb and even somewhat beyond the classic fetish/reification debate.

When the female body—the material object of denial, desire, possession—springs into theatrical affect, there may be good reason to believe that the frequently thematized "return of the repressed" is somewhere at stake. That is to say, the feminine as masquerade is now acted out as a game spiked by inputs from transgender/transvestite bodies whose performative presence "denaturalizes" the criteria determining the sex-gender equation. These enactments make vivid claims for a transactional economy of gender signs, the better to evolve non-identitarian personifications whose existential status is as discursive as it is materially affective, as provocative as it is gracefully polymorphous. A spiritual agency, if there still be such a possibility, is signaled through a recursive masquerade.[1]

Sonia Khurana is part of the lineage of women working through the body into a space of erotic efflorescence recognized/

---

1 I mention here four among a growing number of Asian women artists devising performative means to occupy and then dramatize the space of liminality: Araya Rasdjarmrearnsook, Arahmaiani, Kimsooja and Maya Krishna Rao.

shown to be (almost definitively) blocked, thwarted, problematized and therefore won, if ever, by searing forms of self-exposure.[1] Can she, with controlled states of neurosis, turn irony into gravitas? I refer to her performance video *Bird*, in which the artist as dancer, awkwardly naked, rolls, jumps, beats her arms and tries to take off, holding the camera close to her flesh. As a dancer she fails to fly, but as the artist—modulating the speed, editing the choreography into staccato-style balletic parody—she, Chaplin-like, succeeds. The brief black-and-white video provides a kind of autographical trace of self-propelled liberation, but through a teasing travesty of formulaic autonomy. *Bird* is ironical for being embarrassing, and, being so classically antisublime, it is paradoxically *iconic*.

Khurana then makes a two-screen video installation that acts out female neurosis: she packs *Closet* with an overspill of clothing and performs a state of "hysteria" to circumvent, as it were, the (disciplining task of the) symbolic, always too closely aligned to male art and metaphysics. She tests "styles of the flesh";[2] but fails again (and again) to complete her excessive costuming. Even as she collapses on the bed, expended, a claim is staked on an imaginary where the subject remains, even in dire circumstance,

---

1 See Leon Wainwright, "A Phenomenology of Origins: Artist Sonia Khurana", in exhibition catalogue *Lone Women Don't Lie*: *Sonia Khurana*, Delhi: Max Mueller Bhavan and British Council, and Calcutta: Oxford Book Store, 2000.

2 See Butler, "Subversive Bodily Acts", p. 139.

unexhausted. Can she redeem female narcissism reduced to abjection? Is it a redemption she might mock, realizing that plenitude itself can swell into redundancy?

As a pendant to these two works, there is Sonia Khurana's single-channel, black-and-white video *Mona's Song*. Mona Ahmad (the long-sustained figure in the oeuvre of Dayanita Singh), features briefly as a Brechtian "good woman", ready to appease the ambivalent gods into complicity as a tactic of survival. In this one-on-one performance, the song of the aged siren is sung in tuneless repetition. Yet Mona is induced in her "cameo" performance to prove that a condition of locked desire can be condensed in the base note and a compelling look to achieve an imaginary exchange with the desiring spectator—and, indeed, Mona, undeterred by "divine betrayal", still irradiates an aura. Khurana, on her part, confirms her in the status of a monumental fetish. Then, somewhat gratuitously, she impresses Mona on herself. In the detail of a separate work (*Skin,* 2005–2006), Khurana's face, tight within a monitor, lip-synchs Mona's song in drowsy consanguinity. She sinks into sleep, satiated by the melancholy of a unique, mixed-gender "identity" that yields her a deeper dreaming or, perhaps, the pure profit of her own (spent) repose.

As if to check her self-indulgences, Khurana, in a brief, single-channel work, uses her intelligence like a scalpel to defetishize the body, but polemically: freeing it both from the malign male gaze syndrome and from the sincerity of female protagonists bent on seizing the supposed moment of metaphysical evacuation to foreground female desire. Does the ungainly little hand of the fair-skinned artist in *Head-Hand* seduce or soothe or appropriate or love the Brancusi-like head of the black man "asleep"—and does he, indifferent to the tricks of the naked hand, claim her, however gratuitously? Is there in the drama of subtle cruelties entailing the erotic some form of sexual reparation? The single-channel, silent loop plays the mute action in close-up, the hand strokes and pinches, reading the skull in braille. There is the fetish and there is the play of curiosity—and who wins love?

In all such acts the self is, ironically, already always dismantled, and not only by literal and metaphorical stripping but by a simultaneous discourse around (un)belonging. Khurana's video installation titled *The World* narrates, through image and voice-over, her grandmother's dislocation from Lahore (referring to the territorial partition in 1947 of India that gave rise to the new nation of Pakistan). Screened in quasi-documentary style, *The World* is synchronized with five light boxes showing the grandmother in tight close-up—the portraits coming alive at the end of the video. The story is about setting up home "nowhere" in a partitioned nation; and for the younger woman, the granddaughter, it is about translation: from refugee to "global" nomad, and the spiraling forms of containment this requires. The Vietnamese/American writer and filmmaker Trinh T. Minh-Ha in a 16 mm film, *Naked Spaces: Living Is Round* (1985), explores through the mobility of the camera a poetics of dwelling, a sensuous apprehension of spaces and habitats in specific cultures (in her film, West Africa). I see Sonia Khurana take off from there: the world is round, living is round, and, metaphorically, phenomenologically, roundness can nurture an allegory about dispossession in which belonging will feature but as a claim she will herself dump—tenderly enough, but so as to dismantle the norms of protected life.

Here is where her interest in leaving behind an overdetermined feminist discourse on the body emerges, her discomfort also with the scopic regime the camera always puts in place. Also, her growing interest in the pedagogies of the social, deconstructed into communities and partnerships where the sex-gender-identity questions can be asked again, but alongside others that require fresh interpretative skills to negotiate what has begun to be called transcultural transactions within the global.

Contexts

What is the context for women working with (lens-based) images in India? The first major woman painter in India, Amrita Sher-Gil (1913–1941), appears in the 1930s, her youthful iconicity overlapping, as it happens, with Mexico's Frida Kahlo. During the emergence of the women's movement in the 1970s everywhere in the world including India, another kind of attention was gained by women artists; and through their subsequent identification with feminist discourse, several of these artists have been placed at the cutting edge of art practice. In India this occurred noticeably in the 1990s. The painters among them can be seen to have reversed the gestalt for female visibility and, with that, the focus on the erotic; they have created a fresh poetics of materiality while simultaneously repositioning bodies in allegorical narratives.[1] Installation and video artists, active since the 1990s, have broken received avantgarde codes to realign the conceptual with tropes of memory; and infused the phenomenology of site with the affect of loss, with the ritual of love, with the reification of desire, thus turning the spatial encounter into a paradox of "living" mortality.[2] Photographers, and especially women documentarists, have achieved an important position in recent years. Addressing gender/history as a compound problematic, they have articulated nationhood, sovereignty and communitarian identities in terms of the antinomies within the social, not to speak of the subtle and

---

1 I refer to the painters Arpita Singh and Nilima Sheikh.

2 I refer to the work of Rummana Hussain, Sheela Gowda, Navjot Altaf, Sheba Chhachhi and Anita Dube.

gross forms of violence into which these translate in the everyday lives of women.[1]

The very conceptualizing of the gender question, and certainly its enactment, requires that the ethics of representation emerging from it be seen as a *regulatory construct*.[2] A dense grid of transactional "laws" bleeds into the existential contracts with which we negotiate gendered subjectivity. Thus feminist discourse is skeptical of the ontological approach—where the self is seen as anchored in "being"—preferring what may be called a more epistemic framework for hermeneutic inquiry. This, as it

---

1 Among photographers, I refer to Ketaki Sheth and Sheba Chhachhi. The women's movement has provided the groundwork for a number of feminist films; I mention a series of short videos that exemplify the "deconstructive" nature of the new documentary: Madhushree Dutta's *I Live in Behrampada* (1993), plunging the camera, *vérité*-style, into the Hindu–Muslim riots in Bombay in 1992–1993; Deepa Dhanraj's film against brutal, nationwide state policy on family planning, in *Something Like a War* (1991); and Surubhi Sharma's *Jari Mari: Of Cloth and Other Stories* (2001), an exploration of the unorganized sector in small-scale industry (Bombay/Mumbai) where women's labour still earns them no working-class rights. Concerning women and sexuality, there is Reena Mohan's film *Skin Deep* (1998), dealing with anxieties and bad faith around female beauty; Shohini Ghosh's *Tales of the Night Fairies* (2002), an edgy articulation of and by the female sex-workers of Calcutta; and Paromita Vohra's take on the pop-pedagogy of a postfeminist feminism, in *Unlimited Girls* (2002). And, bringing the documentary full circle into urgent politics, there is Iffat Fatima's investigatory documentary on Sri Lanka's civil war, *Lanka: The Other Side of War and Peace* (2005).

2 See Judith Butler, "Identity, Sex, and the Metaphysics of Substance", in *Gender Trouble*, p. 16.

happens, corresponds to the spirit of aesthetic inquiry: the artist gauges, and thus structures, the experience of abjection, pain, desire, *jouissance*; her acts of mourning probe social suffering, leading her to make sense of the world through the hermeneutic of doubt. What is retrieved is a vulnerable "truth", a reparative "object" in proxy—upon which the paradoxes of self are appropriately cathected. What is retrieved through self-construal is a *polyvalent artifice*, crucial to contemporary aesthetics: it refracts the promise of representation and gives it an ironical profile. Whether through masquerade or through conceptual inquiry into institutions of patriarchy and state, the artifice—in discourse, writing, performing, filmmaking and art—can be made to undo overdetermined claims to sovereignty, and to undo, also, any likely recourse to a "substantial" subject. By compounding ethical resistance with intentional disavowal of essence, feminists pose awkward questions to (male) metaphysics.

Thus, rather than an assured format for a politics of representation, advocated too often as the prime (and primary) agenda of feminist practices, we can identify female agency as one that permits a continual rearticulation of the gender question on the basis of putative identities. Further, if the crucible of state, civil society and the public sphere is where representational politics is tested, this premise itself may be dislodged through feminist discourse and practice. In this context, I refer especially to the representational fallacy in the discourse of the nation; for the woman is, as it were, "before" the law, trapped in the lacunae of parliamentary and juridical reforms, dragged through the exhausted trope of male anxiety. When Gayatri Spivak interpolates the writer Mahasweta Devi's characters from the "subaltern" strata into the space of national sovereignty, she introduces a daring dialectic;[1] pivoted on the "poorest woman from the south", Mahasweta Devi's female protagonists from "tribal" and other lower-caste communities, inscribed into debates within civil society, are by definition disruptive—whereby Spivak can index a series of unstable subject-positions along the contour of citizenship. A critical rendering of representational politics sees the public sphere as determinedly exclusionary, and Spivak places what is designated as the subpolitical within the empowering category of *political* society—using here a concept projected by Partha Chatterjee to reckon how constrained access within the liberal regime of (bourgeois) civil society can be, must be, overcome.[2]

I suggest that both the discourse and practice of feminism,

---

1 See "'Draupadi' by Mahasweta Devi", and "'Breast-Giver' by Mahasweta Devi", in Spivak, *In Other Worlds*.

2 See Partha Chatterjee, "Beyond the Nation, or Within?", in ed. Carolyn M. Elliott, *Civil Society and Democracy: A Reader*, New Delhi: Oxford University Press, 2003.

as of other radical movements, are always already situated, whether the locations are regions or nations, or social groups and communities that subsist despite and beyond nationality. It is precisely the historical imperative of socialism, and the politics of decolonization/postcoloniality, that makes the question of location understood in nonhierarchical terms. Once understood, racial, religious, ethnic and national "identities", that is to say, life-worlds in their secular aspects, become pressing concerns for the theory and practice of feminism.

Drawing the argument to a conclusion: how is the gender issue imbricated in specific strategies of governance, and in the particular deployment of civil and state apparatuses; how is it impacted by economic coercions of a neoliberal discourse implicating the nation-state within a new global empire? If the curatorial intention of the exhibition *Global Feminisms* is to undo the myth of "hegemonic feminism", it points not only to the necessity of drawing theory from a practice that is close to the ground—the practice of art as of social transformation. It points further toward the necessity of unravelling alternatives that struggle against the instrumentalization of radical culture; alternatives that repudiate in big and little ways Western capitalist regimes programmed to violate and hegemonize the globe.

* This essay has been published as "Gender Mobility: Through

the Lens of Five Women Artists in India", in *Global Feminisms: New Directions in Contemporary Art*, eds. Maura Reilly and Linda Nochlin, London: Merrell and New York: Brooklyn Museum, 2007; it was re-printed as "Gender Mobility: Through the Lens of Five Women Artists", *Art and Visual Culture: 1857–2007*, ed. Gayatri Sinha, Bombay: Marg, 2008.

Mortal Remains

As global violence trails off into investigation, political reprieve and legal process, the space of rupture is ever more readily filled with media spectacles. Yet the space of rupture is decisive: spanned by a sequenced narrative of (named) *event* and (constructed) *memory*, this is where mortal remains ignite as *evidence.* It is in this space, between the cause and consequence of historically unredeemed experience, that tragic affect is gauged and the possibility of a transforming discourse shaped. For that reason, the social trauma produced by violence should not be sacralized through ritual—mourning is not enough—but made into a constituent of historical consciousness.[1]

---

1 Andreas Huyssen has written about the ambivalent place of memory in the contemporary constructions of present-pasts, present-futures. Ruling paradigms of memorialized suffering—prominently, the Jewish Holocaust—become ever more problematical once museological expansion, new media technology and cyber-archives end up displacing rather than fulfilling the need for historical understanding. In similar vein, Peter Osborne critiques the proliferating memory-banks produced in the postcolonial and postsocialist phases of contemporary history, insisting that a distinction be maintained between the work of memory and historical consciousness. See Andreas Huyssen, *Twilight Memories: Marking Time in a Culture of Amnesia,* New York and London: Routledge, 1995, and *Present Pasts: Urban Palimpsests and the Politics of Memory*, Stanford, California: Stanford University Press, 2003. See Peter Osborne, conference paper, "The Truth will be known when the last witness is dead", the Biennale of Sydney, July 2006, in *After the Event: New Perspectives on Art History*, eds. Charles Merewether and John Potts, Manchester: Manchester University Press, 2010; and the chapter "Time and the artwork" in his, *Philosophy in Cultural Theory*, London and New York: Routledge, 2000, pp. 78–85.

Among the different forms in which neo-imperialist wars, apartheid, civil strife, ethnic genocides and their aftermath is confronted, the documentary mode remains a privileged genre. Remembering that testimony as evidence is inadequate to history, that a conceptual distinction must be maintained between memory and history, the documentary genre may yet bring to narratives of violence the spatial respite of the archive and, via that, a route to public discourse.[1]

Even with the exponential increase in technological possibilities, documentary material, in its primary status, continues to be read indexically. But it also offers, through a hermeneutic process, re-narrativized accounts of social suffering.[2] As testimony

---

1 To mention a few texts from a vast amount of literature on the concept and practice of the archive: Jacques Derrida, *Archive Fever: A Freudian Impression,* Chicago: University of Chicago Press, 1998; Giorgio Agamben, *Remnants of Auschwitz: The Witness and the Archive*, New York: Zone Books, 2002; Hal Foster, "An Archival Impulse", *October*, 110, Fall 2004, pp. 3–22; Charles Merewether (ed.), *The Archive: Documents of Contemporary Art*, London: Whitechapel Gallery, 2006.

2 Theoretical and moral reflection on the act of photographing political humiliation and mortal fear, and of collecting/archiving material that reveal murderous moments in the history of humankind, remains a problematical issue. Consider the official portraits taken between 1975–1979 by a teenage photographer, Nhem Ein, during the Khmer Rouge terror regime when nearly 15,000 people were detained and exterminated at torture and extermination camp. Thousands of photographs were taken for an identity record before the victims' execution, negatives of which were found by the Vietnamese when they liberated the camp. A hundred of these were restored and printed by a couple of American journalists and

and evidence, it becomes an archive that furthers historical knowledge; as a space for the recollection of loss, it elicits mourning and memorializing; with the construction of a mise-en-scène such as the courtroom, signs can be structured to render the phenomenological encounter as a moment of redress.[1] In theatric modes of recuperation such as staged tableaux and screened performance, the classical form of catharsis is brought into play as direct affect. It can be argued that the *subject* of documentary,

---

circulated through publications and exhibitions around the world. A selection of these "living" portraits—a sinister, abject and haunting record of innocent victims—is permanently exhibited on the site, now called the Museum of Genocide, and a set of the photographs was acquired and exhibited as part of the documentary collection of the Museum of Modern Art, New York in 1997. Thierry de Duve, in a profound essay, "Art in the Face of Radical Evil" (*October* 125, 2008) implicates photographers, viewers, collectors and curators in a searing investigation of the relationship between morality, aesthetics and politics. Charles Merewether has also probed these images in a symposium accompanying the exhibition *Ghost in the Shell: Photography and the Human Soul, 1850–2000*, curated by Robert A. Sobieszek at the Los Angeles County Museum of Art in 1999.

1 Replacing/supplementing courtroom trials, South Africa's Truth and Reconciliation Commission tried to devise a protocol for inter-subjectivity between oppressor and victim leading, potentially, to a changed nuance in the actual enunciation of suffering as also to a more reciprocal form of catharsis. Emulating what might well be an enlightened director's brief for responsible drama, this form, practised in a society rent by apartheid, could be seen to function as a way of re-structuring the relationship between the existential condition and the social re-presentation of trauma. There is the weight of some success and inevitable failure written into a bold political approach such as this and the experiment has been very widely discussed around the world.

ranges from the historical to the confessional;[1] the documentary *genre* implicates both realism and melodrama in the assigned task of bringing veracity to and through the image. Within these terms, documentary material is complex enough to acknowledge in illegible evidence and retracted proof what Susan Sontag designates as the "pain of others",[2] and in relation to which the artist–documentarist assumes the witnessing role of the survivor, devising formal analogues to arrested speech and unspoken testimony, doubting narratives, camouflaged cues and problematic resolutions. Despite or even because of the contradiction between their objective transfer and death-driven melancholy—the dead are the first, and last, witness—documentary images can, in their exhibitory force, become a redemptive project.[3]

---

1 See Michael Renov, *The Subject of Documentary*, Minneapolis: University of Minnesota Press, 2004.

2 Susan Sontag argues with characteristic passion the ethical, but also the perverse aspects of witnessing pain through the documentary photo-image chronicling hard historical fact. She also offers a melancholy, near-metaphysical meditation on the incessant release of cruel imagery (coming from what I would designate as "collateral damage" to civilians and civilizations by American wars from Vietnam to Iraq), and argues for the need, given the sensational/censored mediatization of violence, to become alert witnesses with carefully acquired knowledge, conscience and political courage. See Susan Sontag, *Regarding the Pain of Others*, New York: Picador, 2004.

3 I mention some examples of such exhibition projects foregrounded in the last ten years. Okwui Enwezor, taking the postcolonial condition as fundamental to contemporary historical understanding, makes the most sustained curatorial translations of contestatory discourses using visual documents and archival material:

I am concerned here with narrowing their scope to a specific form of documentary evidence where the still or moving image appears to lift the trace from a material instance of trauma. This may be the framed visage of a landscape—abandoned land, scorched earth, street-entropy, demolished workplaces, bleak homes or just emptiness, a ghost-filled arena drawing the viewer into states of morbid fascination and even into what may be called false memory. When the lens-based artist, pledged to the indexical, still persists in chasing after "truth", in covering the ground as both field-detective and escaped quarry, the futility is also

---

The Short Century: Independence and Liberation Movements in Africa, 1945–1994 (Museum Villa Stuck, Munich; Gropius Bau, Berlin; Museum of Contemporary Art, Chicago; and P.S.1, New York); Documenta 11 (2002); *The Unhomely: Phantom Scenes in Global Society* (Second International Biennial, Seville, 2006); *Archive Fever: Between History and the Monument* (International Center of Photography, New York, 2008). See the collection of essays in exhibition catalogue, *The Unhomely: Phantom Scenes in Global Society*, ed. Okwui Enwezor, Seville: biacs2, 2006; and Enwezor's essay "Archive Fever: Between History and the Monument", in exhibition catalogue, *Archive Fever: Uses of the Documents in Contemporary Art*, New York: International Center of Photography and Steidl, 2008. Catherine David, artistic director of Documenta 10 (1997), has subsequently worked with intensive focus on Arab representational discourse through photo-video expositions, the latest of which is the project *DI/VISIONS: Culture and Politics of the Middle East* at the House of World Cultures in Berlin in 2007–2008. Charles Merewether's 2006 Biennale of Sydney exhibition titled *Zones of Contact* undertook to chronicle artworks, many of them documentary and archival in nature, from 44 countries around the world, with special emphasis on East Europe and Asia; and the 2005 Sharjah Biennale under Jack Persekian's curatorship focused on West Asian art in its fraught and contestatory dimension.

the very purpose. I think of Willie Doherty's slide-photo-video installations, his obscure, incomplete, uncannily recursive images of the Troubles in Northern Ireland.[1] And of Amar Kanwar's video works probing the wound of Partition violence in India and the recurring aftermath in the following decades of communal massacres—where the state in the name of the nation enters into a convoluted discourse of power against its own citizens.[2]

Evidence from erased time in the form of a stricken face or the violated body of a dead person might function like a death mask, a carapace, where the flesh, protected by the very mediation of a compassionate gaze, grows a second skin covering the subject's vulnerabilty. The "face" in a plain photograph is a singular clue as well as a volatile social configuration;[3] the traumatized, wounded, dying or dead body gains another set

---

1 Doherty's obsessive trajectory includes: *Same Difference* (1990); *They're All the Same* (1991); *30th January, 1972* (1993); *No Smoke without Fire* (1994); *Factory Reconstruction* (1995); *Same Old Story* (1997); *Somewhere Else* (1998); *Control Zone* (1999); *Re-Run* (2002); *Non-Specific Threat* (2004); *Ghost Story* (2007).

2 Amar Kanwar, India's outstanding documentary filmmaker, handles the question of violence against minorities, against women, with profound political (and moral) fervour: *A Season Outside* (1997), *A Night of Prophecy* (2002) and *Lightning Testimonies* (2007). With equal commitment, Kanwar has pursued stories of oppression and resistance among tribal and *dalit* communities of contemporary India.

3 Contemporary portraits of the disappeared and violated, incarcerated, sacrificed and murdered come from many sources and serve many causes. The genre goes back to Goya and Gericault. Consider the use of the face in the very different approaches of two Chileans, Eugenio Dittborn and Alfredo Jarr.

of meanings the moment you place it in a mise-en-scène—a sculptural tableau and/or video installation, the preferred form since the 1970s.[1] This enables the artist to structure a variety of signs, contrary and otherwise fugitive, into a coherent phenomenology, one of the most consistent elaborations of which comes from the photo-based installations of Christian Boltansky who pursues the ineffable nature of memory built precisely on traces of the real, the evidentiary. Once deployed in art practice, corporeal presence shores up the uncanny; a few allegorical moves thereon, we glimpse the spectre of insecurity that haunts the world, acknowledging what Judith Butler, talking about global politics in the age of renewed imperialism, calls precarious life.[2]

By acknowledging the precariousness of life, the very practice of art continues to offer a reconstitutive promise for the threatened body, and representation can be seen to dignify denuded lives with a moral mandate for survival. I refer to acts of representation as one might to acts that endorse radical optimism; and I suggest we confirm the double avatar whereby the fragile "truth-value" of

---

1 Consider, Cindy Sherman's abject and desiccated self-as-mannequin figures in the mid-1980s, and Jeff Wall's enormous translite, *Dead Troops Talk*. Consider the video work titled *Conversation* (2005) of Araya Rasdjarmrearnsook, who conducts an incantatory dialogue with corpses in a mortuary, proposing a self-implicating, arguably masochistic aesthetic that renders evidence of the grossly "real" in the form of "resurrectable" bodies to pure affect.

2 Judith Butler, *Precarious Life: The Power of Mourning and Violence*, London and New York: Verso, 2004.

autonomous subjectivities (an existentialist premise of modernist art), and the citizens' *need to testify*, coalesce. If, in the present state of the political, I borrow the tragic frame (classically so defined by Antigone, for instance), it is to speak about two contradictory states of being at once—about abjection and agency. The chastening trope of mortality now asks to be read historically, as survivors' history, as their inhabitation of global spaces in a world that has become, in material and psychic terms, *unhomely*.

Since the early 1990s, a select number of Indian visual artists—along with documentarists interfacing with/as experimental auteurs—have referred quite significantly to the terms of citizenship in a crisis-bound civil society.[1] I now turn to three among these artists, Vivan Sundaram, Atul Dodiya and Navjot

---

1 This refers to *dalits* and *adivasis* systematically oppressed by the upper castes and still disregarded by the Indian state that wholly prioritizes its globalizing success since 1991. And it refers to the rise of the Hindu rightwing from the 1990s, marked by the demolition in 1992 of the sixteenth-century Babri mosque in the northern city of Ayodhya, leading to riots, dispossession and the virtual massacre of Muslims—especially in Mumbai. The reports issued on the 1992–1993 riots (the most widely respected of which came from the government-appointed Srikrishna Commission) counted 900 dead from police firing, arson, stabbing and other forms of mob violence; the injured numbered over 2,000. As a proportion of the population, 60 to 70 per cent of those affected were Muslim. Of the 150,000 people who fled the city, and of the 100,000 that took refuge in relief camps, the overwhelming majority were Muslim, and the loss of property worth a billion rupees largely belonged to Muslims. A decade of the Hindutva ideology culminated in the rightwing Bharatiya Janata Party and its allies actually forming the government at the centre (1998–2004); and unprecedented violence was unleashed upon Muslims in a local, state-backed pogrom in Gujarat in

Altaf, to see how they reincarnate spectral statistics proxying for actual citizens attacked or annulled in civil strife that amount to virtual genocides within the Indian nation-space. Declaring their partisanship towards communities named and shattered through majoritarian violence, towards a population subjected to indifferent governance, these artists have found ways to address the state seen to betray its constitutional commitments.[1] Social rupture demands navigation to fraught sites, even as it asks for an advanced

---

2002. According to an official estimate, more than 1,000 people were killed, most of whom were Muslims. (The more frequently quoted figure is nearer 2,000.) Another 4,000 persons were reported missing, injured, widowed and orphaned. Government figures indicate that more than 98,000 people were, at the time, residing in over 100 newly created relief camps throughout Gujarat, an overwhelming majority of them being Muslim. There is a vast amount of literature on contemporary violence in India seen to be embedded in the nation's foundational politics. It is frequently argued that the partition "holocaust" of 1946 to 1948 has so shaped the social imaginary of the subcontinent that recurring violence is always topped with an avenging rhetoric even as it becomes routinized into a condition of (perversely) psychic repetition. Among more recent publications, see, for instance, Veena Das, *Life and Words: Violence and the Descent into the Ordinary*, New Delhi: Oxford, 2007; and Gyanendra Pandey, *Routine Violence: Nations, Fragments, Histories,* Delhi: Permanent Black, 2006. This argument finds extraordinary exposition in a documentarist like Amar Kanwar (*Season Outside,* 1998 and *Lightning Testimonies*, 2007).

1 In addition to the artists discussed in this essay, Rummana Hussain (1949–1999) has an iconic status: even as she was slowly dying of cancer, she had the courage to confront and articulate through photo-based installations, performances, videos, the meaning of India's changing politics for its Muslim citizens. Nalini Malani is a key interlocutor and persistent "dramaturg" working through her painted/video imagery with historical violence, social trauma and ecological disasters seen from a feminist viewpoint. Vasudha Thozhur, feminist activist, has collaborated to provide therapeutic, economic and creative help to girls in a Muslim-run refugee camp in Ahmedabad following the 2002 carnage.

semiotic, a carefully worked "system" of heterogeneous *and* heterodox signs that allows social imaginaries to be assembled, and disassembled, during creative scrutiny.

Memorial

Vivan Sundaram's *Memorial*, a large, room-sized installation made in 1993, worked with the photograph of a man killed—lying dead—on a street in Bombay during the Hindu–Muslim riots of 1992–1993.This black-and-white photograph, published in the *Times of India*, was taken by photojournalist Hoshi Jal. We can surmise that the man, an elderly Muslim, was fleeing from his attackers, that they killed him and that he now lies dead, still clutching a small cloth-bundle of belongings.[1] The contour of his side-long body is silhouetted against a toppled garbage container that frames him like a stage prop—a mini-tank with a rod sticking out—making the photograph's verity interpretable as (chance) construction. His profoundly still face with closed eyes is pressed close to the littered road. Here is the visage of death, death's becalmed face. Yet, he is marked by age, ethnicity, religion, class, and by the photographer–spectator's political understanding of

1 A keen formulation on the iconography of the dead was offered by Ashish Rajadhyaksha in his essay "one of those figures then died", in exhibition catalogue, *Vivan Sundaram: Memorial, an installation with photographs and sculpture*, New Delhi: AIFACS Galleries, 1993, and Mumbai: Sakshi Gallery, 1996.

fear narrativized within the frame of history. This is a classic image of the public victim: the mise-en-scène includes the detritus of street rioting, the man's felled stance has the grace of a perfect performance. Except that this is not a performance; the man's image is already conditioned by our trust in the *a priori* "realism" of the photograph, by the photograph's technical characteristic of capturing and certifying—he *was* present/this *is* real. [1]

The photograph's existential status rests on a paradox—that it carries the moral force of testimony despite the indifference and contingency of a photograph's condition of production. A news photograph of yet another victim of "riots", Hoshi Jal's image is substantial, even *visceral*—in part because the old man's cloth-bundle, cradled in the hollow of his torso like a disgorged stomach, provides the picture its *punctum*, [2] incidental yet acutely poignant

---

1 "The ontological property of the photograph derives from its participation in the *being* of the referent and hence a direct, unmediated presence of the past within the present. Peter Osborne's chapter, "Sign and Image", in *Philosophy in Cultural Theory*, p. 35.

2 In Roland Barthes' phenomenological rendering of the photographic experience, the *punctum* is a non-coded detail (as against *studium* referring to the culturally coded mass of photographs circulating in the world) that unexpectedly pricks or wounds the viewer, eliciting "a subtle kind of beyond". Much quoted, from his brilliant 1980 "soliloquy" on photography, the concept turns on a typical Barthian paradox: *punctum*, this small private "off-frame" trauma, is set beside the claim that in its obtuse indexicality the photograph has "nothing to say". Roland Barthes, *Camera Lucida: Reflections on Photography*, London: Vintage Books, 2000.

detail positioned beside the recumbent figure that is now an image of death itself.

In Roland Barthes' discourse on the ontology of the photograph, impending death is written into the photograph, including even what is not yet dead. We can then say that the photo-image so incarnates death (by inference, my death, your death) that even as we train our gaze on a *chance* image of death, we meet, in the photograph, *death's gaze*. "In the Photograph, Time's immobilization assumes… an excessive, monstrous mode: Time is engorged."[1] The photograph of a dead body is not, however, a metaphysical proposition, nor a guarantee for immortality. It is a proof made available for final regard and perpetual scrutiny; that is to say, for identification, evidence, remembering, revenge and memorialization. We, on this side of the camera, inevitably assume the role of a witness, signalling mourning and responsibility (affect and action) that is nevertheless arrested by the reduplication in photographic representation of death's passivity.

Photos of dead persons, and specifically documentary images of victims killed in violent encounters—accident, murder, riot, war—are rhetorical. And Sundaram began working on *Memorial* by prodding this rhetoric until it admitted to pain. He lived with the black-and-white photograph for a year and then embarked on a

1 *Camera Lucida*, p. 91.

labour of love by working a physical memorial for the dead man. If the photograph (any photograph) stands in its primary indexical status as "a message without a code" (a much quoted Barthian formulation), Sundaram, working with and against indexicality, attempted maximal coding—he embalmed, incarcerated, buried, exhumed and resurrected the photograph. And even as he tortured the photo-body he seemed, by a kind of spectral mimesis, to turn the screw into his own flesh. Recall Barthes again: "The photograph is literally an emanation of the referent... A sort of umbilical chord links the body of the photographed thing to my gaze: light, though impalpable, is here a carnal medium, a skin I share with anyone who has been photographed."[1] Sundaram stretched the ontological possibility of the photo-image on just such a basis, offering not only an elegy and an expiation but a carnal symbiosis between self and other, and thus a personally mediated nemesis for public murder.

Sundaram's *Memorial* took the form of ceremonial entombment. You entered the large room-space through a barrier of iron pipes that recalled Minimalist sculpture in material and structure as also in establishing a protocol, a guarded entry; an implicating phenomenology was created by the measured pacing of the spectator's body. You then stood before a vista with a red

---

1 *Camera Lucida*, pp. 80–81.

sandstone pathway on which you were invited/compelled to walk. And while this referenced another Minimalist ambition—Carl Andre's flat, horizontal, perspectival sculpture on the floor—Sundaram put this to a use "unpermitted" in the Minimalist aesthetic: the spectator was presented with a figurative reference and a historical here and now. A triangular iron-frame-and-plate-glass *Mausoleum* was placed head-on, blocking the pathway. The transparent cenotaph was mounted with a marble gravestone inscribed with a Suprematist-style insignia for an unknown future. This pristine abstraction in the utopian mode belied the content of the *Mausoleum* which contained a life-size plaster cast of a man sleeping on his side, a rough hewn "replica" of the victim's body in the black-and-white photograph. Segalesque in its look, with this figure Sundaram deliberately skewered the "logical" pursuit of art-historical protocols for more willful annotations.

All around the pathway and the *Mausoleum* you saw the primary "object" of this grim itinerary, the photograph of the sleeping corpse which was placed at ground level in each of six small, glass-and-iron vitrines (together titled *Burial*). The vitrines, placed on the ground, were to be looked at from above, and the relationship of viewer to object was dramatized through stark shifts of scale. The surface of the photograph was pierced and decorated with hundreds of nails: sometimes tiny black nails arranged in a grid or in the shape of a coffin, a wreath; sometimes long rusty nails that dug into figure and held it down—like stakes, logs, girders, shrapnel. The nails made a pyre, an armour, a burst grenade; the photo-body was burnt, covered over and masked with paper and plaster shrouds, the face mostly veiled. While the plaster-cast figure in the *Mausoleum* turned a life-size body into a dead giant; the photo-body of the riot-victim, lying cradled in the vitrines, was relieved of its gravity by miniaturization and on an instance, rose delicately on its wing-shroud like an angel. Its vulnerability however was historically notated and its resurrection would have to be ascribed to the political imaginary of the artist/viewer.

Sundaram played many roles: he was a modest bricoleur crafting the simplest materials for protection and burial of what was nothing more than a ritual figurine; he was an architect building a mausoleum for felled martyrs, heaping upon the very photograph the function, the burden, the honour of the absent "monument". All through, Sundaram's artisanal/sculptural intervention implicated him within a form of fetishism. He multiplied the photo-print and thereby the death-motif to satisfy the psychic urge for repetition. We know, of course, that fetishism is typical of the photograph itself, and when the referent is a corpse the image invites persistent and furtive attention. He extended this routine fetishism into an even more compulsive act—by taking up the part-erotic, part-morbid desire to glimpse the sleeping dead, he baited the uncanny.

Yet, through and despite these many approaches, Sundaram devised a form of regard for this photograph, for *this* body, and transcended the lure of the fetish, as of the abject. Remember Che Guevera, and imperialism's display of what they (obscenely) believed to be an "exemplary" death-photo (transmitted to the world on 10 October 1967, a few days after Che was killed in the jungles of Bolivia), and how it turned upon the perpetrators of the crime to become a revolutionary icon.[1] With the Che photo somewhere in his memory-archive, Sundaram took the mortality embedded in the photograph, this photograph, to gain a relentless regard that rendered its very representationality iconic. Consider C.S. Pierce's key formulation, that the indexicality and iconicity of the photograph are mutually constitutive; that the very indexicality of the photograph (a causal connection between the object and image) is treated as the ground or matter on which "the historical grammar" of "iconographic connotation" is superimposed in the interpretation of any particular photograph. [2]

I want here to emphasise how the photograph—and Barthes says photography itself is a kind of primitive theatre, a "Tableau Vivant"[3]—deployed within an installation dares peculiar claims:

---

1 See John Berger's famous essay on the politics and semiotics of this photograph, "'Che' Guevara", in *Selected Essays and Articles: The Look of Things*, Harmondsworth: Penguin Books, 1972, pp. 42–53.

2 See, Peter Osborne, "Sign and Image", in *Philosophy in Cultural Theory*, pp. 27, 29.

3 Roland Barthes, *Camera Lucida*, pp. 31–32.

of bringing to a pause a world driven by mimesis, of inserting indexicality in melodramatic narrative, and reinstating the symbolic, would-be-death, in the field of praxis. With this in mind, I continue with the itinerary of Sundaram's installation.

Further along the path and across a drain, there stood an eight-foot-high *Gateway* of stacked tin trunks. Roughly painted dull pink, they made up an arch resembling many-a-monument in India. Once you crossed under this gateway, you saw in the back of its beam an elongated tin trunk that was a coffin without a side wall, holding no corpse but a text in blue neon light with letters that spelt "Fallen Mortal". There was the vista again, but seen from the other end as a perspectival freeze-frame: the view of a near-necropolis. Except that the *Gateway* was also an exit for migrants, a memorial for exiles, a lit altarpiece for those who have thus departed. Sundaram followed upon the seminal photo-based installations of Boltansky where the artifice of history is presented—its pathos drained but reinstalled as a memorializing archive, as a temple for the dead with an intent to conduct and mock the protocol of mourning by offering profane compassion.

Nearly all of installation art can be seen to mimic ritual and theatre, both primeval modes of knowing where events are narrativized but also strategically de-narrativized to foreground the experience of trauma. For when traumatic death is staged as spectacle, it nearly supersedes the given narrative and establishes a form of hypostasis. Remember Antigone: not helped by the gods, she flouts an injunction issued by the sovereign/state that has stripped a body, her own brother (and the sovereign's kin), leaving it displayed as sacrally depleted, as "bare life". [1] By covering and burying the dead, she defies the law that is always twinned with violence. In fulfilling her responsibility, Antigone theatricalizes mortality but restores the human—not to bare not to sacred nor even to sovereign life but, as Brecht would have it, to its human "privilege" of dignity and refusal and thereby to the privilege of secular citizenship.

Sundaram annotated the lesson of Brechtian theatre with his own refusal of those genres of representation that overdetermine the human within a scopic regime. Defacing realism's claim through spare, severe acts of nailing, burning, erasing, hurting, protecting the photo-body; wreathing and veiling it with paper and gauze and casting it in plaster, he did more than memorialize it. The one who was killed was now, also, cruelly, crucially, symbolically, sacrificed. And resurrected.

In a closing gesture of the *Memorial*, Sundaram constructed the sculpture *Gun Carriage*. A flat-bed iron trolley with metal wheels was mounted with a split and foreshortened steel coffin

---

1 The concept, philosophically derived from Walter Benjamin, is embedded in Giogio Agamben's *Homo Sacer: Sovereign Power and Bare Life*, Stanford, California: Stanford University Press, 1995.

shaped on one side into a concave and fitted with the dead man's photograph held in place by an acrylic sheet-guard. At once Minimalist sculpture and theatric diorama, the *Gun Carriage* was also a ceremonial conveyance with an elegant, white-and-red handle befitting a revolutionary's funeral parade. Through this significant addition, Sundaram refused the absolute character of death and made a move to supersede the ontological realm and attempt a historical representation conceptually independent of his own and the killed "elder's" subjectivity. A complement to *Memorial,* this solo sculpture suggested the possibility that the much-mourned body, now beyond the regime of realism, be conveyed on a miniature coffin-cortege to the gateway of the state. *So that the state acknowledges in the ironically constructed trope of sacred rites, the secular right to life of its own dead citizens.*

Broken Branches

Atul Dodiya responded to the 2002 massacre in his ancestral Gujarat with a room-size installation of cabinets, *Broken Branches*,[1] based on a design taken from a Gandhi museum in the coastal city of Porbandar, Gandhi's birthplace. The twentieth

---

1 See texts by Gayatri Sinha, "Atul Dodiya: Artist/Arranger", and Peter Nagy, "Atul Dodiya: A Gargantuan Responsibility", in exhibition catalogue, *Atul Dodiya: Broken Branches*, Mumbai: Jehangir Nicholson Gallery, NCPA, 1993. See also Ranjit Hoskote, "Re-imagining Bapu: A Response to Atul Dodiya's 'An Artist of Non-Violence'", in *Atul Dodiya: An Artist of Non-violence,* Mumbai: Gallery Chemould, 1993.

century's greatest advocate of non-violence, Gandhi is also a martyred son of Gujarat, killed at the end of India's independence struggle by a fellow Hindu, a forbear of the Hindutva brigade that perpetrated the Gujarat carnage in 2002.[1] Dodiya had been attached since boyhood to Gandhi's autobiography—*The Story of My Experiments with Truth*.[2] He started painting Gandhi in the 1990s (watercolours titled *An Artist of Non-violence*, 1999); included Gandhi's image in his series of steel roller-shutters (2002); and continues his affectionate chess games with "Bapu" ("father", as Gandhi was called, even as he was called the Mahatma/great soul) in various guises. Dodiya enriches his iconographic resources by deriving parables from Gandhi's ability to surprise

1 During the riots that followed the Partition of India, one million people died in what was a near- holocaust and up to 15 million refugees crossed the newly drawn borders between India and a new West and East Pakistan. Even when the die was cast in favour of it, Gandhi remained bitterly against the Partition and pleaded with Hindus and Muslims to live together peacefully. When communal violence broke out all over the country he went to remote regions with his message of peace. On 29 January 1947, he arrived at a small village in Noakhali district (former East Bengal, now Bangladesh) torn apart by Hindu–Muslim riots, and when riots engulfed Calcutta, then one of the largest cities in India, he fasted until the disturbances ceased. On 13 January 1948 he undertook another successful fast in New Delhi but was killed twelve days later by Nathuram Godse of the Hindu Mahasabha, who was inflamed by Gandhi's message of non-violence and fraternal reconciliation between the communities.

2 M. K. Gandhi, *An Autobiography: The Story of My Experiments with Truth*, London: Jonathan Cape, 1966.

his opponents with humour, confessed contradictions and moral intransigence.

Gujarat 2002: thousands were killed, maimed, raped in a genocide of the Muslims.[1] Those who were not killed in the pogrom could easily disintegrate in the common course of a hard life made unbearable by fear; those who survived are still fighting legal cases against the state of Gujarat and the perpetrators of the genocide who were virtually sanctioned to violate the minorities. I return yet again to the question that haunts this text: what does an artist do in the face of a civil breakdown, public anxiety, social trauma—and media-hyped commentaries choking the public sphere? Dodiya's *Broken Branches* worked elliptically with two sets of propositions: first, it worked with the person of Gandhi and with public iconicity in an age dispossessed of the sacred; second, it sought to find a voice in the aftermath of ethnic massacre, individual remorse, collective expiation.

Mohandas Karamchand Gandhi is India's abiding abstraction. Yet, in substantial terms, he symbolizes two key concepts: compassion and trust towards the nation *as* (and especially as) an imagined and lived community; in contrast, he symbolizes unredeemed guilt for the nations of the subcontinent—a reminder for citizens and states alike of the communal genocide provoked

---

1 See note 15.

by the empire's partition of India and now embedded in the very core of our sovereignty. Gandhi is the man sacrificed to the curse of communal politics; he is the "father of the (Indian) nation" who died, *who was murdered*, before he could re-articulate a postindependence understanding of national sovereignty.

(An aside: Remember Gandhi's laughing face and lean body, the significance of his physical self and photographic persona auratic. Gandhi had a paradoxical relationship with his body and treated it to forms of privation that were forms of narcissism, as also rituals of self-purification before the sacrifice. He privileged the body's ascetic–auratic aspects, bringing to it an astute poise amounting to grace. He had an affinity with the abject and the sacral and therefore in a sense with the concept of "*bare life*". Always in defiance of sovereign power, embodying a condition of pristine poverty, Gandhi could become, within his anarchic structure of thought, a liminal subject and, thereby, self to the "other" or, might it be, the "other" as himself.)

In Dodiya's *Broken Branches,* Gandhi was actually alluded to quite sparsely. A few grainy newspaper photographs appeared on the shelves of the cabinets, as for example the one where he is seen laying a foundation stone using masons' tools reminiscent for Dodiya of his own father, who came to Mumbai many decades ago from a village in Saurashtra carrying his artisans' tools to become a small-time contractor in the metropolis. Part of a miscellaneous collection of documents—images of natural and man-made disasters, family pictures et al—the photographs were supplemented with a few surrogates that stood in as Gandhi's frugal "belongings" (the authentic objects are displayed in the nationwide museums memorializing his life). For example, the three little monkeys that hear, see and speak no evil, and his *ahimsaka*-leather sandals worn every day and on his long marches across the country.

The cabinet is a classical container tracing its lineage to the sixteenth-century *wunderkammer*. It later became the stereotypical showcase for museum collections of archaeology and artifacts and, especially in our context, for colonial ethnography, where exotic cultures and collectible "others" are displayed. Complementing this ethnography/archaeology is the bourgeois family's very own cabinet of curiosities with miscellaneous souvenirs and bric-à-brac from a commodified culture. More dramatically, the cabinet can convert into proscenium-like vitrines with representational dioramas of diverse worlds; and into life-size coffin-vitrines where the dead lie embalmed. Dodiya's provincial, colonial-design cabinets, most resembled those glass-fronted archival cabinets that are mini-memorials to great lives. In actuality, they were stacked with worn-down prosthetics: wooden legs, artificial hands and feet, crutches, braces and, in addition, a calibrated selection of bones, small and large, all displayed like votive objects signifying disability, loss and some form of cherishing desire for mortal remains.[1] Perhaps all vitrines and certainly Dodiya's vitrines, enshrine a riddle: while *Broken Branches* should have contained, according to Dodiya's declared thematics, the martyr's memorabilia, it presented instead a bricoleur's surreal reconstruction of an archive with worthless objects put up to be revered.

On a complementary plane, there was loving arrangement of the artisan's simple work-tools, a variety of measures, weights, scales, charts and construction manuals that recalled lapsed labour and even perhaps the promise of humble repair within an allegory of human damage. The wall-mounted cabinets were topped with pictures of exotic birds (bird-collages) from natural history albums, the frames perched on steeply slanting cabinet "roofs"; the assumed flight of the pictured birds seeming to compensate for the cramped containment of human pain.

The cabinets assembled with objects and images read like low-relief, sepia-toned hieroglyphics betokening lives of ancestral migrants and sick fathers; there were memory pictures and childhood trophies and the artist's private heroes proxying for his

---

1 Gayatri Sinha, cued by the artist, suggests a very interesting detail: Dodiya's *kuldevi* (dometic deity) is Khodiyar, who is supposed to have fallen and become lame during a fight; she now struts as a fearsome ghoul whose iconography features a false leg. See Gayatri Sinha, "Atul Dodiya: Artist/Arranger".

signature. More particularly, the cabinets configured the dross of disabled bodies, destroyed lives. As Dodiya disassembled the body into limb-extensions, working-aids and in simple metonymy, workmen's tools, he raised the spectre of human function/ dysfunction with all manner of *sexual* connotations, and with the violent nightmares that come in their wake. In the makeshift archive there was, for example, a photocopied newspaper picture of a haunting doll-girl whose corneas were stolen at birth for profit in the flourishing human organs' market.[1] In the Surrealist imagination, Hans Bellmer's poupees, Marcel Duchamp's mad metonymies and Joseph Cornell's dream-vitrines; here, the bald sheen of an amputee's prosthetic, Dodiya's votive object, meticulously displayed to elicit some abject rite of healing.

Then as now, disfigured, discarded and put-together objects exceed the political and enter the perennial allegory of the body *in extremis*. The mise-en-scène for *Broken Branches* supported a macabre form of mortality as also philosophic pedagogy. Dodiya, fascinated by the conversion of this odd reliquary into aids for material survival, could be seen paying his homage to Joseph Beuys. A contemporary master in handling the trope of mortality through a fetishization of near-death and a near-mythic

1 The only full colour visible in the cabinet collection is ostentatiously painted fragments of the five senses—eyes, lips, mouth, ear, nose.

resurrection, Beuys archived haloed debris worthy of possession or, shall we say, dispossession by the poorest saint.

The second proposition presented by *Broken Branches* had to do with violence; more specifically, with the violence of contemporary ethnic pogroms and the disfigurement of the body, of the body-politic, perpetrated thus. Images of violated bodies and the leitmotif of the victim's "remaindered" self recur with ever-greater frequency in the modern period, more specially in photographic archives. While there is a genealogy for the image of human wreckage, there is also a protocol involved in the re-presentation of this material. Borrowing from natural history/archaeology/anthropology museums that display creature-specimens as scientific evidence, museums memorializing violence often succumb to a desire that haunts the noblest quest for knowledge and reparation: humankind's primitive fascination for the mortal remains of our own species. The body, in its fetishized condition, is at the same time sacred and fantastically obscene. All the more reason that in deliberate recall of torture, public murder and mass deaths, the artist looks for documentary support, but also such deeply dislocated metaphors that permit mourning with an intent to decathect the pain and desire excited by what is so grossly "real". The mortal body requires restoration through frank, obsessional engagement even as resultant artworks restore through sublimation (as with Beuys) the *auratic* function of art.

The cabinets were positioned against three walls; on the fourth wall Dodiya presented, with rare impunity, the designated "other" in an extreme moment of precariousness: he framed and hung a newspaper photograph of 29-year-old Qutbuddin Nasseruddin, a tailor in Gujarat's capital city of Ahmedabad, pleading in pure panic for his life. This was a frontal representation in Dodiya's discreetly installed room and despite the danger of appearing voyeuristic, it served to reiterate the humiliation suffered by neighbours and co-citizens in the pogrom of 2002. In what looked like conventional décor, there were three photographs, arranged above a table and two colonial-style wooden chairs: the first one was that of Qutbuddin Nasseruddin and the last one of the artist's aged father with bared torso, displaying a diseased and distended stomach (drained periodically of septic fluids, as we biographically happen to know). This image of his sick father, obsessing Dodiya in this and other works, served to allegorize, in a two-way proxy, personal pain and social malaise; a metaphor for the condition of unease in the society and state we inhabit. But the gaze swung back to the focal point: to Qutbuddin Nasseruddin whose abject gesture rendered itself into a public proclamation doing its work on the viewer's psyche. The young man with hands folded, his pale gray eyes brimming with tears, crying for mercy before what must have been a marauding mob of Hindutva killers, did, as it happens, survive the massacre. He barely survived this moment of nationwide (perhaps worldwide) exposure.[1]

The image of the dead man on a Bombay street, ethnically marked as Muslim but not titled as such, haunted Sundaram and thousands of others who saw Hoshi Jal's photograph in the *Times of India* in 1993. It induced Sundaram to approach the body with trepidation, to both veil and unveil the grave face, to both cover and caress the "sleeping" head, to both prod and recompose the body—until it yielded a deeper meaning, *a meaning beyond evidence.* Qutbuddin Nasseruddin's full frontal face, not ethnically marked but captioned and identified as Muslim, was placed on the wall by Dodiya and fully exposed *as* evidence. The newspaper photograph stood for the shamed conscience of the nation and Dodiya, courting melodrama, placed it in his installation as a well-directed shaft. Thus Dodiya overwrote an allegorical archive about loss with an "open letter" marking betrayal. If we believe the photograph, as we must, it spells a broken promise towards the last witness.

To insert Qutbuddin Nasseruddin into a room mimicking a Gandhi museum was clearly to induce and contain individual remorse and collective expiation. This framed picture brings us face-to-face with terrified vulnerability, forced abjection. It also suggests the opposite, a restrained play of the uncanny—the

1 He had to leave Ahmedabad for Calcutta where he could be anonymous and therefore protected from the predatory media unmindful of the shame and danger they impart to ordinary lives.

appearance of the spectral double in a painstakingly museumized space where the protocol of remembering is routinely staged but not so routinely disrupted to reveal the moment of collective fear. [1] If the witnessing of an other's humiliation is an acknowledgement of bare life, then bare life is also the realization that the other exists in oneself; and if this other can be gratuitously killed—by the state as by the mob—on grounds of race, religion, class, community, then so can the self be reduced, desacralized, by the alienated mandate of sovereign power. Then, if Dodiya displays attributes of bare life it is with the purpose of not still representing it, but with the purpose of secretly consecrating that which has been irretrievably damaged; with the purpose of exposing condensed motifs of wasted deaths that need accounting for.

Lacuna

During phases of rightwing ascendancy and social crises, Navjot Altaf, like her circle of peers, has undertaken radical shifts in medium and form to spell out in different languages the

1 "The face as the extreme precariousness of the other...," Judith Butler quotes Levinas in her book, *Precarious Life*; she says, quoting again: "... The approach to the face is the most basic mode of responsibility. The face is... the other before death, looking through and exposing death... the face is the one who asks not to let him die alone, as if to do so would be to become an accomplice in his death. Thus the face says to me: you shall not kill..." Judith Butler, *Precarious Life: The Power of Mourning and Violence*, pp. 131–132, 134.

hidden decree of power and possible means of recovery.[1] Starting with *Links Destroyed and Rediscovered* (1994), followed by *Between Memory and History* (2001–2002), Navjot[2] referred to

1 On the other hand, unlike any of her peers and comrades, Navjot has undertaken a long-term public project in Kopaweda/Kondagaon, in the forested Bastar region of central India, where she has partially set up home (dividing her time between Mumbai and Kondagaon for the past ten years). She has worked with *adivasi* (tribal/peasant) groups of artist/artisans and slowly built up an organization (*Samvad*/Dialogue) that is now a self-sustaining collective that undertakes architectural-scale community projects to develop utilitarian sites such as village water pumps where women make several trips a day to wash and fill their pots with drinking water. Thus the project, *Nalpar,* addresses the ecological, ergonomic and aesthetic needs of the women. For the village children, they have built play-sites as informal schools: *Pilla Guddi,* or children's "temples". *Samvad* involves the district bureaucrats, the municipal committee of the town and village, and wage labour from among the local population for discussion, activities and building projects. Local artists of the collective, Rajkumar, Shantibai and Gessuram, as well as Navjot Altaf, continue to produce individual artworks, a proportionate contribution from the sale of which is given over to *Samvad* for its activities. It should be emphasized of course that Navjot in her double avatar does authorial work in several media, especially video and installations, and these are exhibited in a metropolitan and global context. She engages in advanced debates on the problematics of a left-oriented cosmopolitan artist in the role of an artist–activist at the grassroots level. Indeed she is both subject and participant of discussion with both proponents and detractors of community interaction projects, and constantly in quest of the appropriate ethics and inclusive definition for the avantgarde in the expanded field of contemporary art. For a sustained theorization and personal engagement with Navjot's "relational" works, see Grant Kester, "Samvad in Kondagaon: Navjot Altaf and Collaborative Praxis in an Adivasi Village", 2008.

2 I use her first name to distinguish her from her from her artist husband who carried the name Altaf.

majoritarian assault and state terror (in India as in recent world history), and found material means, monumental structures and a language of abstraction to memorialize social suffering.[1] *Links* was an installation comprising thick black PVC pipes that looped through domestic door-frames/thresholds; a coiling mammoth both intrusive and binding (it gripped a video-monitor playing documentary film-fragments of the Bombay riots), this outgrowth was an expression of what was the artist's first direct encounter with communal carnage. Some years later, when violence seemed to have seeped into the city-arteries—her city, Mumbai—she decided to circumvent the representational almost altogether. *Between Memory and History* was a steel structure that had the concave shape of a reverse proscenium. Its open-grid structure was strung and embellished with thousands of paper ribbons—photocopied sheets of paper fan-folded into ribbons and inscribed with a cryptic "message" prepared in graphic form by the artist from her archive of witness-speech and literary fragments. Knotted into the metal grille, they were meant to be opened, decoded, kept or thrown away by spectators willing to undertake the retrieval of memory in proxy. The same sheets were also stacked

1 *Links* was directly related to the Hindu–Muslim riots of 1992–1993 in Mumbai (cf. Vivan Sundaram in response to these communal hostilities); *Between Memory and History* continued the concerns but enlarged the theme of violence and reparation to a worldwide context.

flat and string-bound to make “books” laid out to annotate the larger installation with the paradox of a closed text. The curving, architectural wall enclosed the bare skeleton of a room; a mattress on the floor refracted video images beamed from three monitors mounted in a facing row; the small-format, low-resolution image-blurs contrived to offer, yet withhold, the documentary records of actual events. As objects, the monitors read as beaming reliquaries or ET robots flashing signals, or icons stationed in what was by inference a shrine for recollection.

Navjot’s three-projection video-installation *Lacuna in Testimony* (2003–2006), based on a day’s footage of the changing ocean, was also made after an event that I have already named: the 2002 state-backed pogrom against Muslims in Gujarat.[1] Navjot developed a voice archive, drawing on the testimonies of women who had taken refuge in the Shahi Baug and Shah Alam camps. These were victims, refugees, witnesses—women whose bodies (or the bodies of their kin) had been violated; they were stigmatized citizens subjected to violence, juridical lapse and political ruse. Recording scores of testimonies, Navjot then erased even this vestigial “privilege” of speech, acting not from arrogance but from a compassion, whereby she hoped that an “indifferent” image may better reflect the pain and bewilderment of over-exposed

---

1 Cf. Atul Dodiya’s *Broken Banches*.

identities; and that an ambient aura created by the beamed ocean could perhaps lift unspoken narratives to the horizon. [1]

Lacuna in Testimony was a succession of subliminal images appearing on the surging waves of a changing, blue, gray, purplish-blue ocean—the Arabian Sea—striking the coastline of Mumbai as that of western Gujarat. There was no shoreline for the foaming waves, the horizon was placed high, and a subtle editing rhythm portrayed the ocean in all its splendour. Three contiguous screens developed a visually identical but time-staggered ritual of "evidence": 48 small, square, digitally generated windows opened to a steady pulse, one by one, and traced a grid over the water-surface. These windows were brilliantly reflected in three rows of 72 square mirrors placed on the floor below the projection; and the doubled imagery created a space of pain, fear, shimmer. In each of the frosty "panes" you glimpsed gray, unfocused images

---

1 In some versions of the video-installation Navjot included a complementary but discreet audio-installation with a selection of testimonies to be heard on earphones. Veena Das, who has written brilliantly on the social suffering of women in the Indian sub-continent, elaborates on the quality of attention that we must pay to what the victim is saying and even more to their silence, to what they are not saying; to listen to the "inner language" of the sufferers since not everything that people have gone through and witnessed can be said. Added to the callousness of the official discourse of the state, especially with regard to women, Das expresses revulsion at what she calls the "excess of speech" and "plenitude of words" in the face of violence—in the media, in theory and in cultural processes. See her *Life and Word*.

of aggression and assault, of command and subjection, of ordinary life in Ahmedabad including the fuzzy image of a sufi shrine. In the definitive yet illusory boundary—the ocean's horizon—in the monotonous murmur of its infinity, Navjot located an "oceanic archive"[1] of submerged and frozen footage. The ghost-scenes of destruction began to fade before you could decipher their documentary content, but before they faded they froze, literally; they froze into identical, caved-in ice-drifts that floated for a few seconds and then quickly vanished in a fine-tuned sequence, a recession that completed itself in one and then the next and the next screen, each encrypted cube flickering off one at a time until the count was complete.

Once the windows dissolved, the sea reappeared in all its fullness and sound and then suddenly all three screens blacked out. During the interval the words "l a c u n a i n t e s t i m o n y" appeared and disappeared letter by letter on the surface, followed by the roaring, quickening waves now turned scarlet, then deep red. The simple, minimally edited video-recording of the ocean offered a metaphor for the mounting trauma of countless testimonies lashing the shores of the earth—and this was now surmounted by a illegible wail. The bloodied seascape rang with

1 Nancy Adajania has written several texts on Navjot with fine attention; see her "Scaffoldings of Survival: Reflections on a Life of Projects", *Navjot*, Mumbai: Sakshi Gallery, 2004.

the voice of a child at play in a refugee camp in Ahmedabad. The piercing call found an echo and called back again and again. Like all repetitions, this turned into a portent that materializes in the form of a waking dream within the camp; *the camp which as an institution has been named as a paradigmatic structure of the modern state and a defining format for the perverse sustainment of bare life*.

The boy's deranged song filled the lacuna that beset the project of assembling testimonies. It filled the lacuna—not only of testimony, as the title of the work proposes, but of memory itself, and brought him, the boy, to a healing station. Perhaps: the boy's voice faded away, the ocean subsided, and the sequence closed with the waves returning to a quiet blue rhythm. The camp, never shown or represented in Navjot's work, is not, as we know from supporting facts, ever terminated satisfactorily, just as the conversion of citizens into displaced persons never ceases—rather, it assumes the magnitude of a worldwide exodus that we can only ever glimpse in vignettes. Navjot's spectral vision with no decipherable subject, only a shrill plaint, was one such vignette.

Navjot put to the test her engagement with loss by assembling an image-document that altered its signs along the sliding scale of referential meaning. She economized even on the sign, leaving us with a historical residue that is today a kind of electronic sedimentation of spent signals. Thus her video projections took the form of a fluid, spatial–temporal blur, a blurring that was the more disturbing because while the "background" of the ocean was vivid enough, the actual images in the window that opened out in the "foreground" never ever came into focus. But Navjot can be seen to have gone further and devised a definite position about the video-image as such. In consonance with the signal-language of the videotape and the overlapping translucency of images made possible in the editing process (a layering-over, as in watercolour), she positioned her conceptual preference for an *aesthetic of erasure*. Thus the disappearance of the image had a temporal significance matching its appearance and only "existed", if at all, in the space of recall—as a trace. Here was an archive of images as an index of absence, a repository of loss, faithful to what had been forgotten. It paled while viewing and offered a perceptual equivalent of forgetting.

Condensing the undulating time of recall and forgetting, of anxiety and indifference, of memorializing and denial, Navjot found a shadow-language that was at the same time a precise poetics adapted to the digital medium: ghost scenes translated as material inscriptions, making possible (hypothetical) re-emergences that are beyond memory, within history. It remains the task of the social, threatened with anomie as it is with violence, to reactivate this illusory material. Even as it is the task of the social to somehow redeem that which is its inheritance, painful and cruel as it might be.[1]

Do Navjot's pared means of representation belie the radical end they signal? Do they then dehistoricize tragedy? Not including the iconic, nor the photo-indexical, nor even the speech of recorded testimony which, if it is invocatory, is after all *embodied*, her mode of address signaled, beyond representation, the loss of body in the aftermath of violence. As we tried to work through event, memory, documentation and the archive of social suffering, what surfaced was the peculiar condition of human precariousness: common citizens denuded of subjecthood or, on the other hand, held guilty for an illegitimate bid to sovereignty within the new global. These lives would not even be classified as victims, nor "represented" in the political sense of that term, thereby pressing open the question: what is the veracity of representation as a key category of artistic endeavour?

The works of Sundaram and Dodiya—as well as the first set of works by Navjot pertain to social violence in India by working out a complex relationship between fetishist artisanship and

---

1 Apropos Navjot's preoccupation with the difficulty of speech, indeed with the impossibilities of witnessing pain, Elena Bernardini's unpublished text, "Lacunae and Secret Encounters: Navjot Altaf and the Artist as Witness", engages with a systematic and subtle prescience with Giorgio Agamben, especially his position in *Remnants of Auschwitz: The Witness and the Archive*. (cf. Veena Das, endnote 36, above.)

semiotic structures of meaning. In contrast, Navjot's *Lacuna in Testimony* relies on immanence, on an aesthetics of abstraction/ erasure. Or perhaps her oceanic image, conjured as it is on an epical scale, projects an effulgent shadow of the concrete and with it an imprint of history, even perhaps indexical clues that track the bleak and nearly incomprehensible reality of exclusion.

* This essay has been published in, *After the Event: New Perspectives on Art History*, eds. Charles Merewether and John Potts, Manchester: Manchester University Press, 2010.

“印度当代新思潮读本”系列是“西天中土”项目出版计划的第一组丛书，是专为以下系列论坛编辑的参考读本：

“从西天到中土：印中社会思想对话”

项目总监：张颂仁

学术主持：陈光兴　高士明

主　　办：第八届上海双年展

中国美术学院展示文化研究中心

支　　持：汉雅轩　梦周文教基金会

Readers of Current Indian Thought is the first series of publication of the West Heavens Project, which coincides with the following academic forums:

“West Heavens: India-China Summit on Social Thought”

Commissioner:

Chang Tsong-Zung

Academic Curators:

Kuan-Hsing Chen, Gao Shiming

Presented by:

The 8th Shanghai Biennale, Institute of Visual Culture at China Academy of Art

Supported by:

Hanart TZ Gallery, Moonchu Foundation

在想像世界版图的“西方”时，
尚有一个离感官更远而脚程更近的“西天”。

再访天竺，自明中土

从社会思想和当代艺术两个角度去亲近印度，
进行视觉文化和亚洲现代性的文化比较。

从西天到中土：印度当代新思潮读本
West Heavens: Readers of Current Indian Thought

阿希斯·南迪 ASHIS NANDY	**民族主义，真诚与欺骗** *Nationalism, Genuine and Spurious*
帕沙·查特吉 PARTHA CHATTERJEE	**我们的现代性** *Our Modernity*
迪佩什·查卡拉巴提 DIPESH CHAKRABARTY	**后殖民与历史的诡计** *Postcoloniality and the Artifice of History*
杜赞奇 PRASENJIT DUARA	**历史意识与国族认同** *Historical Consciousness and National Identity*
吉塔·卡普尔 GEETA KAPUR	**印度艺术的现代主义时刻** *When Was Modernism in Indian Art?*
特贾斯维莉·尼南贾纳 TEJASWINI NIRANJANA	**重塑民族主义** *Nationalism Refigured*
萨拉·马哈拉吉 SARAT MAHARAJ	**元化扩散** *Elemental Scatterings*
霍米·巴巴 HOMI BHABHA	**全球化与纠结** *Globalisation and Ambivalence*

出　　品：亚际书院
丛书策划：张颂仁　陈光兴　高士明
丛书编辑：陈　韵　梁　捷
英文编辑：张　菁

Presented by: Inter-Asia School
Series initiated by: Chang Tsong-Zung, Kuan-Hsing Chen, Gao Shiming
Editors: Chen Yun, Liang Jie
English Editor: Gigi Chang

图书在版编目(CIP)数据

印度艺术的现代主义时刻:吉塔·卡普尔读本/张颂仁,陈光兴,高士明主编. —上海:上海社会科学院出版社,2018
(从西天到中土:印度当代新思潮读本)
ISBN 978-7-5520-2426-5

Ⅰ.①印… Ⅱ.①张… ②陈… ③高… Ⅲ.①文化史-印度-文集 Ⅳ.①K351.03-53

中国版本图书馆 CIP 数据核字(2018)第 188652 号

印度艺术的现代主义时刻:吉塔·卡普尔读本

主　　编:张颂仁　陈光兴　高士明
责任编辑:唐云松　刘欢欣
封面设计:周伟伟
封面摄影:Navjot Altaf
出版发行:上海社会科学院出版社
上海顺昌路 622 号　邮编 200025
电话总机 021-63315947　销售热线 021-53063735
http://www.sassp.org.cn　E-mail:sassp@sassp.cn
照　　排:南京理工出版信息技术有限公司
印　　刷:上海文艺大一印刷有限公司
开　　本:787×1092 毫米　1/32 开
印　　张:11.625
字　　数:228 千字
版　　次:2019 年 9 月第 1 版　2019 年 9 月第 1 次印刷

ISBN 978-7-5520-2426-5/K·465　定价:68.00 元